사회 이론의 두 환원주의를 넘어서

- 프레이저와 무페의 정치철학 비판

정태석

도서출판 피어나

사회 이론의 두 환원주의를 넘어서
프레이저와 무페의 정치철학 비판

초판 1쇄 인쇄 2026년 2월 23일
초판 1쇄 발행 2026년 2월 27일

지은이 정태석

펴낸이 김명진

기획 · 편집 이건범 김명진
표지 및 본문 디자인 피어나 디자인실
인쇄 재원프린팅
종이 화인페이퍼

펴낸곳 도서출판 피어나
출판등록 2012년 11월 1일 제2012-000357호
주소 121-731 서울시 마포구 토정로 37길 46, 303호(도화동, 정우빌딩)
전화 02-702-5084
전송 02-6082-8855

ISBN 978-89-98408-43-5 93300
책값은 뒤표지에 있습니다.

이 저서는 2024년 전북대학교 국립대학육성사업의 지원을 받아 수행되었음

프레이저와 무페의 정치철학 비판

정태석

피어나

머리말

사회 이론을 연구하는 학자라면 누구나 자신의 이론이 다양한 사회현상들을 이해하고 설명하는 데 도움이 되기를 바라는 마음을 지니고 있다. 그런데 그 도움이 어떤 것인지는 단순하지 않다. 사회문제에 대한 종합적인 시각을 제공함으로써 사회 정책을 마련하는 데 도움을 줄 수도 있고, 국가(정부)에 사회문제 해결을 촉구하는 사회운동의 전략에 도움을 줄 수도 있다. 물론 이러한 과정들은 직접적일 수도 있고 간접적일 수도 있다.

사회 이론과 정치적 실천의 관계에 주목해서 보면, 사회변혁을 지향하는 급진적 사회 이론들은 정치적 실천에 직접적인 영향을 줄 수 있기를 기대한다. 마르크스주의 전통의 사회 이론들이 대표적이다. 그렇지만 이러한 급진적 사회 이론도 직접적인 정치적 실천의 전략을 제공해 주기는 어려우며, 현실로부터 일정한 비판적 거리를 두지 않으면 객관적이고 종합적인 시각을 유지하기 어려워지기 쉽다.

한편, 사회 이론들 가운데 정치 이론들은 정치적 실천에 좀 더 직접적인 영향을 줄 수 있기를 바란다. 마르크스주의 전통의 정치 이론들은 더욱 그러하다. 그렇다면 이러한 정치 이론들의 영향을 받아 정치적 실천을 수행하는 사회운동이나 정당은 현실에서 얼마나 성공하고 있을까? 물론 이러한 판단은 단순하지 않다. 사회는 끊임없이 변화하고 있고 정치 지형도 변하기 때문에, 정치 이론이 제안하는 실천 전략이 항상 타당할 수 없고, 또 그 정치 이론이 변화하는 사회현실을 늘 객관적으로 잘 설명해 내고 있다고 단정하기도 어렵다.

서유럽의 마르크스주의자들은 이러한 이론과 실천의 괴리를 극복하기 위해 노력해 왔는데, 자본주의적 민주주의 사회가 발전하고 다원화할수록 민주주의적 방식으로 사회주의 이론을 실현하기란 점점 더 어려워지게 되었다. 사회주의 이념과 운동이 노동자계급을 비롯한 시민 대중들로부터 상당한 정치적 지지를 얻어왔던 역사적 전통을 지니고 있었던 서유럽 사회에서, 좌파와 우파가 민주적 선거를 통해 집권 경쟁을 반복하는 동안 다양한 사회 개혁이 점진적으로 이루어져 왔고, 이에 따라 급진적 이념에 기반한 좌파 정당과 사회운동은 점차 현실적 집권 가능성에서 멀어지게 되었기 때문이다.

이 책에서 중점적으로 검토하고 있는 프레이저(Nancy Fraser)의 『좌파의 길』(원제목은 『Cannibal Capitalism』)과 무페(Chantal Mouffe)의 『녹색 민주주의 혁명을 향하여』는 이러한 서구 선진국들의 현실에서 좌파 정치 세력에 새로운 정치 전략을 제안하는 사회 이론 또는 정치 이론을 펼치고 있다. 특히 프레이저는 기후 위기가 심화하고 있는 현대사회에서 다원적 모순과 적대들을 '식인 자본주의'라는 통합적 체계 속에서 설명하면서, 이로부터 근본 모순을 해결하기 위한 반-자본주의 체계 변혁이라는 근본주의 전략을 제안하고 있다. 그런데 이러한 사회 이론과 실천적 전략은 정치적, 이데올로기적 지형에서 서구 선진국들과 큰 차이가 있는 한국 사회에도 영향을 미쳐 '체제전환운동'이라는 근본주의 사회운동의 이론적 근거가 되고 있다.

그런데 한국 사회는 급진적 사회운동이나 급진적 진보정당이 전체 국민의 1% 내외의 지지를 얻는 데에 그치고 있다는 점에서 서구 선진국들과 사회적, 정치적 조건에서 큰 차이를 보여주고 있다. 그럼에도 이들이 서구 현실에서 나온 이론적, 실천적 주장들을 그대로 가져와 근본주의적 주장을 내세우는 것은, 결국 한국 사회의 고유한 현실에 적합한 사유와 전략을 발전시키는 데 실패했음을 보여주고 있을 뿐이다.

여기서 나는 이것이 단지 한국의 급진적 진보 정치 진영의 정치적, 실천적 판단의 문제만은 아니라고 보면서, 프레이저와 무페의 사회 이론이 가지고 있는 이론적 편향을 파헤칠 필요가 있다고 생각하게 되었다. 그리고 그동안 내가 발전시켜 왔던 새로운 이원적 개념 도식을 통해 이 둘의 사회 이론에서 나타나는 서로 다른 방향의 이론적 편향을 명시적으로 보여줄 수 있음을 인식하게 되었다. 그것은 바로 사회관계의 탈인격적 차원과 인격적 차원의 구분, 또는 탈인격적 관계와 인격적 관계의 구분에서 출발하여 사회를 체계와 대인관계(권력/인식-정서)의 비대칭적 복합체로 이해하는 문제틀(problematic) 또는 개념틀이다.

문제틀이나 개념틀은 사회현실을 설명하기 위한 어떤 시각이나 관점을 제공하는 개념들의 조합이며, 그 사회의 작동을 설명하면서 고유한 문제를 드러낼 수 있게 하는 사고의 도식이라고 할 수 있다. 이것은 이전에 감추어져 있던 새로운 문제를 드러내거나 새로운 방식으로 설명할 수 있는 이론적 돌파구를 제시한다. 그래서 현실을 바라보고 해석하는 기존의 시각을 전환하도록 하여 현실을 좀 더 잘 이해하고 해석할 수 있도록 한다.

이 책을 쓰기로 한 계기가 된 것은 최근에 발표되고 국내에 번역된 프레이저와 무페의 책들이 환원주의적 사고에서 벗어나지 못하여 한국 사회의 진보 정치의 발전에 부정적 영향을 미칠 것이라는 생각이 강해졌던 상황이었다. 그래서 이들이 각각 '체계 환원주의'와 '대인관계 환원주의'에 빠져들고 있음을 보여줄 필요가 있다고 생각하게 되었다.

그동안 급진적, 좌파적 사회 이론들은 헤게모니의 중요성을 강조해 왔지만, 급진적 정치 세력들의 현실적 선택과 행동은 끊임없이 헤게모니와 멀어지는 길로 나아갔다. 그것은 이념적, 도덕적 선명성에 매몰되어 현실 정치에서의 대화와 타협을 외면함으로써 다수의 시민 대중을 적이나 경쟁자로 밀어내는 결과를 가져왔다. 이러한 현실 정치의 실패는 근본적 성찰과 전환의 계기가 되기보다 새로운 사회 이론이나 정치 이론의 도입을 통해 관념적 정당화로 나아가는 계기로 작용했다. 그래서 이들의 실천적 한계와 이론적 한계를 분명하게 보여주는 것이야말로 사회 이론의 발전과 함께 다양한 정치적 실천들의 발전에 도움을 줄 것으로 생각하게 되었다. 부디 이러한 기대가 조금이라도 현실화하길 바라는 마음 간절하다.

이 책이 출판되기까지 많은 사람들의 도움이 있었다. 누구보다 큰 도움을 준 사람은 친구 이건범이다. 출판사의 기획 업무 담당자로 나의 어수선했던 초고를 읽어야 했는데, 그랬던 만큼 더 세세한 수정 의견과 조언을 해주었다. 내가 '읽어야 했다'고 말했지만, 실은 그는 '들어야 했다'. 대학 시절부터 눈이 나빴던 친구는 40년이 지난 지금 글을 듣는 편이 더 나은 상황이 되었다. 그럼에도 '한글문화연대'라는 시민단체 활동에 덧붙여 출판 일까지 하고 있으니 그 열정이 대단하다고 하지 않을 수 없다. 참으로 존경스럽다. 이런 친구를 두고 있다는 것은 큰 행운이다. 사회 이론을 다루는, 쉽지 않은 내 책을 지겹도록 듣게 만들어서 미안하기도 하고, 지루한 글을 생동감 있게 고칠 수 있도록 많은 조언을 해주어서 참으로 고맙기도 하다. 그리고 책을 꼼꼼히 수정하여 출간할 수 있도록 해주신 피어나 출판사 대표 김명진 선생님과 실무를 맡아주신 다른 모든 분들께도 진심으로 고맙다는 말씀을 드린다.

이 책의 초고를 읽고 의견과 함께 격려를 해주신 구도완 선생님, 공동연구 과제를 진행하면서 책을 쓸 계기를 만들어 주신 친구 설동훈 선생님께도 감사드린다. 그리고 나의 고민을 나눌 수 있었던 주변의 많은 분들께도 감사드린다. 더불어 학술 저술을 재정적으로 지원해 준 전북대학교에도 고마움을 표한다. 마지막으로 전주와 용인을 오가며 원고를 쓰는 동안 관심을 가지고 지켜보면서 여러모로 도와주고 격려해 준 아내 윤화와 아들 진우, 딸 유정에게도 고마운 마음을 전한다.

부디 이 책이 한국 사회에서 이루어지고 있는 사회 이론에 관한 토론과 논쟁을 활성화하여 더 나은 사유를 모색하는 데 도움이 될 수 있기를 기대한다.

2026년 2월

정태석

차례

머리말 •5

1장. 다중 전환 시대의 자본주의와 체계 전환 논쟁 •13

1. 다원적 사회 갈등과 다중 전환의 시대 •15
2. 기후변화와 자본주의적 성장에 대한 성찰 •19
3. '생태 전환'을 위해 무엇을 할 것인가? •23
4. '체계 전환' 담론에서 제기되는 질문들 •36

2장. 자본주의 체계 비판과 환원주의/근본주의 이론의 역사 •49

1. 마르크스주의의 환원주의와 근본주의 •54
2. 마르크스주의와 현대 자본주의의 역사 •67
3. 생태주의 논쟁과 환원주의/근본주의 논리의 귀환 •89
4. 현대사회의 복합성에 대응하는 사회 이론의 전략들 •111

3장. 프레이저의 식인 자본주의 이론과 재생산 관점 - 체계 환원주의 •123

1. 다차원적 위기와 통합적 위기 이론의 기획 •129
2. 자본주의 개념의 확장: 자본주의에서 식인 자본주의로 •137
3. 비생산/비시장 영역의 다원성과 '식인 자본주의 환원주의' •144
4. 식인 자본주의 이론의 강한 기능주의 •159
5. 통합적 식인 자본주의 체계이론과 포괄적 대항 헤게모니 기획 •166
6. 식인 자본주의 체계 환원주의에서 반자본주의 체계 변혁 근본주의로 •172

4장. 무페의 경합적 다원주의와 좌파 대중주의
- 대인관계 환원주의 •187

1. 본질주의 비판과 담론적, 헤게모니적 기획의 탈중심성 •190
2. 정치적인 것의 귀환: 경합적 다원주의와 좌파 대중주의 •201
3. 좌파 대중주의 전략의 쟁점들: 정당성과 이해관계 •213
4. 선동 정치로서의 대중주의와 헤게모니-정감 환원주의 •225
5. 민주주의의 급진화와 급진적 개혁주의 •236
6. 정감적 동원의 대인관계 환원주의와 체계 분석의 주변화 •240

5장. 양 극단의 환원주의 넘어서기
- 체계와 대인관계의 변증법을 위하여 •253

1. 프레이저의 체계 환원주의 대 무페의 대인관계 환원주의 •257
2. 프레이저의 체계 변혁 근본주의와
   무페의 급진적 개혁주의 •267
3. 한국 사회 진보 좌파 이론과 실천의 역사 성찰하기
   - 체계와 대인관계의 변증법을 위하여 •278

참고문헌 •297

1장.

다중 전환 시대의
자본주의와 체계 전환 논쟁

1. 다원적 사회 갈등과 다중 전환의 시대

지금 인류는 역사적 발전 과정의 결과로 기후 위기라는 새로운 상황에 직면해 있고, 이러한 생존 위기에 적극적으로 대응할 것을 요청하는 학문적 목소리들이 다양하게 출현하고 있다. 시간적으로는 지질학적 시대 구분에서 인류가 지질 변화에 미친 영향을 강조하면서 '인류세'니 '자본세'니 하는 주장들이 나오고 있고, 공간적으로는 지구를 우주적 관점에서 '행성'으로 바라보려는 시각의 전환이 필요하다는 주장들도 나오고 있다. 그런데 이러한 시각의 전환을 요청하는 다양한 목소리들이 나오고 있지만, 현시대 인류의 삶은 자연과 사회의 상호작용 속에서 이해해야 한다는 사실은 변함이 없다. 그래서 주어진 자연적 조건 속에서 사람들이 어떤 방식으로 서로 관계를 맺으며 살아왔는지를 성찰하는 일은 늘 인문학자나 사회과학자들의 주된 임무였다.

20세기에 접어들면서 경제적·과학-기술적 발달은 인간 사회에 많은 변화를 가져다주었다. 특히 자본주의적 경제성장은 한편으로는 물질적 풍요를 주었지만, 다른 한편으로는 생태 위기와 기후 위기로 인한 생존 위기를 낳았다. 경제성장이 불평등을 완화해 주리라는 기대도 있었고, 이성과 계몽은 민주주의의 발달과 사회 진보를 앞당길 것이란 기대도 있었다. 이런 것들이야말로 '현대적인 것'이며, 현대적인 제도와 가치가 지배하는 현대사회는 이제 모두가 물질적으로 풍요롭고 또 자유롭고 평화로운 사회에서 살게 될 것이란 기대가 높았다. 하지만 이러한 기대는 성취되지 못했다.

1980년대 전후로 세계 학계에서는 현대성과 탈-현대성 논쟁이 이루어지면서 그동안 현대적이고 합리적이라고 여겨왔던 제도, 문화, 이념들이 진정으로 그러한지에 대한 성찰이 이루어졌다. 진리, 역사의 진보, 민주주의, 평등, 정의, 공동체와 같은 가치들이 더 나은 세상을 만들고 있는지에 대한 질문이 던져졌다. 특히 끊이지 않는 전쟁과 대결, 사회주의 이상의 붕괴, 종교와 문화의 대립과 갈등, 불평등과 위험, 과학기술의 불확실성 등이 기대와 희망에 먹구름을 씌웠다. 불평등, 불안, 위험은 21세기로 이어져 화석연료 사용에 의존한 공업화와 경제성장이 생태 위기를 악화하고, 신자유주의 시장경제가 불평등과 일자리 불안을 심화하고, 또 강대국들이 일으킨 국지전들로 인해 무고한 생명들이 희생되는 일이 여전히 지속되고 있다.

이런 가운데 과학기술의 발전에 힘입은 생산력 발전에 따라 산업구조도 급속히 정보-디지털 산업과 다양한 서비스산업 중심으로 재편되고 있다. 이것은 세계화와 함께 민주주의적 자본주의 사회의 다중적 변화로 이어져, 탈-현대성 논쟁에 이은 다양한 사회 전환 논쟁이 이어졌다. 생태 전환(ecological turn), 에너지 전환(energy transformation), 산업 전환, 디지털 전환, 정의로운 전환, 체계(체제) 전환 등이 바로 그것들이다. 사실 전환은 영어로 Turn, Transition, Transformation, Change 등을 번역한 말인데, 이런 다양한 용어들이 전환으로 번역되면서, 전환의 의미가 무엇인지 혼란스럽기도 하다. 게다가 전환이 현실적 사회변동의 흐름을 말하려고 하는 것인지, 아니면 바람직한 미래를 위한 규범적 기대를 말하려고 하는 것인지도 분명하지 않아, 그 초점을 어디에 두어야 할지 직관적으로 이해하기도 쉽지 않다. 물론 여기서 디지털 전환과 같은 것들은 피하기 어려운 사회구조적 변동의 흐름으로 진행되고 있고, 생태 전환이나 에너지 전환 같은 것들은 기후 위기를 넘어서는 생존을 위해 적극적으로 해결해 가야 할 과제로 던져지고 있다(정태석, 2023; 2025).

'포스트성장 사회'라고도 불리는 현대 자본주의 사회에서 많은 사람들은 공업적 경제성장으로 물질적 풍요를 누리게 되었다. 하지만 동시에 경제성장이 가져온 생태-환경의 위기는 인간의 삶 자체를 위협하게 되었고 과학기술의 편리함도 불확실성과 불안을 대가로 요구하고 있다. 공업 중심의 산업구조가 정보·서비스 산업 중심으로 변화하고 또 계급·계층의 분화가 진행되면서, 노동 시장은 점점 더 파편화하여 고용의 불안정성이 커지고 또 그만큼 노동자들이 서로 동질적이라고 느끼기도 점점 더 어려워지고 있다. 디지털 매체의 발달 속에서 더욱 팽창된 대중문화는 사람들에게 즐거움을 가져다주고 있지만, 개인화되고 분절된 일상은 사람들 사이의 소통과 공감을 제약하면서 외로움을 안겨주기도 한다. 그리고 민주주의의 발달이 시민들의 다양한 목소리를 대변하고 통합할 수 있을 것으로 기대되었지만, 현실에서는 계급적, 문화적 다원화로 인해 이해관계/가치의 차이나 문화적-종족적 차이에 따른 감정적 대립이 대화와 타협을 어렵게 하여 극단화된 감정적 균열과 대립이 커지고 있기도 하다. 그리고 이러한 상황은 역설적으로 민주주의 자체를 위협하는 지경에 이르렀다(정태석, 2025).

이처럼 다원적 분화와 함께 다중적 전환이 진행되고 있는 오늘날의 민주주의적 자본주의 사회에서는, 전통적인 계급·계층적 불평등 문제와 함께 성별 불평등, 다양한 소수자들의 인권 억압, 생태-기후 위기, 과학-기술적 위험, 국제 분쟁과 평화, 인종-종족 갈등, 종교갈등 등 다양한 사회문제와 사회 갈등이 국내외적 맥락 속에서 복잡하게 얽혀 있다. 이처럼 다양한 사회문제와 전환의 쟁점들 가운데서 오늘날 중요한 문제로 떠오르고 있는 것은 무엇보다도 기후 위기에 대한 대응으로서의 전환일 것이다. 특히 탈탄소 에너지 전환을 중심으로 하는 생태 전환의 목소리가 더욱 높아지고 있는 것은, 화석연료 사용에 의존한 급속한 공업화로 온실가스인 탄소의 배출량이 증가하여, 지구 온난화와 기후변화에 따른 기후 재난과 생태계 혼란 등이 확산하고 있고, 이에 따라 지구와 인류의 생존 자체가 위협받고 있기 때문이다.

물론 생태 전환의 목소리는 단지 세계의 시민단체들이나 비정부기구들(NGO)에서만 터져 나오는 것이 아니라, 이전에는 미온적이었던 각 나라 정부의 지도자들에게서도 들려오고 있다. 그만큼 위기의식이 높아진 것이다. 지구적으로 기후 위기에 대응하려는 정책과 행동들이 생태 전환, 에너지 전환, 산업 전환 등을 추동하면서, 바야흐로 '전환 시대'가 도래한 셈이다. 그렇다고 해서 이러한 전환이 아무런 저항 없이 이루어질 것이라 기대하기는 어렵다. 다양한 사회 전환의 길은 누구나 동의하여 쉽게 힘을 모을 수 있는 당연한 길이라기보다는, 각기 다른 이해관계와 의견을 서로 조율하고 타협하면서 저항을 넘어서야 하는 쉽지 않은 길이기 때문이다.

2. 기후변화와 자본주의적 성장에 대한 성찰

지구적 차원에서 진행되고 있는, 기후변화에 따른 가뭄, 홍수 등 각종 재난과 인류 생존 위기는 시급히 해결해야 할 인류 공동의 문제로 떠오르고 있다. 그동안 경제성장을 통한 물질적 생존과 일자리 및 소득 보장이 중요한 사회적 과제가 되어왔지만, 이제 이에 못지않게 환경오염을 줄이고 이산화탄소 배출량을 줄이기 위한 생태 전환과 에너지 전환도 인류가 적극적으로 실천해 가야 할 과제가 되었다. 그런데 현실적으로 경제성장과 생태 전환은 서로 모순과 대립의 관계에 놓여있기도 하여서 그 문제해결의 길이 녹록하지 않다.

2024년 미국 대통령 선거에서, 실권 후 재선된 트럼프는 2025년 1월에 취임하자마자 온실가스 감축 목표 달성을 위해 190여 개 나라들이 2015년에 합의한 '파리 기후변화 협정'을 탈퇴한다는 행정명령에 서명했다. 그는 지난 임기 중이었던 2017년에도 탈퇴한 바 있는데, 이후 바이든 정부가 재가입했지만, 자신이 재선되자마자 다시 탈퇴한 것이다. 중국에 이어 온실가스를 두 번째로 많이 배출하고 있는 미국이 자국의 이익을 위해 국제적 책임을 외면하고 있다는 사실은, 국제 관계에서 서로 다른 이해관계를 지닌 나라들 사이의 합의와 그 실천이 쉽지 않은 과제임을 말해준다. 특히 국제경제적으로나 군사·외교적으로나 강한 영향력을 지닌 나라가 자국의 경제성장 과정에서 많은 온실가스를 배출해 온 과거와 현재에 대해 책임을 외면할 수 있다는 사실은, 국제적 합의도 강자의 '힘의 논리' 앞에 무력할 수밖에 없음을 보여주는 것이다. 그렇지만 여전히 많은 선진국과 큰 나라들이 생태 위기나 기후 위기에 대응하는 실천에 나서고 있다는 사실은 고무적이다.

기후변화에 따른 생존 위기가 본격적 쟁점으로 떠오르기 이전에도 물질적 풍요와 편리함을 추구해 온 공업화와 대량소비 과정은 각종 유해 물질과 공업 쓰레기, 생활 쓰레기 등을 배출해 왔고, 이에 따라 대기오염, 수질오염, 토양오염, 해양오염 등 환경오염이 확산하면서 생태 위기를 해결해야 한다는 목소리가 높았다. 여기저기서 각종 환경오염 사건이 터져 나오는 가운데 환경오염이 국경을 넘어 지구적인 문제임을 확인시켜 준 중대한 사건 하나가 1986년 소련의 체르노빌 핵발전소의 폭발이었다. 무엇보다도 이 사건의 여파로 유럽 전체가 방사능 낙진의 영향을 받게 되면서 많은 사람들이 생존과 안전에 대한 위협을 직접 체감하게 되었다.

이 사건은 특정 계급에 한정되지 않는 환경 위험의 보편성에 대한 인식을 확산시켰으며, 이에 따라 독일 사회학자 벡(Ulich Beck)이 『Risikogesellschaft(Risk Society)』라는 책을 쓰게 된 결정적 계기가 되기도 했다. 이 책은 이후 1992년에 영어판으로 번역, 출판되었다. 여기서 벡은 환경적 위험과 과학-기술적 위험을 무릅쓰고 효율성과 성장을 추구한 결과가 인류의 보편적 생존 위험을 증대시키고 있다는 성찰 속에서, 성장과 분배 문제에만 몰두하면서 생태환경 문제를 도외시하는 '계급 중심적 사고'에서 벗어날 것을 요청하였다. 현대화 또는 그 중요한 제도로서 공업화의 성공이 가져온 결과로 다양한 환경오염과 과학기술적 위험들이 심화하였는데, 그는 이제 이러한 위험들이 공업화의 결실에 맞서(재귀하여) 그 성공을 가로막고 있음을 보여주기 위해 '재귀적 현대화'라는 개념을 도입하였다. 한국 사회에서 발생한, 아이들의 생명을 앗아간 '가습기 살균제' 사건이나 태안 앞바다에서 발생한 유조선 원유 유출과 해안 오염 사고 등을 보더라도 위험이 광범위하여 통제가 어렵고 계급이나 계층을 가리지 않는다는 사실은 명백하다. 물론 그러한 위험을 회피할 기회가 여전히 부유층들에게 더 많이 열려있기는 하지만 말이다.

1980년대에는 오존층의 파괴가 지구 온난화의 원인이 된다는 점이 밝혀지면서 냉장고의 냉매로 사용되어 온 프레온가스(CFC)를 비롯한 오존층 파괴 물질의 사용을 금지하기에 이르렀다. 이후 화석연료 사용으로 나오는 탄소가스가 대기를 오염시켜 온실 효과를 낳는다는 사실이 밝혀지면서 지구 온난화를 막거나 늦추기 위해 화석연료의 사용을 줄여야 한다는 목소리가 높아지기 시작했다. 그리하여 1980년 말에는 기후변화에 대한 국제적 대응의 필요성이 점점 커지면서, 유엔(UN)에서도 지구 온난화 문제의 해결을 위한 논의 기구를 구성하고 '국제협약'을 마련하기 위한 협의를 시작했는데, 최근에 와서는 기후변화에 대한 위기의식이 높아지면서 탈탄소 녹색 전환의 속도를 높이기 위한 국제적 노력도 강화되고 있다.

이러한 상황은 각 나라에서 재생에너지 중심의 에너지 전환을 비롯한 생태 전환을 통해 탄소중립을 달성할 것을 요청하는 국제적 압력으로 나타나고 있으며, 이에 따라 전기자동차 생산 확대를 비롯한 에너지 전환 중심의 산업 전환이 현실화하면서 기업들에서의 변화도 가속화하고 있고 또 정부에서도 이에 대응하는 산업정책과 일자리정책 마련의 필요성도 커지고 있다. 기후 위기가 생존을 위한 생태 전환의 필요성을 강제함에 따라 바야흐로 '생태 전환의 시대'가 도래한 것이다. 그리고 이러한 생태 전환의 길은 자본주의적 성장에 대한 성찰을 요청하고 있다. 그렇다면 이제 생태-기후 위기 의식이 높아지는 만큼 생태 전환의 실천들이 더 적극적으로 이루어질 것인가? 그리고 누가 생태 전환의 적극적 주체로 나설 것인가?

3. '생태 전환'을 위해 무엇을 할 것인가?

오늘날 기후변화에 따른 생태-기후 위기는 지구적 차원의 '생태 전환'을 요청하고 있다. 그렇다면 이러한 생태 전환은 누가 어떻게 실현할 수 있을까? 급진적, 진보적 사회이론가들은 무엇보다도 실천 주체의 형성에 주목해 왔고, 이에 따라 자본주의적 착취에 맞서 온 노동자계급이 생태 전환에서도 중요한 주체가 되어야 함을 주장해 왔다. 이러한 생각은 노동자계급과 생태주의 집단의 동맹, 즉 '적-녹 동맹(red-green alliance)'을 생태 전환을 위한 실천 주체로 구성해야 한다는 주장으로 이어졌다. 그렇다면 당연히 다음과 같은 질문이 제기된다. "적-녹 동맹은 현실적으로 어떻게 가능한가?"

이 질문에 답하기 위해서는 두 가지 차원에서 분석이 필요하다. 하나가 생태-기후 위기를 낳고 있는 사회의 구조 및 작동 방식, 그리고 위기 생산 기제(mechanism)에 대한 분석이라면, 다른 하나는 생태 전환을 실현할 현실적 전략과 그 실천 주체 형성을 위한 전략의 모색이다. 이들에 관해 가장 급진적인 주장을 펼치고 있는 사상가들은 생태-마르크스주의자들 또는 생태-사회주의자들이라고 할 수 있는데, 이들은 생태-기후 위기의 근본 원인은 자본주의적 성장에 있다는 구조적, 체계적 분석을 제시하면서, 생태 전환은 기본적으로 자본주의적 성장과 단절하는 탈-자본주의 또는 반-자본주의 체계 변혁이 되어야 한다고 주장한다. 그리고 급진적인 실천-운동가들은 이러한 주장을 이념 투쟁과 사회운동으로 실현하려고 한다. 그런데 사회운동을 통한 생태 전환이 이루어지려면, 무엇보다도 대중적 주체를 형성할 수 있어야 한다. 그렇다면 누가 어떻게 탈자본주의에 동의하는 생태주의적 주체-세력을 형성할 수 있을까?

'체제전환운동'의 근본주의

최근 한국 사회에서 탈자본주의 또는 반자본주의 '체계 전환'을 생태-기후 위기를 포함한 다중적 위기 해결 방안으로 제시하고 있는 대표적인 사회운동 단체는 '체제전환운동'이다. '체제전환운동'은 2020년 이후 기후 위기에 맞서는 사회운동이 활발히 이루어지는 과정에서 다양한 영역에서 자본주의 체계의 근본적 전환을 주장하는 급진적 세력들이 연대를 모색하는 과정에서 형성한 사회운동 조직이다. '체제전환운동'은 자신들의 운동을 다음과 같이 정의하고 있다. "체제전환운동은 이윤 창출을 목적으로 삼는 자본주의 체제를 변혁하여 사회생태적 재생산을 중심에 두는 대안 체제를 건설하는 운동이자, 자본주의 체제의 착취와 수탈과 억압에 맞서 존엄과 평등을 위한 상호 의존과 돌봄의 관계로 사회를 재조직하는 운동입니다."(체제전환운동, 2024).

이처럼 이 조직은 '가자, 체제전환 공동행동' 소책자(2024년)에서 전태일 정신을 평등 정신으로 정의하면서, 계급 불평등이나 기후 위기를 넘어서 다양한 영역에서 평등이 실현되어야 함을 강조하고 있다. 그래서 다음과 같이 말한다.

"고물가, 기후 위기, 돌봄 위기, 지역 위기 등 우리가 마주한 문제 중 자본주의가 초래하지 않은 것이 없습니다. 이런 문제는 자본주의의 부작용이 아니라 자본주의가 너무나 자신의 목적에 충실한 결과입니다. 우리 앞에 드리운 부정의와 폭력의 구조를 비가역적으로 변화시키며 자본주의와 단절하는 체제전환운동으로 나아가야 합니다. 전환은 이미 시작되었습니다. 불평등에 맞서 투쟁해 온 우리의 현장들이 바로 전환의 출발지입니다. 곳곳에서 새로운 세계를 피워내는 도전의 목록을 함께 기억합시다. 신자유주의 보수 양당이 더 이상 우리의 목소리를 지우지 못하도록 우리가 체제 전환의 세력이 됩시다."

'체제전환운동'의 명칭에서 체제는 영어로 'system'을 의미하는데, 내용으로는 계급 불평등과 생태 위기, 기후 위기 등 다양한 불평등과 위기들을 낳는 자본주의 체계 또는 사회구조를 말한다. 이 단체는 자본주의를 근본적으로 전환해야 한다고 주장하기 위해 system이라는 용어를 사용하고자 하지만, 번역어로는 '체계'가 아닌 '체제'를 선택했다. 이러한 번역어 선택은 역사적으로 급진적 체계 변혁운동이 지녀온 저항적, 변혁적 이미지를 담으려는 정치적 의도와 연관되어 있다.

사실 system 개념은 그동안 보수적인 사회 이론에서 많이 사용해 왔다는 점에서 진보적 사회운동의 입장에서는 별로 내키지 않는 용어이다. 진보적 시각에서는 기존 질서에 대항한다는 점에서 정치권력의 의미가 내포된 '체제'라는 용어를 많이 사용해 왔다. 일반적으로 체제는 대체로 regime의 번역어로 채택되었는데, 이것은 프랑스 혁명에서 공격 대상이 되었던 구체제(ancien regime)처럼 사회 전체적 질서라는 의미를 내포하기도 하지만, 주로 권력이나 지배 현상과 연관되는 정치 질서로서 정치체제를 지칭할 때 사용해 왔다.

반면에 체계는 생물학적 비유에 의존하는 구조기능주의와 같은 보수적 사회 이론에서 주로 사용해 온 용어여서 급진적이고 저항적인 이미지를 담아내려는 입장에서는 사용하기를 꺼리는 용어이다. 이에도 불구하고 system 개념을 사용하는 것은, 기존 사회질서를 근본적으로 바꿔야 한다는 급진적 생각을 담으려면, 단순히 정치체제(political regime)만을 바꾸는 것이 아니라 사회체계(social system) 전체를 바꾼다는 의미를 담을 용어가 필요했기 때문으로 보인다. 말하자면 번역어에서라도 급진적 의미를 담을 필요가 있었고, 이에 따라 '체계'가 아닌 '체제'라는 번역어를 선택한 듯하다. 그래서 '체제전환'이라는 표현은 사실상 '자본주의 체계 전환'을 의미한다.

실제로 체제전환운동은 "모든 문제는 자본주의가 초래했다"라는 주장을 펼치고 있는데, 이것은 이론적으로 전형적인 환원주의적 주장이다. 이러한 주장의 문제점은 우선 다양한 사회현상의 복합적인 원인들 가운데 하나의 근본 원인을 강조하면서, 다른 모든 원인을 근본 원인으로 환원하여 사고하려 한다는 데에 있다. 물론 사회현상의 근본 원인을 찾으려는 시도 자체가 잘못된 것은 아니다. 하지만 다른 다양한 원인을 부차적 또는 지엽적이라고 판단하면서 '자본주의'라는 단일(공통) 원인으로 모두 설명할 수 있다고 주장하는 것은 전혀 다른 문제이다. 이것은 원인의 다양성과 복합성에 대한 사고의 발전을 방해한다. 그런데 이처럼 환원주의적 주장은 단순히 이론적 환원에만 그치는 것이 아니며, 이러한 문제를 근원적으로 해결하기 위해 근본 원인인 자본주의 체계 자체를 변혁/전환해야 한다는 실천적 근본주의로 이어진다.

노동자계급은 생태 전환의 주체가 될 수 있을까?

급진주의자들의 주장처럼 생태 전환이 자본주의 체계 전환이어야 한다면, 누가 그러한 실천 주체가 될 수 있을까? 앞서 언급했듯이, 생태-마르크스주의자들이나 생태-사회주의자들은 노동자들을 실천 주체로 삼으려고 한다. 그리고 이들과 생태주의 집단들이 연합하기를 바란다.

1980년대의 급진적 생태주의 사상가들은 생산력의 발전을 중시하는 마르크스주의자들이든 경제성장에 몰두하는 자본주의자들이든 모두 성장을 추구한다는 점에서 '환경의 적'이라고 주장했다. 이러한 주장에 영향을 받은 마르크스주의자들은 계급 착취/불평등과 함께 자연 착취/환경 불평등을 비판하면서, 성장주의(생산력 주의)를 지지하는 마르크스주의 사상과 거리를 두는 생태-마르크스주의 이론을 확립하고자 했다. 이들은 자본주의 경제 위기와 생태 위기가 모두 자본주의 체계의 모순에 기인하며, 이 자본주의 체계가 계급 불평등과 환경 불평등의 근본 원인이 된다고 보았다. 그래서 자본주의의 이중적 위기와 이중적 착취에서 근본적으로 벗어나려면 자본주의 자체를 폐지하는 체계 변혁으로 나아가야 한다고 주장했다. 그리고 이러한 체계 변혁은 계급 착취를 당하는 노동자계급과 생태 위기에 저항하는 생태주의 세력의 공동 목표가 된다고 보았다. 그래서 그들은 사회주의자와 생태주의자의 동맹, 노동자계급과 생태주의 세력(생태 시민)의 동맹을 의미하는 '적록동맹'을 통해 자본주의 체계에 맞서야 한다고 주장했다(정태석, 2023: 67-68; 1994).

그렇다면 생태-마르크스주의자들, 생태-사회주의자들, 그리고 '체제전환운동' 주창자들이 기대하듯이 노동자계급은 생태 전환을 위한 자본주의 체계 전환을 추구하는 적록동맹의 적극적 주체가 될 수 있을까? 노동자계급은 반-자본주의 투쟁을 공동의 목표로 삼는 생태주의 세력과 적극적으로 협력할 수 있을까? 물론 현실은 그러한 기대가 쉽게 실현될 수 없음을 보여준다. 민주주의적 자본주의 사회에서 경제성장에 따른 물질적 풍요와 복지국가의 발달은 이미 대다수 노동자가 더 이상 자본주의 체계 변혁을 추구하지 않도록 만들어 놓았다. 게다가 이러한 과정의 동력이 된 성장주의는 노동자들이 일자리, 임금, 보편적 복지를 제공받을 수 있는 기반을 제공했다. 그런데 생태 전환은 이러한 상황에 놓여있는 노동자계급이 자신들의 편익을 양보하면서 이루어야 하는 과제가 되었다. 생태 전환은 산업 전환에 따른 일자리 전환을 불가피하게 만들고 있고, 탈탄소 에너지 전환은 재생가능 에너지 생산에 따른 비용 증가 부담을 감당할 것을 요구하고 있다. 이러한 현실에서 생태 전환을 위해 기업(자본)활동의 위축과 전환에 따라 직면할 일자리 감소를 노동자계급이 저항 없이 받아들일 것으로 기대하기는 어렵다.

생태-기후 위기 극복을 위해 자본가들의 기업활동을 통한 확대재생산과 이윤 증대를 억제하는 것은 곧바로 노동자들의 일자리, 임금, 복지의 축소와 연결된다. 이런 점에서 생태 전환을 위해 자본주의의 성장을 억누르는 일은 자본가들만이 아니라 노동자들의 저항을 불러일으키지 않을 수 없다. 자본가들과 마찬가지로 노동자들 역시 자신들의 일자리, 임금, 복지를 위해 기업이 성장하기를 바라고 있기 때문이다. 게다가 소비자들 역시 기업이 값싼 물건들을 많이 만들어줘서 좀 더 풍요로운 소비생활을 즐길 수 있기를 바란다.

이처럼 자본주의의 성장을 통한 이익 극대화는 서로 적대하는 두 계급—자본가와 노동자—이 서로 갈등하면서도 서로 의존하도록 만드는 기반이 된다. 이러한 자본주의 사회의 현실적 조건에서 노동자 계급이 생태주의 세력의 반성장주의, 반자본주의 주장에 선뜻 동조할 것이라고 기대하기란 비현실적이다. 실제로 한국에서도 정부가 에너지 전환을 위해 화석연료를 사용해 온 발전기업들을 감축하는 정책을 시행하게 되면서 발전기업 노동자들은 이러한 구조조정에 저항하고 있다. 현실적으로 일자리 전환의 전망이 불투명한 상황에서 노동자들은 친환경 정책을 무조건 받아들이기가 어려운 것이다. 사실 이러한 일자리 전환은 개별 기업 노동조합이든 상급 노동조합이든 노동조합의 수준에서 해결하기 어려운 사회적 과제로서, 정부와 다양한 사회 세력들이 장기적 전망으로 서로 대화하고 타협하며 추진해야 할 과제이다. 그런데 한국 사회에서는 그동안 이러한 장기적 과제에 대비할 조건과 주체 역량을 제대로 갖추지 못하고 있었다. 이러한 현실에서 과연 많은 노동자가 반자본주의라는 근본주의적 체계 변혁/전환을 추구할 것이라 기대할 수 있을지 의문이다. 오히려 다수는 일자리와 소득을 보장받을 수 있는 타협적 전환 전략으로서 '정의로운 생태 전환'을 지지하고 있다(정태석, 2023).

자본주의적 착취에 맞서는 일과 자본주의적 성장에 맞서는 일은 자본주의 체계에 대한 논리적 분석을 통해 도출한 결론처럼 쉽게 반-자본주의로 통일되기 어렵다. 노동자계급과 생태주의 세력이 함께 성장주의에 맞서도록 하는 일도 어렵고, 또 성장주의에 맞서 자본주의 체계 전환이라는 근본주의 전략에 동의하기도 어렵기 때문이다. 이에도 불구하고 한편에서는 체계 전환이라는 근본주의 논리에 따라 탈성장(de-growth), 탈자본주의(de-capitalism) 등의 주장을 강력히 표출하고 있는데, 이것은 자본주의 체계 속에서 경제적 모순/위기와 생태적 모순/위기를 통합적으로 설명하는 환원주의적 이론에 매력을 느끼는 결과로 보인다.

앞에서 우리는 두 가지 차원의 분석에 대해 언급했는데, 첫 번째 분석, 즉 생태-기후 위기를 낳고 있는 사회의 구조 및 작동 방식, 그리고 위기 생산 기제(mechanism)에 대한 분석에서, 환원주의적 시작이 과연 타당성 있는 설명을 제시할 수 있을지를 생각해 보자.

자본주의의 역사와 체계 전환의 딜레마

체계 변혁이라고 하든 체계 전환이라고 하든, 역사적으로 기존 사회질서나 제도의 급진적 변화를 추구하는 이론들이나 사상들은 마르크스의 자본주의 이론을 준거로 삼는 경향이 강하다. 18세기 공업 혁명(industrial revolution) 이후 급속히 발달한 자본주의 사회에서 자본가들은 남성 노동자에 대한 착취는 물론이고 여성과 아동의 노동력까지 값싸게 이용하면서 노동자의 삶을 비참하게 만들었는데, 이에 분노한 마르크스는 '자본주의'(capitalism) 자체를 변혁하지 않으면 착취와 불평등에서 벗어날 수 없음을 강변했다. 그래서 노동자계급이 주체가 되어 계급해방을 위한 투쟁을 통해 사회주의 혁명을 이루어야 한다고 주장했다.

마르크스는 자본주의 사회를 형성하고 또 유지해 가는 근원적인 힘은 무엇보다도 자본주의 경제 체계에서 나온다는 점을 강조했다. 그는 토대/상부구조 도식을 통해 경제가 한 사회의 토대를 형성하며, 정치적·이데올로기적 상부구조는 토대의 성격에 따라 그 기본적 형태가 결정된다고 보면서, 경제적 토대의 구조를 분석함으로써 자본주의의 경제적 모순과 계급적 대립의 필연성을 입증하려고 하였다. 그는 자본주의 경제 관계(생산관계)는 자본(생산수단)의 사적 소유를 인정하는 사유재산제도를 기반으로 자본가계급과 노동자계급의 분리가 생겨나고, 이러한 자본의 사적 소유로부터 노동자들의 노동 대가를 공정하게 지불하지 않는 자본가들의 착취가 정당화되고 있음을 간파했다. 그리고 이러한 착취관계가 결국 자본주의 경제의 모순과 위기를 낳게 되어 노동자계급의 삶을 더욱 황폐화하게 하며, 따라서 이러한 착취와 억압에서 벗어나려면 자본의 사적 소유를 폐지하여 자본주의 체계 자체를 변혁해야 한다고 주장했다.

이처럼 자본주의 체계의 모순과 계급 불평등을 근본적으로 해결하려면 자본주의 체계 자체를 변혁해야 한다는 생각은 근본주의(fundamentalism)라고 할 수 있다. 근본주의는 어떤 사회현상이나 사회문제를 설명하는 데에서 근본 원인을 강조하고, 또 그 해결을 위해 근본 원인의 제거를 추구할 것을 주장하는 사고방식이자 이념적 지향이라고 할 수 있다. 그래서 자본주의 사회 모순의 근본 원인이 자본주의 체계 자체에 있으며 이러한 모순을 해결하기 위해 자본주의 체계를 변혁하는 사회주의 혁명이 필요하다는 주장은 대표적인 '근본주의' 사상이다.

그런데 이러한 근본주의적 주장은 자본주의 사회에 대한 환원주의적 분석과 깊이 연관되어 있다. 한 사회의 근본적 성격은 정치(국가)나 이데올로기와 같은 상부구조의 형태와 관계없이 자본주의의 경제적 토대를 분석함으로써 해명할 수 있으며, 자본주의 경제의 모순과 위기의 근원이 자본주의 경제 체계 자체에 있음을 논리적으로 밝히면 그 모순과 위기의 해결을 위해 체계 자체를 근본적으로 변혁해야 한다는 주장이 자연스럽게 따라온다는 것이다. 그리고 이러한 체계 변혁의 주체는 누구보다도 자본주의 생산관계에서 착취와 억압을 당하는 노동자계급이 된다.

그런데 이러한 근본주의적 기대와 달리 현실 자본주의의 역사는 자본주의 경제 체계의 모순과 대립 속에서 노동자계급이 주체가 되어 체계 변혁을 이루는 길로 나아가지 못했다. 20세기의 현실에서 정치(국가)와 이데올로기는 무엇보다도 경제적 모순과 위기, 노동자계급의 불만과 저항이 격렬하게 분출하는 것을 억누르는 기능을 하였기 때문이다.

20세기 초에 자본주의가 발달한 서유럽 나라들에서는 민주주의가 함께 발달하고 또 공업화를 통한 물질적 성장이 이루어지면서, 노동자계급을 혁명 세력으로 조직화하려 했던 사회주의 혁명가들과 급진적인 좌파 정치지도자들의 기대가 점점 어긋나기 시작했다.

자본가들이 장악한 부르주아 국가는 '사회주의자 진압법'과 같은 법과 억압적 공권력을 동원하여 노동자들의 저항을 억누르기도 했지만, 동시에 노동자들의 참정권을 확대해 주고 또 다양한 복지제도를 도입함으로써 이들의 불만을 누그러뜨리고자 하였다. 자본주의적 생산의 지속을 위한 노동력의 보호라는 의미도 있었던 복지제도의 도입으로 노동자계급은 점차 일상적 삶의 안전과 개선을 보장받게 되면서 조금씩 혁명에서 멀어져 갔다.

유럽의 선진자본주의 나라들은 민주주의의 발달 속에서 계급 갈등이 제도화되고 계급정치를 통해 복지국가가 발달하면서, 자본주의 철폐라는 '체계 변혁/전환'의 근본주의 주장은 점차 약화하였다. 특히 제2차 세계대전 이후 많은 나라들에서 중도좌파 사회민주당을 중심으로 추구해 온 복지국가 전략이 시민 대중의 폭넓은 지지를 얻게 되면서, 자본주의 체계의 모순과 비인간성에 대해 비판의 목소리를 높여왔던 급진좌파 정당은 현실 정치에서 그 영향력이 크게 약화하였다.

게다가 전후 베이비붐 세대가 성인이 되었던 1968년에 유럽 선진국들에서 일어난 청년들 중심의 68운동은, 현대사회가 자본주의적 계급 모순만으로 단순화하여 설명할 수 없는 다양한 모순, 위기, 갈등들의 복합체라는 사실을 보여주었다. 청년들은 기성세대의 권위주의와 관료화된 계급정치에 저항하며 풀뿌리 민주주의를 요구했을 뿐만 아니라, 이후 여성운동, 환경운동, 평화운동, 인권운동, 인종차별 반대운동 등을 통해 현대사회의 다양한 모순에 불만을 드러냈다. 그래서 이제 계급 갈등 중심의 '자본주의 체계'에 대한 분석만으로 현대사회의 다원성과 복잡성을 설명하는 것은 불가능해졌다.

자본주의 체계의 근본적 전환을 추구하는 것이 점점 더 어려워지는 가운데, 생태 위기의 심화는 전통적인 계급 불평등과 계급 갈등에만 주목하여 자본주의 체계를 분석하려는 시각의 타당성을 약화하였다. 하지만 여전히 자본주의 체계의 변혁만이 다양한 사회적 모순과 갈등의 근본적 해결책임을 주장해 온 사람들은, 생태 위기에서 '체계 변혁/전환'의 필요성과 정당성을 주장할 새로운 논리를 찾고자 했다. 계급 갈등은 제도화되고 노동자계급은 체제 내화 되었지만, 이제 방사능 위험이 커지고 또 공업적 성장에 따라 환경오염과 신체 피해가 심각해짐에 따라, 그들은 환경오염과 생태 위기의 근본 원인이 바로 자본주의에 있다는 사실을 논증할 길을 찾고자 했다. 자본주의 체계 변혁을 꿈꿨던 급진 좌파는 성장주의에 반대하는 생태주의 이념과 가치의 확산에 힘입어 생태 위기에서 체계 변혁을 주장할 새로운 이유를 찾아냈다. 그것은 자본주의적 공업화와 성장이 환경오염과 생태 파괴 문제의 근본 원인이라는 것이었는데, 이러한 생각은 생태-마르크스주의, 생태-사회주의 사상으로 체계화되었다. 이들은 자본주의 체계를 계급적 불평등이라는 경제적·계급적 모순과 환경오염 및 생태계 파괴라는 생태적 모순의 공통 원인으로 지목하면서, 두 가지 모순을 동시에 해결하기 위해서는 자본주의 체계의 근본적 변혁을 추구하지 않을 수 없다고 강변하였다.

다양한 사회 갈등이나 사회문제의 공통 원인이자 근본 원인을 '자본주의 체계'에서 찾고, 이 체계를 근본적으로 전환하기만 하면

계급 불평등과 생태 위기, 나아가 돌봄 문제 등 다양한 차별들을 한꺼번에 해결할 수 있다는 근본주의적 주장은 논리적으로 선명하고 명확해 보인다. 그런데 시민 대중들은 이러한 환원주의적, 근본주의적 주장에 쉽게 동의하지 않는다. 자본주의 체계를 지탱하면서 살아가고 있는 개인은 자신이 처해 있는 위치에 따라 이 체계의 문제를 인식하는 시각과 또 선호하는 해결 방안이 서로 다를 수밖에 없기 때문이다. 특히 사회가 분화하고 다원화할수록 다양한 이해관계와 가치지향에 얽혀 있는 개인들을 체계 전환이라는 통일된 인식과 실천으로 연대하도록 하는 일은 현실적으로 쉽지 않다. 이것은 근본주의적 실천 전략이 현실에서 부딪히게 되는 큰 장벽이다.

4. '체계 전환' 담론에서 제기되는 질문들

다원화된 사회와 환원주의/근본주의 넘어서기

체계 전환이라는 근본주의적 주장과 선언만으로 생태 전환을 비롯한 사회의 급진적 전환을 이룰 수 있는 것이 아니라면, 이제 사회 전환을 위한 집합적 주체를 형성하기 위한 구체적 전략을 모색하고, 또 이를 뒷받침할 이론을 구성할 필요가 있다. 다원화된 민주주의적 자본주의라는 일반적 성격과 함께 각 나라의 독특한 사회적, 정치적 조건과 맥락 속에서 형성된 고유한 사회체계에서, 개인은 서로 다른 사회적 존재 조건—계급, 계층, 직업, 산업, 성별, 종족, 민족, 지역, 세대, 학력 등—에 따라 주어지는 다양하고 복합적인 사회적 위치에서 살아가고 있다. 그리고 이에 따라 서로 다른 인식과 정서를 지니며 살아간다. 그렇다면 어떻게 이들 다양한 개인이 생태 전환이나 사회 전환의 방향에 동의하고 공감하도록 할 수 있을까? 그 현실적인 이론적, 실천적 전략은 무엇일까?

다원화되고 복잡화된 자본주의 사회현실을 단순화하여 설명하려고 하고, 이로부터 비현실적이고 근본주의적인 대안만을 주창하는 것은, 다양한 사회문제와 사회 갈등을 해결하는 데 도움이 되지 않을 뿐만 아니라 방해하기까지 한다. 그래서 많은 사회이론가들이 전통적 마르크스주의의 경제 환원주의를 넘어서야 한다는 생각을 공유하고 있다. 앞으로 살펴볼 '식인 자본주의' 이론을 제시한 낸시 프레이저(Nancy Fraser) 역시 경제 환원주의를 넘어서 모순과 적대의 다원성에 주목해야 한다고 주장한다.

한편, 환원주의와 근본주의에 대해 분명하게 반대하는 샹탈 무페(Chantal Mouffe)는, '녹색 민주주의 혁명' 이론을 통해 다원적 적대 속의 연대와 등가적 민주주의에 기초하여 헤게모니와 정감을 동원하는 '좌파 대중주의' 전략을 제시한다. 무페는 현대사회의 다원적 적대를 계급 적대로 환원하려는 사고를 근본적으로 거부하는데, 이런 점에서 무페의 사회 이론 또는 정치 이론은 프레이저의 '식인 자본주의 이론'보다 더 분명하게 경제/계급 환원주의를 거부한다.

다원화·복잡화하는 현대의 민주주의적 자본주의 사회에서 사회 이론은, 한편으로는 분화하고 다원화하는 현실의 다중적 모순/위기/갈등과 그 복합성을 이론적으로 더 잘 해명해야 하는 과제를 안고 있고, 다른 한편으로는 이러한 다중적 모순/위기/갈등을 해결하는 데 적합한 현실적 대안과 실천적 전략을 제시해야 하는 과제를 안고 있다. 여기서 '체계'와 '전환'은 이러한 두 과제와 관련된 중요한 개념들이다. '체계' 개념은 사회 이론이 현실의 다원성과 복합성을 좀 더 잘 해명하려는 기대와 관련되어 있다면, '전환' 개념은 사회 이론이 좀 더 설득력 있는 실천적 대안과 전략을 제시하려는 기대와 관련되어 있다.

'체계' 개념과 현대사회의 복합성 해명

체계 전환이라고 하든, 체제 전환이라고 하든, 여기서 주목해야 할 점은 우선 체계(system)가 현대사회의 복합성을 해명하고 또 분석하는 데 어떻게 기여할 수 있는가이다. '체계'는 한 사회를 구성하는 구성 요소들과 그 제도적 부분들이 서로 관계를 형성하면서 일정한 규칙에 따라 상호작용 하는 모습을 설명할 수 있게 해준다. 그래서 그동안 체계 개념은 사회의 다원성과 복합성을 설명하기 위해 사회 이론에서 적극적으로 이용되었다. 고전사회학자인 꽁트(Auguste Comte)와 스펜서(Herbert Spencer)는 사회를 생물 체계에 비유하면서 분화와 통합의 과정을 설명하려고 했고, 마르크스는 자본주의 경제의 순환을 생산-교환 체계라는 시각에서 해명하려고 했다. 현대 사회학자인 파슨스(Talcott Parsons)와 루만(Niklas Luhmann)은 현대사회를 환경에 대응하여 생존하기 위해 기능적으로 복잡하게 분화되는 하위체계들의 복합체로 설명하려고 하였다. 이처럼 모순에 주목하든 통합에 주목하든 한 사회를 '체계'로 이해하려는 사유는 사회의 기능적 분화와 통합적 작동을 설명하는 데에 많은 도움을 주었다(Luhmann, 1982; 루만, 1991; 리처, 2010).

그런데 사회를 체계 개념을 통해 이해하려고 했다고 해서 모두 유사한 사회 이론을 제시한 것은 전혀 아니었는데, 이것은 결국 체계의 개별 요소들과 그들의 구성 및 작동 기제의 특성을 이론화하는 방식, 즉 시각과 문제틀의 차이로 인한 것이었다. 그래서 자본주의 생산관계에서의 착취와 계급적 분업체계의 모순에 주목했던 마르크스(Karl Marx)는 사회주의 혁명을 통한 자본주의 체계의 근본적 변혁을 추구했고, 합리화된 자본주의 시장-교환 체계와 관료제 조직에서 인간소외와 합리성의 이율배반에 주목했던 베버(Max Weber)는 합리화의 진전을 모색했으며, 또 분업 발달에 따른 시장-교환 체계가 만들어내는 아노미와 이기적 개인주의를 염려했던 뒤르켐(Émile Durkheim)은 유기적 연대와 시민 도덕을 통한 사회 통합을 강조했다.

이들 고전 사회학자가 살았던 시대 이후로 자본주의 체계는 끊임없이 분화를 거듭해 왔다. 특히 자본주의 경제 체계가 분화하면서 복잡화하였을 뿐 아니라, 민주주의 정치 체계, 다원화된 문화-이데올로기 체계 등과 복잡하게 얽히면서 계급 갈등의 양상이 변화하였고 또 다른 다양한 갈등 양상도 분출되었다. 이에 따라 체계 분화에 대한 복합적 설명을 위해서라도 체계 개념은 더욱 발전시켜야 했다.

이 과정에서 체계의 분화와 다원화가 진행되어 온 현대사회에서 다원적·복합적 체계의 작동과 상호작용을 단순히 자본주의 경제 체계의 논리를 통해 모두 설명하려는 경제 환원주의나 계급 적대의 중심적 성격을 강조하는 계급 환원주의의 사고는 한계가 있다는 사실이 분명히 드러났다. 이에 따라 이제 환원주의에서 벗어나 체계의 복합성, 또는 다원적 체계들의 복합적 상호작용을 해명하려는 시도들이 등장하였는데, 이에 따라 자본주의적 계급 적대, 성차별, 생태 파괴, 인종차별주의 등등의 문제를 서로 연계하여 설명하려는 이론들이 제시되었다.

최근 생태 위기가 심화하는 현실에서 자본주의의 복합성을 체계적으로 설명하고자 한 대표적인 이론이 바로 2022년에 『Cannibal Capitalism』(식인 자본주의)를 통해 프레이저가 제시한 '식인 자본주의 이론'이다(이 책의 한국어 번역본 제목은 『좌파의 길』(2023)이다). 그는 최근 생태 위기, 기후 위기가 인간 사회에 점차 심각한 재난과 피해를 낳고 있는 현실을 보면서, 마르크스주의적 관점에서 급진적인 철학적, 이론적 주장들을 종합하고자 하였다. 마르크스주의의 자본주의 이론을 확장하여 생태사회주의, 사회주의적 페미니즘, 포스트식민주의, 교차성 이론 등을 포괄하는 다원적인 자본주의 체계 이론을 구성하려고 했다. 그리하여 현대 자본주의 사회에서 나타나고 있는 금융화, 불평등과 불안정 노동, 돌봄과 사회적 재생산, 생태환경, 군사주의, 정치적 독재 등과 관련된 다양한 위기들을 분석하기 위해 체계에 대한 복합적 사고를 도입하고자 했다. 그는 오늘날의 자본주의가 과거와 달리 다양한 사회영역들에서 피지배 대중들의 삶을 억누르고 있음에 주목하여 자본주의를 확장한 개념으로 '식인 자본주의' 개념을 제안한다. 이러한 시도는 사회적 모순과 위기의 다원성에 주목하면서 현대 사회체계의 복합성을 해명하고자 했다는 점에서 긍정적 의미를 지닌다.

그런데 그의 이론은 현대 자본주의 사회체계의 복합성을 해명하고자 하면서도, 자본주의 체계 자체를 다양한 모순/위기/적대 들의 근본 원인으로 규정하는 단일한 통합적 설명 논리를 추구함으로써, 마르크스주의와 마찬가지로 환원주의 논란에 빠져들었다. 게다가 자본주의 체계에 대한 환원주의적 설명 논리로부터 이에 상응하는 반-자본주의 투쟁이라는 '포괄적 대항 헤게모니 전략'을 도출해 냄으로써 다시 근본주의 논란도 불러일으키게 되었다. 체계 개념이 현대사회의 복합성을 해명하는 데에 도움을 주기는 하지만, 한 사회에서 다원적 체계들, 그리고 그 모순들 사이의 교차와 얽힘을 어떻게 설명할 것인가 하는 점은 또 다른 문제이다. 뒤에서 보게 되겠지만, 프레이저는 점점 더 다원화하고 복잡화하고 있는 현실을 해명하기 위해 '자본주의 체계' 개념을 활용하여 경제 환원주의를 넘어서려고 했는데, 그럼에도 자본주의를 근본 원인으로 삼고 나아가 근본 원인을 해결하기 위한 반-자본주의 투쟁 근본주의를 주장함으로써 환원주의 논리를 재도입하는 경향을 보여준다. 그렇다면 여기서 체계 개념은 과연 현대 사회체계의 다원성과 복합성을 해명하는 데 도움을 주었다고 할 수 있을까? 사실 이러한 의문은 내가 이 글을 쓰게 된 중요한 계기가 되었다.

사회 이론이나 정치 이론에서 현대사회의 다원성과 복합성을 해명하기 위해 '체계' 개념을 활용하려는 시도는 긍정적이다. 체계 모순에 주목하든 아니면 체계 통합에 주목하든, 체계 개념은 현대사회의 다원적 체계들의 복합체가 작동하는 방식을 해명하는 데에 도움을 준다. 그런데 오히려 환원주의적 논리를 통해 체계들의 복합체에 대한 설명을 단순화하려고 한다면, 그 사회 이론은 타당성을 잃어버리기 쉽다. 그래서 프레이저의 '식인 자본주의 이론'이 어떻게 체계 개념을 활용하면서도 환원주의로 빠져들게 되었는지를 살펴볼 필요가 있다.

'체계 전환'은 얼마나 실현할 수 있는 전략일까?

많은 급진좌파 지식인과 사회운동가들은 체계 전환/변혁을 주장하는 프레이저의 식인 자본주의 이론의 등장에 열광하고 있는데, 프레이저의 주장처럼 급진적인 체계 전환이 이루어질 가능성은 있을까? 아니면 프레이저의 이론과 정치적 담론이 영향력을 확장하여 보수적 담론을 약화할 수 있는가? 오늘날 유럽이나 미국의 현실에서 개방적인 이민-난민 정책에 불만을 품은 극우-국수주의 세력들이나 자국의 산업과 일자리를 보호하기 위한 보호주의 정책들을 지지하는 보수주의자들이 정치적 주도권을 장악해 가고 있다는 사실은 프레이저의 기대가 비현실적임을 말해주고 있다. 한국의 경우, 보수정권의 윤석열 대통령의 계엄선포와 내란 시도가 시민들의 저항으로 좌절되고, 중도-개혁 성향의 이재명 대통령이 집권하였지만, 보수세력 내에서 상대적으로 청년 극우세력이 늘어나고 있는 반면에 급진적 진보세력의 영향력은 여전히 미미한 상황에 놓여있다. 서구 사회에서나 한국 사회에서나 이러한 현실은 급진좌파들이 기대하는 자본주의 체계 전환이 매우 어려운 상황임을 보여준다.

사실 20세기 후반으로 오면서 서구 사회에서도 민주주의의 발달과 다원적 적대들의 분출, 새로운 세대의 등장과 가치관 전환, 개인주의의 발달 등에 따라 정치 지형이 훨씬 복잡해지게 되었다. 이에 따라 사회 전환이 어떤 방향으로 나아갈 것인지를 판단하기가 점점 어려워졌으며, 특히 급진적 변혁만을 유일한 전환 전략으로 주장하는 것은 설득력을 얻기 어려워졌다.

제2차 세계대전 이후 유럽 선진국들에서 노동, 복지, 분배 중심의 계급정치가 계급 갈등의 제도화로 이어짐에 따라 급진좌파 정당은 점차 약화하고 중도좌파 정당이 성장하면서 집권을 하기도 하였다. 그런데 1970년대에 와서는 석유파동으로 세계 경제 위기가 심화하면서 중도좌파 정당이 우파 정당들의 복지국가 비판에 시달리면서 결국 영국과 미국에서 신자유주의를 추구하는 우파 정당에 정권을 넘겨줘야 했다. 게다가 68운동 이후 성(젠더) 적대, 생태(환경) 적대, 인종/종족 적대, 소수자 적대 등 다양한 적대들이 급속히 분출하면서, 계급 중심적 전략에만 의존해서는 중도좌파 정당이 지지를 확장하기도 어려워졌다.

이러한 시대 상황에서 라클라우와 무페(Ernesto Laclau & Chantal Mouffe)는 일찍이 1985년에 『헤게모니와 사회주의 전략』이라는 책을 출판하면서 좌파 정치 전략의 혁신이 필요함을 주장하였다. 마르크스주의의 환원주의 논리에서 벗어나 현대사회의 다원성과 복합성에 조응하는 새로운 실천 전략의 필요성을 강조한 것이었다. 이 책은 프레이저가 『식인 자본주의』를 출판한 2022년보다 무려 38년이나 이른 시기에 출판되었는데, '포스트마르크스주의자'로 불린 이들은 마르크스주의 자본주의 이론과 사회주의 혁명 이론이 지닌 경제 환원주의, 노동자계급의 보편성, 계급 정체성의 고정성, 본질주의 등의 사고에서 벗어나야 함을 강변했다.

경제 관계(생산관계)와 계급 중심의 사고를 중시해 온 마르크스주의는 노동자계급의 동질성과 통일성을 가정하면서, 만약 노동자계급이 자본주의 체계가 모든 불평등과 차별의 근본 원인임을 인식하게 된다면 계급사회를 해체하는 통일된 보편적 주체가 되어 사회주의 혁명이라는 근본주의적 체계 전환을 이루게 될 것으로 기대하였다. 그런데 현실 사회주의 사회에서는 오히려 동질성과 통일성이 획일성으로 변질되고, 사회적 연대가 정치적 감시와 통제로 변질될 수 있음을 드러냈다. 또한 현실 자본주의의 역사에서는 분화와 다원화, 기술 발전과 성장 속에서 노동자계급 내부의 분화로 동질성, 통일성, 연대를 형성하기가 점차 어려워졌다. 이러한 현실적 사회변화는 체계 전환을 위한 사회적 연대의 형성을 점점 더 어렵게 만들고 있다. 민주주의가 발달하고 또 계급으로 환원할 수 없는 다양한 쟁점들, 적대들—성별, 인종, 종족, 소수자, 환경, 평화, 공동체 등—이 분화하고 공존하는 다원화된 사회로 이행하면서, 모든 사회문제와 사회 위기의 공통 원인을 자본주의로 돌리고 또 자본주의를 변혁해야 한다는 근본주의적 주장은 시민 대중들로부터 설득력과 공감을 얻기가 점점 더 어려워지는 것이다.

그렇다면 이제 근본주의적 체계 전환 전략의 대안으로 생각할 수 있는 정치 전략은 무엇인지 고민해 볼 수 있다. 라클라우와 무페는 경제 환원주의와 계급 중심주의를 비판하면서 새로운 사회주의 전략으로 다원적 등가성에 기초한 '급진적 민주주의'를 주장한다. 그리고 다원적 적대들 속의 다양한 피지배 종속 집단들이 서로 연대하게 하는 헤게모니적, 담론적 접합 전략을 추구해야 한다고 주장한다. 계급 적대와 구별되는 다원적 적대들이 공존하고 있는 현실에서 계급 중심성 논리에서 벗어나 다원적 적대들의 등가성을 인정해야 하며, 다원적 평등을 추구하는 급진적 민주주의를 통해 좌파 헤게모니를 형성하는 전략이 필요함을 강조한 것이다. 이러한 이론적 맥락에서 라클라우는 헤게모니 전략으로서 대중주의(popularism) 이론을 정교화하고자 했고, 이후 무페는 합리성이나 이성적 논리보다 헤게모니나 정감(affects)에 주목하는 '좌파 대중주의' 이론을 전개하였다(라클라우, 2026; 무페, 2022).

그런데 이러한 사회 이론 및 정치 전략은 '체계 전환'을 위한 좌파적, 진보적 헤게모니를 형성하기 위한 유연한 시각을 보여주기는 하지만, '급진적 민주주의'가 어떻게 다원적 종속 집단들에게 다원적 평등을 제공해 줄 수 있을지는 분명하지 않다. 그 이유는 무엇보다도 제도적, 정책적 방안들보다는 담론적 정치 전략에 주목하고 있기 때문이라고 할 수 있다. 그렇다면 급진적이든 점진적이든 '체계 전환'을 이루는 데에서, 체계의 다원성과 복잡성에 대한 분석 없이 담론과 헤게모니만으로 충분할까? 정치 전략 이후의 사회 전환 전략이 없다면 어떻게 '체계 전환'의 구체적 대안을 모색할 수 있을까? 이런 질문들은 사회 이론이 앞서 언급했던 두 가지 과제 모두에 대해 응답할 필요성이 있음을 잘 보여준다. 그것은 '체계'와 '전환'에 대한 종합적인 시각을 요구하는 것이라 하겠다.

사회 이론의 환원주의에 대한 비판적 성찰을 위하여

이 책은 급진적인 사회 이론이나 정치 이론의 주장들이 왜 한편으로는 복합적 현실을 분석하는 데 실패하고 또 다른 한편으로는 담론적 실천 전략을 넘어서는 사회 전환의 구체적 방안의 모색을 등한시하는지를 해명해 보려고 한다. 우선 프레이저의 '식인 자본주의 이론'은 자본주의 경제 체계에 대한 환원주의적 시각을 보여주면서, 이를 통해 반-자본주의 투쟁의 근본주의를 정치 전략으로 제시한다. 그리고 무페는 이러한 시각을 경제(토대) 환원주의와 계급 중심주의라고 비판하면서 '경합적 다원주의'와 '좌파 대중주의'

라는 헤게모니 기획을 제시한다. 프레이저는 체계의 복잡성을 단순화하려는 경향을 보여준다면, 무페는 체계 분석을 등한시하고 헤게모니, 담론, 정감 등에 주목하면서 '사회 전환'을 위한 정치 전략 모색에 몰두하는 경향을 보여준다. 그런데 이러한 이론적 경향들은 사회 이론이나 정치 이론의 발전을 제약하고 있다.

현대사회의 복잡성을 분석하기 위해서는 '체계' 개념의 도움을 받을 수 있다. 그리고 환원주의적 시각에서 벗어난다면, 체계의 다원성과 복합성을 해명할 수 있는 사회 이론을 발전시킬 수 있다. 그런데 사회는 '체계'의 차원에서 모두 해명하고 분석할 수 있는 것이 아니다. 체계 분석은 그 구성 요소들, 심지어 체계 속의 개인들도 물질적, 탈인격적 존재처럼 취급한다. 하지만 개인들은 여전히 인격적 존재로 살아간다. 따라서 사회는 탈인격적 차원의 사회관계와 인격적 차원의 사회관계 양자의 결합으로 존재한다는 점을 이해할 필요가 있다.

이처럼 전체 사회 또는 사회관계를 탈인격적 사회관계와 인격적 사회관계의 복합체로 이해한다면, 이들을 각각 '체계'와 '대인관계'라는 개념으로 표현할 수 있다. 여기서 체계는 탈인격적 차원의 사회관계를 지시하는 개념이라면, 대인관계는 인격적 차원의 사회관계를 지시하는 개념이다. 예를 들어 자본주의 경제 관계를 맺고 있는 개인은 생산과 교환이 이루어지는 생산관계나 교환관계와 같은 탈인격적 체계를 구성하고 있는 요소인 동시에, 그 속에서 계급의식을 비롯한 다양한 인식과 정서를 형성하는 인격적 존재로서 대인관계를 맺고 있기도 하다. 그런데 여기서 개인 사이의 인격적 관계는 권력이나 영향력이 작동하면서 협동적일 수도 갈등적일 수도 있고, 통합적일 수도 대립적일 수도 있으며, 이러한 인격적 대인관계는 탈인격적 체계에 의해 완전히 결정되지 않는다. 사회를 다양한 사회관계의 복합체라고 한다면, 사회관계는 탈인격적 차원의 체계와 인격적 차원의 대인관계(권력/인식-정서)가 비대칭적이고 불균등하게 결합해 있는 복합체로 규정할 수 있다.

사회를 '체계와 대인관계의 비대칭적 결합체'라는 문제틀을 통해 이해한다면, 이제 사회관계를 체계로 환원하여 설명하려는 시도도, 대인관계(권력/인식-정서)로 환원하여 설명하려는 시도도 모두 타당하지 않다. 이러한 사유는 환원주의를 경제 환원주의로만 한정하여 보는 제한된 시각을 넘어설 수 있게 한다. 자본주의 체계를 다원적 체계들의 모순/위기의 근본 원인으로 삼고자 한 프레이저의 '식인 자본주의 이론'은 자본주의 체계 환원주의 경향을 보여준다면, 체계 분석을 부차적인 것으로 취급하면서 합리성보다 헤게모니와 정감에 주목하고자 한 무페의 '경합적 다원주의'와 '좌파 대중주의' 이론은 대인관계 환원주의 경향을 보여준다.

프레이저와 무페는 현대사회의 다원성과 복합성을 해명하기 위해 마르크스주의의 전통적인 경제 환원주의에서 벗어나려고 노력했지만, 이러한 이론적 노력에도 불구하고 서로 반대되는 형태의 환원주의로 빠져들었다. 그리하여 나는 이 책에서 프레이저와 무페의 사회 이론 또는 정치 이론에서 나타나는 두 환원주의의 문제를 비판적으로 분석하는 동시에, 사회 이론의 발전을 위해 사회관계를 종합적으로 해명하는 '체계-대인관계 결합체'라는 새로운 문제틀의 필요성을 입증하고자 한다.

2장.

자본주의 체계 비판과

환원주의/근본주의 이론의 역사

사회과학자들은 사회현상을 과학적, 객관적으로 연구하고자 하는데, 이를 위해 특정 사회현상의 원인을 찾아 설명하려고 한다. 이것은 인과적 설명이라고 얘기되는데, 좀 더 분명한 원인을 찾아 사회현상을 경험적으로 설명함으로써 객관성을 높이고 또 이에 따라 그 사회문제를 해결할 수 있는 실천적 대안을 제시하여 사회발전에 기여할 수 있기를 바라는 것이다. 그래서 사회과학이 발달한 초기에 많은 사회과학자들은 객관성과 확실성이 입증된 자연과학의 연구 방법을 사회현상에도 적용함으로써 사회과학적 지식의 객관성, 과학성을 높일 수 있을 것이라 기대했다. 그런데 자연현상과 달리 사회현상은 사회를 구성하는 인간들의 능동성과 고유성으로 인해 절대적 법칙이나 인과성으로 설명하기 어려운 특성을 가진다. 그래서 자연과학 같은 명쾌하고 선명한 법칙적 사고를 추구하는 것은 불가능하다.

사회 이론은 직접적으로 경험적인 사회과학적 설명을 제공하지는 않더라도 사회현상을 이해하는 데 필요한 추상적, 개념적 설명을 제공하려고 한다. 그래서 사회현상이나 인간 행위에 관한 추상적 개념들을 통해 논리적으로 정합적인 문제틀(problematic) 또는 개념틀을 제시함으로써 사회를 이해하는 데 도움을 주려고 한다. 그래서 사회현상의 우연성이나 특수성 속에서 일정한 규칙성을 발견함으로써 사회현상을 좀 더 설득력 있게 설명하고 또 사회문제의 바람직한 해결 방안을 제시하려고 한다.

마르크스의 유물론적 사회 이론은 사회체계의 역사적 변동 과정과 자본주의 사회체계의 작동 기제를 설명하고자 한 대표적인 사회 이론이다. 역사 유물론의 관점에서 생산력의 발달과 생산관계에 기인하는 계급투쟁 형태에 주목하면서, 경제적 토대(생산력+생산관계들)와 정치적·이데올로기적 상부구조(국가, 문화, 의식 형태들)의 상호작용을 통해 역사적 사회체계의 형성과 변동, 재생산과 혁명 과정을 해명하고자 했다. 여기서 마르크스는 "토대가 상부구조를 규정한다(결정한다)"라는 표현을 사용함으로써, 본질주의, 환원주의, 결정론 등의 논쟁을 불러일으켰으며, 사회주의 혁명이라는 급진적 대안을 제시함으로써 근본주의 논쟁도 불러일으켰다.

마르크스의 토대/상부구조 개념틀이 토대 환원주의 또는 경제결정론이라고 비판받은 이래로 많은 사회이론가는 이러한 환원주의적 사고에서 벗어나려고 노력해 왔고, 적어도 명시적으로는 스스로 환원주의자라고 표방하는 사람을 찾아보기는 어렵게 되었다. 하지만 스스로 환원주의자가 아니라고 말한다고 해서 실제로 환원주의 사고에서 벗어나 있다고 단언할 수는 없다. 왜냐하면 이론이나 설명 체계가 실질적으로 환원주의 논리에 의존하고 있을 수도 있기 때문이다.

오늘날 마르크스주의적 전통 속에서 자본주의 사회의 모순이나 차별을 근본적으로 해체해야 한다고 생각하는 사람들은 사회체계가 근본적으로 변혁되어야 한다고 주장하는데, 이러한 근본주의적 사고와 주장은 지속되고 있으며, 환원주의 이론들은 이러한 근본주의적 사고에 논리적 근거를 제공하고 있다. 다양한 사회적 원인 가운데서 근원적, 결정적 원인을 찾아야 하며 또 그 근본 원인을 제거하여 사회문제를 근본적으로 해결해야 한다는 이론적, 실천적 주장은 선명하고 또 매력적일 수 있다. 하지만 현실은 그렇게 명쾌하지 않다. 사회 이론이 아무리 명쾌해도 그것이 대중들을 움직이는 설득력을 가지지 못하면 현실에서 아무런 영향력을 행사할 수 없다. 매력적인 사회 이론을 제시하면 대중들이 곧바로 이에 따라 실천에 나설 것이란 기대는 비현실적이다. 사회 이론이 대중이 처해 있는 현실의 역사적, 사회적 조건과 상황을 적절히 설명하지 못하면, 그리하여 대중들의 행동과 실천을 끌어내지 못하면, 그 사회 이론이나 주장들은 비현실적인, 관념적·이상적 주장에 머물 수밖에 없게 된다.

1. 마르크스주의의 환원주의와 근본주의

마르크스주의 환원주의 논리의 기원

마르크스주의는 이른바 반-자본주의 체계 변혁 또는 체계 전환을 주장하며 혁명적 실천을 추구해 온 대표적인 사회 이론이다. 19세기 중후반에 활동했던 유물론적 사회이론가이자 혁명적 사회주의자인 마르크스(Karl Marx)는 한 사회를 '토대/상부구조'라는 건축학적 비유(공간론) 도식을 도입하여 사회변동을 설명하려고 하였다. "건축물의 토대가 흔들리면 상부구조도 흔들린다"라는 비유를 통해 경제적 토대가 정치적·이데올로기적 상부구조를 지탱하는 결정적인 요인임을 강조하고자 하였다. 이것은 관념론적 사유에 맞서 유물론적 사유의 타당성을 보여주는 중요한 논거였다. 마르크스는, 인간은 생존을 위해 우선 식욕을 충족시켜야 하며 종의 유지(재생산)를 위해 성욕을 충족시켜야 한다는 현실적 문제에서 출발한다. 여기서 무엇보다도 물질적 욕구를 충족시키기 위해 맺는 사회관계, 즉 노동과 생산의 물질적 관계가 인간 사회의 생존을 규정하는 기본적 토대가 된다.

마르크스는 1848년 『공산주의자 선언』(communist manifesto)에서 유물론적 역사해석의 개괄적인 도식을 제시한다. 원시공동체 사회는 사람들이 함께 수렵과 채취를 하여 함께 나눠 먹으며 살아가는 사회였다. 그런데 사회의 규모가 커지고 분업이 발달해 감에 따라, 생산 노동에 직접 참여하는 사람들과, 생산 노동에 참여하지 않으면서도 다른 사람들을 지배하려는 사람들이 나누어지고, 이들 사이에 주인 대 노예, 영주 대 농노, 자본가 대 노동자와 같은 경제적 지배-종속 관계가 형성된다. 마르크스는 이것들을 계급관계의 다양한 형태들로 보면서, 대립하는 계급들 사이에서 이루어지는 계급투쟁이 그들의 물질적·경제적 관계, 즉 '생산관계'를 변혁시키는 힘이 된다고 보았다.

이러한 사유는 이후 1859년에 출간된 『정치경제학 비판』 '서문'에서, 생산관계가 한 사회의 '토대'가 되며 이 토대(생산관계)가 국가나 의식 형태를 포함하는 정치적·이데올로기적 상부구조의 형태나 성격에 결정적인 영향을 미친다고 하는 '토대/상부구조' 공간론의 사유로 도식화된다. 한 사회는 토대와 상부구조로 구성되는 사회형성체(social formation)라고 할 수 있는데. 이들의 역사적 형성과 변동 과정을 이해하려면 그 사회의 기본적 성격을 틀 짓는 요소인 토대의 형태와 성격을 먼저 이해해야 하며, 이를 통해 사회 전체를 이해할 수 있다. 이것이 바로 마르크스의 유물론적 역사해석, 또는 역사유물론의 핵심적 사유이다.

그런데 이것은 토대가 상부구조를 결정한다는 환원주의적, 결정론적 사유로 나아가기 쉽다. 토대와 같은 근본적 요인 하나로 다른 모든 현상을 명쾌하게 설명하려는 유혹에 빠져들기 쉬운 것이었다. 이런 형태의 환원주의적 사유를 보여주는 대표적인 철학자로는 독일의 관념철학자 헤겔(Georg Wilhelm Friedrich Hegel)이 있다. 헤겔의 관념론은 마르크스의 근본적 비판 대상이 되었지만, 또한 유물론자인 마르크스의 사상 형성에 중대한 영향을 미치기도 했다. 헤겔은 보편타당한 인식의 근거를 시시각각 변화하는 외부 세계 현실에서 찾기보다 합리적인 정신과 이성적 논리에서 찾고자 했다. 외부 세계는 시간의 흐름에 따라 변화하는 상대적이고 우연적인 것들에 불과하기에, 이성과 논리의 사유를 통해 외부 세계의 본질을 담아내는 보편적 '개념'을 구성함으로써 보편타당한 인식, 절대적 진리를 얻을 수 있다고 생각했다(터너, 1997).

세계 속의 존재들을 본질과 그 외양(현상)으로 구분하면서, 본질을 통해 세계를 이해하고 설명해야 한다고 보았던 헤겔의 사유는 '본질주의'(essentialism)라 불린다. 관념주의 철학자인 헤겔에게서 외양은 본질이 겉으로 드러난 것, 즉 현상에 불과하기에, 본질을 제대로 인식하기만 하면 외양(현상)은 그 본질로부터 쉽게 설명할 수 있는 것이었다. 이러한 본질주의 논리는 환원주의적 설명의 원형이다. 세계를 본질과 외양(현상)으로 구분하면, 본질은 외양을 만들어 내는 근본 원인이 되며, 따라서 외양은 근본 원인인 본질로 환원하여 설명할 수 있다는 것이다. 이러한 본질주의적 사고를 통해 마르크스의 토대/상부구조 도식을 이해하면, 토대는 본질 또는 근본 원인이 되므로 상부구조에 속하는 외양들은 부산물에 불과한 것으로서 토대로 환원하여 설명할 수 있다고 생각하게 된다. 그렇다면 이제 한 사회를 이해하려면 토대가 되는 경제 관계, 즉 자본주의 생산관계의 작동만 잘 이해하면 충분하며, 이러한 토대의 성격에서 자본주의 국가나 지배 이데올로기의 성격을 쉽게 추론할 수 있다고 주장할 수 있게 된다. 그런데 이러한 본질주의적 시각에서 마르크스의 사회 이론을 경제 환원주의로 해석하는 속류 마르크스주의자들에 반대한 프랑스 마르크스주의 철학자 알튀세르(Louis Althusser)는 헤겔과 마르크스 사이의 문제틀의 근본적 차이, 헤겔의 영향 아래 있었던 전기 마르크스와 유물론적 사고로 나아간 후기 마르크스 사이의 단절을 주장하게 되었다(정태석, 1991: 148-175).

마르크스의 토대/상부구조 이론을 도식적으로 이해한 속류 마르크스주의자들은, 토대인 자본주의 생산관계가 상부구조인 국가와 이데올로기(의식 형태들)의 형태나 성격을 일방적으로 결정한다고 보면서, 토대를 다양한 사회현상을 설명해 주는 근본 원인으로 삼고자 했다. 이처럼 경직된 결정론의 관점을 보여준 속류 마르크스주의의 사고는 환원주의(reductionism)라는 비판을 받게 되었다.

일반적으로 보면, 특정한 사회현상의 발생에 영향을 미치는 요인들은 다양하며, 이들 가운데 어떤 요인이 좀 더 결정적인 영향을 미칠 수 있다. 그런데 환원주의적 사고는 특정 요인을 본질적 요인으로 삼으면서, 다양한 요인들을 그 본질적 요인으로 환원하여 설명하려고 한다. 헤겔의 본질주의 논리가 보여주듯이, 이때 본질적 요인이 아닌 요인들은 비본질적이고 부차적인 것들로 규정된다. 그리하여 환원주의는 본질주의처럼 사회의 다양한 요소들을 본질과 외양(현상)으로 구분하면서, 외양적 현상인 상부구조를 본질적 원인인 토대로 환원하여 설명하려는 논리가 된다.

물론 마르크스는 토대가 상부구조를 일방적으로 결정한다거나, 정치(국가)와 이데올로기 영역에서는 경제로부터 자율적인 현상들을 발견하기 어렵다는 식의 일방적인 결정론적 주장을 하지는 않았으며, 정치나 이데올로기, 문화 등 상부구조의 요소들이 역으로 토대의 성격에 영향을 미칠 수 있다는 점도 부정하지 않았다. 그런데 마르크스가 대표적인 저작 『자본』(1867)에서 자본주의 경제(생산관계)의 순환과 그 과정에서 드러나는 경제적 모순을 보여주게 되면서, 이후 마르크스주의자들은 주로 『자본』에 근거하여 자본주의 경제 순환 과정에서 드러나는 모순과 위기, 공황과 파국이 사회 전체의 성격에 결정적 영향을 미친다는 생각을 강화하게 되었고, 이러한 흐름은 강한 경제 결정론적 사고로 이어졌다. 그리고 이러한 단순한 사고는 비판자들에 의해 '속류 마르크스주의'로 불리게 되었다.

자본주의와 계급투쟁의 관점

마르크스주의의 역사에서 본질주의 사고는 역사에 대한 두 가지 설명 논리로 발전한다. 하나가 '경제 환원주의'라고 한다면, 다른 하나는 '계급 적대 중심주의'이다. 이들은 각각 자본주의 경제 체계의 위기와 모순, 또는 이와 맞물려있는 자본가계급의 착취/지배와 계급 적대의 양상을 근거로 하여 자본주의 사회의 전체적인 작동을 설명할 수 있다고 믿는다.

유물론적 사고를 전개하기 시작한 마르크스는 1948년 『공산주의자 선언』에서 인류의 역사를 '계급투쟁의 역사'로 규정하였는데, 계급투쟁을 통해 역사적 생산관계의 유지와 이행을 설명하고자 한 이러한 시각은 '계급투쟁의 관점'이라 불린다. 이 관점에서 보면, 자본가-노동자 계급관계에 기초하는 자본주의 사회에서는 자본가계급의 지배와 착취, 노동자계급의 소외와 빈곤을 지속시켜 노동자계급의 불만과 대립을 확산하게 되는데, 자본가계급의 지배에 불만을 지니게 된 노동자들이 지배 이데올로기에 맞서는 혁명적 계급의식을 키워 혁명의 주체로 형성되고, 계급투쟁을 통해 자본주의 국가를 장악한 후 자본주의 체계 자체를 철폐함으로써 사회주의 혁명을 이룰 수 있게 된다. 계급투쟁을 통해 자본주의 사회가 사회주의 사회로 이행하게 된다는 것이다. 그리고 이때 혁명적 지식인들은 노동자계급의 계급투쟁을 도울 수 있다.

계급투쟁의 관점에서 보면, 사회주의 혁명을 위해서는 누구보다도 노동자계급이 혁명적 계급의식을 획득하여 혁명의 주체로 형성되는 것이 필수적인 일이다. 그렇다면 이러한 과정의 필연성을 어떻게 논증할 수 있을까? 마르크스주의자 루카치(György Lukács)는 『역사와 계급의식』에서, 자본주의 사회에서 근본적 모순을 겪는 프롤레타리아트(노동자계급)만이 총체적 인식을 획득할 수 있으며, 사물화된 자본주의 사회에 맞서는 혁명적 계급의식을 획득할 수 있다고 주장했다. 그는, 자본주의 계급관계에서 차지하는 위치, 즉 지배당하고 소외당하는 종속적 위치로부터 프롤레타리아트 또는 노동자계급의 총체적 인식 획득 가능성을 논리적으로 도출한다는 점, 또 보편계급으로서의 선험적 통일성을 주장한다는 점에서, '계급결정론' 또는 '계급 환원주의' 사고를 지녔다고 할 수 있다(루카치, 1986: 298, 308).

물론 루카치는 역사의 진화 법칙에 따라 자본주의 사회가 내적인 경제적 모순의 폭발로 인해 사회주의 사회로 나아갈 수밖에 없다는 식의 기계적 진화론을 주장하는 것이 전혀 아니다. 그는 계급 주체의 적극적인 인식과 실천의 중요성을 강조한다는 점에서 단순한 기계론적 사고에서는 벗어나 있다. 그렇지만 노동자계급이 이러한 혁명적 인식과 실천을 획득할 수 있는 근거를 생산관계에서의 계급적 위치에서 찾고 있다는 점에서 여전히 '경제 환원주의' 또는 '계급 환원주의' 논리에 의존한다.

그런데 루카치의 논리가 설득력이 있으려면, 노동자계급이 경제적, 정치적, 이데올로기적으로 자본가계급에 의해 지배당하고 있는 현실에서 "어떻게 역으로 이러한 지배 이데올로기와의 급진적 단절을 통해 혁명적 의식을 획득하고 또 혁명의 주체가 되는 반전을 이룰 수 있을까?"하는 질문에 답할 수 있어야 한다. 이것은 노동자계급의 객관적 계급 위치가 총체적 인식을 획득할 수 있게 해준다는 당위론적 주장으로 해명될 수 있는 것이 아니다.

계급결정론의 시각을 토대/상부구조 도식에 적용해 보면, 자본주의적 토대(생산관계)는 물론 국가나 이데올로기 등 상부구조 역시 자본주의적 성격을 띠게 된다. 계급관계로 보면, 토대에서 지배계급인 자본가계급은 상부구조인 국가와 이데올로기도 지배하게 된다. 알튀세르는 「이데올로기와 이데올로기적 국가기구들」이라는 글에서 이러한 현실을 이론적으로 분석하고 있다. 여기서 그는 자본주의적 생산관계에서 자본을 사적으로 소유한 지배계급인 자본가계급은 경제적 힘에 기초하여 국가권력을 장악할 수 있게 되어 자본가계급의 이익을 대변하고 실현하는 국가, 즉 '자본주의 국가'를 형성할 수 있게 될 뿐만 아니라, 나아가 이러한 경제적, 정치적 권력에 기초하여 교회와 대중매체 등 시민사회의 이데올로기 기구들을 장악함으로써 지배계급의 이데올로기, 즉 지배 이데올로기가 우세하도록 만든다는 점을 논증하였다. '지배 이데올로기'와 이를 뒷받침하는 '자본주의 국가'가 결국 자본주의의 안정적 재생산(유지)과 자본가계급의 안정적 착취를 돕게 된다고 보았던 것이었다(알튀세르, 1991).

결국 사회주의 사회로 나아가기 위해서는 노동자계급이 주체가 되는 혁명적 계급투쟁을 적극적으로 실천해야 하는데, 이를 위해서는 자본주의 비판과 사회주의 이데올로기를 확산시키지 않을 수 없다. 그래서 마르크스는 1848년 『공산주의자 선언』에서 현실적 계급투쟁을 위한 전략에 더 많은 관심을 기울이게 된다. 그는 공산주의자들의 당면 목적을 "프롤레타리아트를 계급으로 형성시키고, 부르주아지의 지배를 뒤엎으며, 프롤레타리아트의 손으로 정치권력을 장악하는 것이다."라고 분명하게 제시한다. 그러면서 공산주의자들의 이론적 명제들은 "다만 현존하는 계급투쟁의 현실적인 관계들, 즉 우리 눈앞에서 진행되고 있는 역사적 운동을 일반적으로 표현한 것일 뿐이다."라고 말하면서, 자본가계급의 지배와 재산 소유의 현실을 분석하고 프롤레타리아트가 정치적 지배를 통해 자본과 생산도구를 국유화하고 민주주의와 공산주의를 쟁취하는 전략들을 제시한다. '공산주의자 선언'은 자본주의의 현실로부터 공산주의 혁명의 필요성을 논증하고, 프롤레타리아트가 이를 실천해야 함을 설득한다. "프롤레타리아가 혁명 속에서 잃을 것이라고는 쇠사슬뿐이요, 얻을 것은 세계 전체이다. 만국의 프롤레타리아여, 단결하라!"

한편, 자본주의적 민주주의가 발달한 20세기 중반에 알튀세르는 마르크스의 '계급투쟁의 관점'이 '경제 환원주의'로 해석되는 것을 경계하였다. 말하자면 마르크스의 이론이 계급투쟁을 경제적 계급에 기초한 경제적 투쟁으로 환원하여 설명하는 것이 아님을 강조한 것이었다. 계급투쟁은 경제적 영역에서만이 아니라 정치적, 이데올로기적 영역에서도 이루어지는 다층적, 중첩적 과정이라는 것이다. 나아가 그는 경제적 계급 위치로부터 총체적 인식과 혁명적 계급의식을 당위론적으로 도출하는 것은 '목적론적 사고'일 뿐이며, 이 역시 '경제 환원주의'에 기인한 것이라고 지적했다(정태석, 1991).

생산력/생산관계 모순과 자본주의 경제 체계 모순

초기에 마르크스가 1848년 『공산주의자 선언』에서 '계급투쟁의 관점'에서 자본주의 사회의 계급관계와 계급 적대의 성격에 주목하면서, 계급투쟁을 통한 사회주의 혁명의 당위성을 논증하려고 했다면, 이후에 자본주의 경제 체계에 관한 연구를 진행하면서 서술한 1859년 『정치경제학 비판』 '서문'에서는 토대/상부구조 도식을 통해 자본주의적 계급투쟁이 토대(자본주의 생산관계)의 모순으로부터 생겨나며, 이러한 모순이 정치적·이데올로기적 상부구조에 반영되어 노동자계급의 저항적 의식이 형성되고 이에 따른 대립과 계급투쟁에 따라 서서히 또는 빠르게 사회 형성체(social formations)의 이행(혁명)이 이루어진다고 보았다. 사회 형성체는 마르크스의 고유한 사회 개념인데, 생산력과 생산관계의 결합으로 이루어지는 토대(생산양식)와 그 상부구조의 총체를 의미한다.

여기서 제시된 '사회 형성체의 모순과 이행의 역사'라는 설명 논리는 앞서 『공산주의자 선언』에서 제시했던 '계급투쟁의 역사'라는 설명 논리를 토대/상부구조 도식과 결합한 것으로, 사회 형성체나 생산양식이 계급투쟁과 서로 어떻게 맞물려있는지 해명하려는 의도를 지녔다. 이것은 계급투쟁의 정치적, 이데올로기적 맥락을 강조하던 시각에서, 자본주의 체계가 계급투쟁과 혁명을 가능하게 하는 객관적, 물질적 조건을 어떻게 제공하게 되는지를 분석하는 시각으로 나아간 것이었다.

마르크스는 이제 생산양식 또는 이것을 포함하는 사회 형성체의 역사적 이행 과정을 '계급투쟁의 관점'과 달리 '생산력과 생산관계 사이의 모순'에 기초하여 설명하려고 한다. 그리고 여기서 이행의 중심적 동력은 '생산력 발전'이다. 역사적으로 인간 사회는 다양한 노동수단 또는 생산수단의 개발이나 분업 등을 통해 생산력 발달을 이루어 왔는데, 기존의 생산관계가 생산력 발달 수준과 조응하지 못하여 이를 억누르게 되면 양자 사이에 모순이 생겨나고, 이러한 모순이 피지배계급의 불만과 저항 의식의 분출로 이어져 혁명이 일어나고 이행이 이루어진다고 보았다. 이러한 역사적 과정은 원시공동체 사회에서 노예제 사회, 봉건제 사회를 거쳐 현재의 자본주의 사회에 이르렀으며, 자본주의 사회에서 공업 혁명(industrial revolution)에 따른 급속한 생산력 발전은 자본주의 사회의 내적 모순과 계급 갈등을 폭발시켜 궁극적으로 사회주의/공산주의 사회로 이행하게 될 것이라 기대했다. 이처럼 마르크스는 역사가 '생산력의 발전'을 통해 진보하게 될 것이며, 모순의 폭발에 따른 사회주의/공산주의 혁명은 이전의 원시공동체 사회의 공동체성을 새롭게 회복하는 과정이 될 것이라는 진화론적 사고를 보여준다. 이러한 사고는 사실 18세기를 전후하여 이성의 발달에 기초한 역사의 진보를 믿었던 계몽주의적, 합리주의적 사고를 공유한 것이었다. 그리고 이것은 사회주의 혁명의 당위성과 필연성에 대한 믿음으로 이어졌다.

한편, 1867년에 『자본』을 출간하면서 마르크스는 이제 자본주의 사회의 모순을 자본주의 경제 체계의 물질적, 화폐적 작동과 순환의 원리 속에서 설명할 수 있게 된다. 그것은 '사회적 노동력 가치이론'에 기초하여 자본주의가, 자본을 사적으로 소유한 자본가들이 노동자들이 제공한 노동력 가치 가운데 일부를 착취하여 이윤을 얻고 또 이것을 자본으로 축적하여 확대재생산을 하는 체계임을 보여주는 것이었다. 그리고 착취에 기초하는 이 체계는 생산수단에 대한 투자 비중의 증가에 따른 자본 이윤율의 경향적 저하와 함께, 필연적으로 유효수요를 넘어서는 과잉생산을 낳아 경제의 불황이나 공황 등 경제 위기나 파국으로 이어진다는 사실을 보여주었다. 이것은 자본주의의 파국을 통한 사회주의 혁명의 가능성을 찾고자 했던 마르크스주의자들에게 자본주의 사회의 내적 모순에 따른 필연적 붕괴를 입증할 논리적 근거를 제공하는 것이었다. 이제 '자본의 논리' 또는 '자본주의 체계 순환과 모순의 논리'를 통해 자본주의 경제 모순의 발생을 입증해 보여주기만 하면, 자연스럽게 부르주아 정치(국가)와 이데올로기(의식 형태)에 대한 노동자계급의 불만과 저항이 폭발하여 혁명적 계급의식의 형성과 부르주아 국가권력에 대한 공격으로 나아가게 되고, 이에 따라 사회주의 혁명을 이루게 되리라 기대할 수 있게 되었다. 이것은 경제 환원주의가 기계적 진화론과 결합한 사고였다.

경제 환원주의와 체계 변혁 근본주의

마르크스주의의 경제 환원주의가 경제적 순환 법칙과 모순/위기로 사회 전체의 작동과 변화를 설명할 수 있다는 주장이라면, 계급 환원주의는 경제적 모순, 즉 생산관계의 모순이 계급 착취와 대립을 낳으며 이러한 계급 대립을 통해 자본주의 사회의 작동을 모두 설명할 수 있다는 주장이다. 여기서 사회의 다양한 모순/위기/갈등은 경제적 모순이나 계급 대립이라는 하나의 근본 원인으로 환원하여 설명된다. 그런데 이러한 환원주의적 사고에 기초하여 실천적으로 근본 원인 또는 근본 모순을 제거하는 자본주의 체계 변혁, 즉 사회주의 혁명을 이루어야 한다는 주장이 도출될 수 있는데, 이것이 바로 근본주의(fundamentalism)적 사고이다. 근본주의는 특정한 사회현실이나 사회문제를 만들어 내는 여러 원인 가운데서 근본적인 원인을 찾아, 이것이 다른 모든 원인의 근본이 되므로 이것을 제거해야 그 사회현실이나 사회문제를 근본적으로 해결할 수 있다고 주장하는 논리이자 신념이다.

물론 한 사회의 근본 모순을 찾아내고, 그 모순을 근원적으로 해결해야 한다고 주장하는 것이 무조건 잘못이라고 말할 수는 없다. 한 사회에서 계급이나 집단 간의 갈등과 대립이 격화되어 사회체계를 바꾸려고 하는 힘이 강해지면, 체계 변혁은 불가피한 현실이 된다. 역사적으로 프랑스 혁명이나 러시아 혁명의 사례에서 알 수 있듯이, 특정한 시대적 조건에서는 체계 변혁이 사회변동의 피할 수 없는 흐름이 될 수 있다. 하지만 이러한 시대적 조건과 체계 변혁의 흐름은 쉽게 형성될 수 없을 뿐만 아니라, 근본 모순의 폭발만으로 모든 사회변동이 이루어진다고 설명하기도 어렵다. 게다가 체계 변혁은 대중적 저항이 뒷받침되지 않으면 불가능하다. 그래서 이러한 현실적 조건을 인식하지 못하고 근본주의적 주장만을 내세우면 오히려 사회 갈등이나 사회문제의 해결을 그르칠 수 있다. 게다가 근본주의적 주장을 곧바로 실현하려고 하는 사람들은, 현실적으로 가능한 문제 해결 방안이나 타협적 대안들을 거부하거나 평가절하함으로써 오히려 개혁의 길을 가로막을 수도 있다.

환원주의적 사고에 근거하여 근본주의적 체계 변혁 주장만을 내세우다 보면, 복잡한 현실을 도식적으로 사고하고 인식하여 현실에 대한 객관적 판단을 그르치기 쉽다. 예를 들어 자본주의 체계의 모순이 경제 불황이나 공황과 같은 경제 위기를 낳아 노동자들이 해고되거나 임금 삭감이 이루어진다고 해서, 이들이 모두 곧바로 근본주의적 비판에 동조하여 서로 단결하고 혁명을 추구하게 되는 것도 아니다. 노동자들은 자본의 몰락으로 일자리를 잃어 생존이 어려워지면 현실적으로 다른 저임금 일자리라도 얻어 생존을 이어가려고 한다. 그래서 많은 노동자들은 당장 기대하기 어려운 혁명보다, 지금 닥친 현실을 개선해 줄 방안을 선호하며, 이러한 방안을 제시하는 정치 세력을 지지하게 된다. 부르주아 국가의 지배 아래에서 경제공황을 겪더라도, 노동자들은 생존 자체를 위협하는 극단적 위기 상황에 몰리거나 억압적인 국가에 맞설 수 있는 연대와 조직된 힘이 형성될 수 있다는 집합적 믿음이 있어야 비로소 급진적 사회운동에 참여할 수 있게 되는 것이다.

2. 마르크스주의와 현대 자본주의의 역사

마르크스주의는 자본주의 사회의 불평등과 빈곤의 경제적, 계급적 원인을 분석함으로써 노동자계급의 해방과 평등한 사회를 향한 정치적, 집합적 실천의 필요성을 부각했다는 점에서 많은 긍정적 영향을 미쳤지만, 동시에 그 이론의 환원주의적, 근본주의적 경향은 유럽의 역사적 발전 과정에서 많은 부정적 영향을 미치기도 했다. 그래서 이제 역사적 과정에서 나타난 환원주의와 근본주의의 영향을 살펴볼 필요가 있다.

사회주의 혁명의 제약 요소들

20세기 초에 자본주의 체계 변혁을 추구했던 급진적 마르크스주의자들은 마르크스를 따라서, 자본주의가 발달할수록 경제적 모순으로 심각한 위기가 발생하고 또 계급 양극화와 노동자계급의 궁핍화로 계급 대립이 격화되면, 노동자계급의 불만과 저항이 폭발하여 자본주의 철폐를 요구하는 혁명적 힘이 분출할 것이라는 기대를 품고 있었다. 실제로 19세기 말, 20세기 초에는 노동운동과 사회주의운동이 활발히 일어나면서 노동자들은 노동조합을 결성하는 등 조직화해 갔고, 좌파 정당들은 조직화한 노동자들의 지지를 기반으로 세력을 넓혀갈 수 있었다. 마르크스주의 이념에 기초한 노동조합이나 '사회주의 인터내셔널'과 같은 국제 혁명 조직의 활동가들은 노동자들에게 혁명 의식을 고취하려는 활동을 지속하였다. 이들은 무엇보다도 노동자계급의 통일성과 연대에 기대를 걸고 있었다. 그래서 그들은 혁명적 계급의식으로 무장한 노동자 조직을 결성하고 확장하여 부르주아 국가에 맞서고, 혁명 지도자들이 주도하여 세력화된 프롤레타리아 조직을 배경으로 국가를 장악하여 마침내 사회주의 사회로의 체계 변혁을 이룰 수 있을 것으로 생각했다. 특히 1917년 러시아 혁명은 서유럽의 혁명적 마르크스주의자들이 자본주의 체계 변혁의 꿈을 더욱 키울 수 있도록 고무시켰다.

그런데 당시 러시아는 사회 전반에서 자본주의가 발달하고 노동자들이 다수가 된 자본주의 사회였다기보다는 여전히 봉건왕조의 군주 짜르가 지배하는 통치 체제로서 도시의 노동자들 외에 다수의 농민이 전제군주로부터 핍박받으며 살아가고 있던 전통적 농업 사회에 가까웠다. 그래서 혁명을 주도한 세력은 레닌을 비롯한 사회주의 혁명가들이었지만, 혁명은 노동자계급이 주도한 자본주의 체계의 혁파였다기보다는 실질적으로 노동자, 농민을 포함하는 다양한 민중들의 불만과 저항으로 짜르 독재체제를 무너뜨린 것에 가까웠다.

러시아 혁명 이후 서유럽에서도 급진적인 사회주의 정치 세력들이 혁명적 봉기를 시도하였지만, 부르주아 국가의 폭력적 진압과 노동자를 비롯한 저항 세력들의 조직적, 물리적 한계 등으로 인하여 승리하지는 못했다. 결국 서유럽 나라들에서는 러시아 혁명과 같은 변화를 만들어 내기가 어려웠던 것이었다. 마르크스는 『자본』에서 잉여가치 착취로 인한 가치 순환의 위기나 평균이윤율의 경향적 하락과 같은 자본주의 경제의 내적 모순으로 인하여 자본주의 사회가 붕괴할 가능성을 논리적으로 제시하였고, 이에 따라 자본주의가 발달한 나라들에서 계급 대립과 모순이 격화함에 따라 사회주의 혁명이 가능할 것이라 기대했다. 그렇지만 현실은 오히려 그 반대로 나타났다. 자본주의가 발달하지 않은 러시아에서 혁명이 성공했던 반면에, 자본주의가 발달한 서유럽 나라들에서는 혁명이 점점 어려워졌다. 그래서 부르주아 헤게모니가 우세했던 당시 시민사회의 이데올로기적, 문화적 지형에 주목했던 이탈리아 마르크스주의자 그람시(Antonio Gramsci)는 러시아 혁명을 '『자본』에 반하는 혁명'이라고 말하기도 했다.

한편, 민주주의가 발달한 나라에서는 공황이나 불황이 자본주의의 붕괴로 이어질 것으로 기대하기가 더 어렵다는 사실도 확인되었다. 마르크스는 자본주의 경제에서 공황이 발생하는 이유가, 한 편에서는 자본가들이 노동자 착취를 통해 얻은 이윤을 자본으로 축적하고 확대재생산을 하면서 전체적으로 공급이 늘어나지만, 다른 한편에서는 생산된 상품들을 소비해야 하는 노동자들은 정해진 임금으로 인해 수요를 늘리는 데 한계가 있기에, 총생산량과 유효수요 간의 격차가 커져서라고 보았다. 말하자면 노동자 착취에 기초하는 자본주의 경제 체계는 내적으로 과잉생산과 유효수요 부족에 따른 불황이나 공황을 반복해서 발생시킬 수밖에 없다는 것이었다. 그리고 이러한 이론적 예측은 1929년 세계 대공황을 통해 현실화했다.

세계 대공황으로 대량 실업과 경기침체가 이어지자, 미국 경제학자 케인스(John Maynard Keynes)는 불황에서 벗어날 방안을 제시하는 경제이론을 모색하기 시작했다. 당시 "공급이 수요를 창출한다."라는 공급 중심 경제학에 의존하고 있던 시장주의자들은, 시장이 공급과 수요의 균형을 찾아가는 기능을 수행할 것으로 기대하면서, 노동자들의 임금 인하를 통해 기업의 투자를 유도할 수 있다거나 직업소개소 설치를 통해 취업을 확대할 수 있다는 비현실적인 정책들을 내놓고 있었다. 반면에 케인스는 "수요가 공급을 창출한다"라는 수요 중심 경제학을 제시하면서, 생산물 시장의 수요 부족이 기업이 생산을 줄이는 원인이라고 지적하였고, 이에 따라 유효수요(구매력을 갖춘 총수요)를 진작시켜야 한다고 주장했다. 시장의 불확실성에 놓여 있는 기업가들이 투자하도록 하려면 시장의 유효수요를 늘려야 하는데, 이를 위한 현실적인 방안은 바로 국가의 재정 투입, 즉 정부 지출의 확대라고 보았다. 1932년 미국 대통령 선거에서 민주당 후보로 출마하여 당선된 루스벨트 대통령은 1933년부터 대규모 건설사업에 국가 재정을 투입하는 뉴딜정책을 펼쳤는데, 이 정책은 이러한 케인스의 유효수요 이론의 영향을 받은 것이었다(이정우, 2016: 25-31).

뉴딜정책은 민주주의가 발달한 미국과 같은 나라에서는 공황이나 불황에 국가가 개입함으로써 실업이나 빈곤 문제를 해결할 수 있다는 사실을 보여주었다. 마르크스는 공황으로 자본주의가 붕괴할 수 있다고 생각했지만, 현실의 노동자들은 생존을 위해 일자리를 원하고 있었고 민주주의 국가는 국가 재정의 투입을 통해 불황 해결에 나서는 주체가 되었던 것이었다. 이처럼 국가가 자본주의 시장경제의 불안정과 노동자들의 불안을 방치하지 않고 정책적으로 개입하는 것은, 노동자들의 폭동과 자본주의의 붕괴를 기대하기 어렵게 하는 요인이 되었으며, 이에 따라 노동자들은 불확실한 미래를 위한 혁명보다 오히려 현실적인 삶의 개선을 선택했던 것이었다.

사회민주주의와 선거 참여의 효과들

19세기 말에 자본가계급의 이익을 대변해 온 유럽의 부르주아 국가들은 자본주의적 착취관계를 안정적으로 유지함으로써 자본가들이 이윤을 지속해서 확보할 수 있도록 하는 것을 중요한 목표로 삼았는데, 이러한 목표를 성취하려면 노동자들의 불만과 저항을 누그러뜨리지 않을 수 없었다. 특히 노동자계급에 기반한 좌파 사회주의 정당들이 곳곳에서 창당됨에 따라 급진적 정치운동을 억누를 필요가 있었다. 그리하여 1880년대 독일의 비스마르크 정권은 한편으로는 사회주의자 진압법을 만들어 저항을 억누르려 하면서도 노동자들의 불만을 누그러뜨리기 위해 사회보장제도들을 적극 도입하였다. 이러한 정책들은 점차 유럽의 다른 나라들로 확산하였다.

20세기에 들어와 과학기술의 발전과 테일러주의, 포드주의 등 생산방식의 혁신 속에서 사회적 생산력이 발전하면서 물질적 생산의 증대가 이루어지고, 또 우파 정권에서도 노동자들의 노동능력 보호를 위해 빈곤 구제와 의료보호 등 기초적인 복지제도를 확대해 가게 되면서, 노동자들의 물질적 삶은 조금씩 개선되어 갔다. 그리고 조직화한 노동조합 운동과 좌파 정당의 활동으로 임금 상승과 노동시간 단축 등 친노동자적 정책이 점진적으로 수용되면서 노동자들의 불만도 조금씩 약해져 갔다. 이에 따라 혁명적 노선을 유지하려는 급진 좌파 세력과 점진적 개혁 노선으로 전환하려는 온건 좌파 세력 사이에 분화가 생겨나면서, 민주적 제도 아래에서의 점진적 개혁을 추구하고자 한 사회민주주의 노선을 둘러싸고 격렬한 논쟁이 이루어졌다.

1929년 세계 대공황은 급진적 마르크스주의자들이 자본주의의 붕괴를 기대하도록 한 사건이었다. 그런데 미국에서는 케인스주의 이론의 영향으로 국가가 뉴딜과 같은 개입주의 정책을 시행하면서 노동자들에게 일자리와 소득을 제공해 줄 수 있었다. 이에 따라 노동자들의 불만이 약화하고 유효수요가 늘어나면서 다시 경제가 살아나게 되었다. 유럽에서도 국가가 시행해 온 기존의 복지 정책들이 강화되면서 노동자들의 불만을 완화할 수 있었다. 특히 사회민주주의 정당들은 보편적 복지의 강화를 추구하였는데, 케인스의 유효수요 이론은 국가의 복지재정 확대를 뒷받침해 주는 중요한 이론적 근거가 되었다. 의료보험이나 실업보험에서 국가의 복지재정 지출 확대는 전체적으로 유효수요를 창출하는 효과를 얻을 수 있었고, 공공 서비스 일자리 창출은 실업자들에게 일자리와 소득을 보장하여 소비를 늘리는 효과를 냈다. 이러한 유효수요의 확대는 사회 전체적인 자본투자와 생산 확대로 이어져 시장의 불안정을 일정하게 해소하면서 경제의 활성화를 가져올 수 있었다.

역사적으로 보면, 부르주아 혁명 이후 노동자들의 참정권 투쟁이 지속되어 노동자들의 선거 참여 등 정치적 권리가 향상되고 또 일자리와 소득 안정에 대한 요구가 높아지면서, 우파 정권과 자본가 계급 역시 지속적인 경제성장을 위해 빈곤 구제와 복지제도 확대라는 물질적 양보를 제공하지 않을 수 없었다. 이에 따라 노동자들은 자본주의 철폐와 같은 급진적 요구보다 임금인상과 노동시간 감축,

노동조건 개선, 일자리 보장 등 생활 향상을 추구하는 성향을 보이기 시작했다. 이러한 상황 변화는 노동자들 내부의 정치 지향의 분화로 이어졌다. 자본주의 체계 내에서 경제성장에 따른 물질적 풍요와 보편적 복지의 확대가 이루어지면서, 많은 노동자가 정치적 타협을 통한 임금 상승과 삶의 질 개선을 선호하게 되었고, 이에 따라 노동자계급의 통일성과 급진성에 의지하는 혁명적 사회운동의 길은 점점 더 어려워지게 되었다.

국가의 정책적 개입을 통한 노동자들의 삶의 질 개선 경험은 사회주의자들의 정치노선에도 변화를 불러왔다. 민주주의의 발달과 자본주의의 구조적 변화 속에서 국가정책을 통한 개혁의 가능성이 보이게 되자, 일부 사회주의자들은 선거 참여를 통한 좌파 계급정당의 집권과 친노동자 정책의 도입으로 점진적인 사회주의로의 이행 전략을 추구해야 한다고 주장하기 시작했다. 이러한 정치노선은 '사회민주주의'라 불리었다. 이것은 경제결정론이라는 환원주의적 사고 속에서 자본주의의 폐지와 사회주의 체계로의 변혁이라는 근본주의적 주장을 펼쳤던 급진적 사회주의자들에 맞서는 노선이었다. 그래서 변화된 현실 속에서 '혁명 대 개혁'이라는 노선 논쟁이 이루어졌고, 급진적 혁명 노선은 좌파 내에서 사상적 주도권을 점차 잃어가게 되었다.

"혁명이냐, 개혁이냐?"라는 정치적 노선 논쟁에서 중요한 쟁점이 된 것은 좌파 정당이 이른바 부르주아 선거 정치에 참여해야 하는가 하는 것이었다. 좌파 정당이 부르주아 선거 정치에 참여할 경우, 과연 노동자계급의 이익이나 사회주의적 가치를 실현할 수 있을지가 중요한 쟁점이었다. 20세기 들어 노동자들의 수적 증가와 참정권 확대는 선거 정치에서 좌파 정당의 집권 가능성을 높여주었고, 이에 따라 사회민주주의자들은 선거 정치 참여를 통해 집권함으로써 점진적으로 사회주의 사회로 이행할 수 있다고 적극적으로 주장했다. 이에 따라 급진좌파와 온건좌파의 분열이 나타났다. 선거 참여 문제를 둘러싸고 급진적 변혁을 추구한 사회주의 혁명 정당들은 여전히 선거 참여를 거부하면서 노동자계급의 조직화를 통해 부르주아 국가와 자본가계급에 맞서 싸워 자본주의 체계를 변혁시켜야 한다고 주장했다. 반면에 사회민주주의 정당들은 자본주의의 붕괴도 노동자계급 혁명도 기대하기 어려운 현실을 받아들여 점진적 개혁을 추구해야 한다면서, 선거 참여로 집권하여 점진적으로 사회주의 정책을 추진한다면 민주주의를 통하여 사회주의 사회로 이행할 수 있다고 주장했다. 선거 참여를 둘러싼 이러한 분열은, 이후 민주주의 선거 정치의 발달 속에서 급진좌파 정당들 역시 선거에 참여하게 되면서 일단락되었다(정태석, 1991).

이런 맥락에서 보면, 민주주의 발달이 사회주의 혁명 의식의 약화에 큰 영향을 미쳤다고 할 수 있다. 민주주의의 발달 속에서 참정권을 가진 다수의 노동자는 선거에 참여하여 좌파 정당에 투표함으로써 국가정책 전환을 통해 개혁과 삶의 질 개선을 이루는 길을 선호하게 되었고, 이들의 표를 의식할 수밖에 없었던 우파 정당들도 집권을 유지하기 위해 노동자들에게 일정한 물질적 양보를 제공하지 않을 수 없었다. 그리고 1920년대 전후로 독일 등의 사회민주주의 정당들이 좌파 연합을 통해 집권하기 시작하면서 보편적 복지, 완전고용 등을 비롯한 다양한 친노동자적 정책들이 적극 도입되기 시작했다.

특히 제2차 세계대전 이후 자본주의적 공업화를 통한 경제성장이 이루어지고 복지국가의 확장을 통해 노동자계급이 더 많은 분배와 물질적 풍요를 성취하게 되면서 급진적 노선은 점점 더 지지를 잃어가게 되었고, 반면에 보편적 복지의 확대, 완전고용, 기간산업 국유화 등 친노동자 정책들을 내세운 사회민주주의 정당들은 노동자계급의 조직적 지지를 통해 세력을 키워갈 수 있게 되었다. 그리고 북유럽에서는 높은 노동조합 가입률에 기초한 노동자계급의 조직적 지지가 사회민주주의 정당의 독자적 장기 집권 기반을 제공해 주기도 하였다. 이에 따라 좌파 정권에서든 우파 정권에서든 이제 자본주의 체계는 철폐되어야 할 대상이라기보다는 국가에 의해 관리되거나 개선되어야 할 대상이 되어갔다.

사회민주주의 복지국가와 계급정치의 딜레마

사회민주주의를 표방한 중도좌파 정당들은 선거에서 어떻게 승리하여 집권할 수 있을지, 그리고 집권 이후 사회주의로의 이행 전략은 어떠해야 하는지를 현실적으로 고민하지 않을 수 없었다. 계급 갈등이 중심적 사회 갈등이 되면서, 제도 정치는 자본가계급 중심의 지배계급 이익을 대변하는 우파 정당과 노동자계급 중심의 피지배계급 이익을 대변하는 좌파 정당 간의 대결 양상을 띠게 되었다. 이처럼 계급들 사이의 갈등과 분배 경쟁이 중심이 된 정치는 일반적으로 '계급정치'라고 불린다. 20세기 초에 자본주의 경제의 발달로 노동자계급의 수가 늘어나고 또 조직화하는 상황에서 선거와 계급정치 지형은 점차 좌파 정당에 유리하게 전개되어 갔다. 그런데 자본주의 기업들과 시장의 규모가 커지고 분업이 진전되어 중간계급 역시 수적으로 늘어나면서, 선거에서 중간계급의 선택이 집권에 중대한 영향을 미치기 시작했다. 이에 따라 좌파 정당은 집권을 위해 노동자계급 외부의 중간계급 등 피지배 대중들의 지지를 추구하지 않을 수 없었다.

이러한 상황은 좌파 정당이 노동자계급만을 위한 정책을 추진하기 어렵게 하였고, 나아가 사회주의 이행을 위한 급진적 정책을 추진하는 데서도 제약을 당하게 되었다. 좌파 정당은 선거에서 중간계급을 비롯한 광범위한 지지를 얻기 위해 초기의 노동자계급 중심의 복지정책에서 벗어나 주거, 의료, 연금 등에서 보편적 복지를 추구하는 다양한 사회보험 제도를 도입하고 강화해야 했다. 반면에 노동자계급을 위한 완전고용 정책이나 '자본의 사회화'라는 사회주의적 가치를 실현하기 위한 기간산업 국유화 정책 등에서는, 자본주의 자유시장 원칙의 훼손을 내세운 우파의 비판과 반대를 견뎌내야 했다.

선거를 통해 집권한 사회민주주의 정당들은 경제성장으로 물질적 부를 늘리고 더 많은 세금을 거둬들여 사회복지를 강화해야 했는데, 이를 위해서는 자본주의 시장의 안정적인 작동이 필요했다. 이에 따라 과도한 시장개입과 국유화 추진은 점점 어려워졌다. 이러한 현실적 조건은 사회민주주의 정당이 집권을 통한 사회주의적 개혁의 축적과 사회주의로의 점진적 이행이라는 목표를 점차 포기하도록 만들었다. 국가 복지재정의 확대는 자본투자와 시장의 활성화에 의존하는데, 세계 자본주의 시장에서의 경기 악화는 이를 어렵게 하였다. 특히 1970년대에 미국 등 서방과 중동 산유국들과의 갈등으로 '오일 쇼크'가 생겨나 자본주의 시장경제의 침체가 나타났는데, 이에 따른 국가 재정 악화는 복지 확대와 시장개입을 비판한 '신자유주의' 이데올로기가 확산하는 계기가 되었다. 그리고 1979년에는 결국 영국의 보수당 대처(Margaret Thatcher) 정권이 집권하게 되었고, 이후 신자유주의를 표방한 정권들이 각국에서 선전하는 결과를 가져왔다.

이처럼 좌파 정당의 선거 정치 참여는 현실적으로 불가피한 선택이었지만, 이에 따라 다수결이라는 선거 논리에 종속되지 않을 수 없었고, 이것은 노동자계급만을 위한 정책과 사회주의적 가치를 점차 포기할 수밖에 없도록 만들었다. 대신에 좌파와 우파가 서로 계급 이익 경쟁을 벌이는 '계급정치'를 통해 좌파 정당은 노동자계급을 위한 다양한 정책을 도입함으로써 노동자들의 삶을 개선하는 결과를 얻어낼 수 있었다. 그리하여 점차 시장 자유(신자유주의) 정책을 지향하는 우파 정당과 시장 규제와 보편적 복지(복지국가) 정책을 지향하는 좌파 정당 간의 대결이라는 '계급정치'가 정착되어 갔다(정태석, 1991).

시민들 다수의 지지를 얻기 위해 경쟁하는 민주주의 선거 정치에서, 이제 우파 정권이든 좌파 정권이든 계급적, 산업적 분화와 다원화에 따라 국민 다수의 일자리와 삶의 안정을 정치적 목표로 내세우지 않을 수 없게 되었고, 이에 따라 자본주의 시장경제 체계의 안정적 위기관리와 경제성장을 중요한 국가적 과제로 삼지 않을 수 없게 되었다. 그리하여 자본주의 체계의 폐지라는 사회주의적 이상은 더 이상 좌파 계급정치의 목표가 되기 어려워졌으며, 국가가 자본주의 경제의 불황이나 공황 같은 위기에 적극적인 정책적 개입을 하지 않을 수 없게 되면서 자본주의의 붕괴를 기대하기도 힘들어졌다.

민주주의적 자본주의와 근본주의 전략의 포기

지금까지 살펴본 것처럼 정치적 민주주의의 발달과 경제적 풍요 및 보편적 복지제도 도입에 따른 분배의 개선은, 노동자계급이 더 이상 자본주의 체계 변혁/전환을 추구하지 않도록 만든 중요한 요인이 되었다. 부르주아 선거 정치에 참여한 사회민주주의 정당들이 노동자계급의 조직적 지지에 기반하여 좌파 정당의 의석을 늘려감에 따라, 우파 정권 역시 노동자들의 삶을 개선하는 정책을 부분적으로나마 도입하지 않을 수 없었다. 게다가 좌파 정당이 정당 연합을 통해서든 독자적으로든 집권하게 되고 친노동자적 정책을 실행하게 되면서, 노동자들은 불확실한 체계 변혁보다 현실적인 체계 개혁을 선호하게 되었다.

이처럼 민주주의 제도를 통해 국가가 시장의 위기를 관리하고 또 계급 갈등의 제도화와 복지제도의 정착을 통해 분배 갈등을 관리하는 등 자본주의 경제를 관리할 수 있게 된 사회는 일반적으로 '자본주의적 민주주의' 또는 '민주주의적 자본주의'라 불린다. 이것은 민주주의의 평등주의 원리와 자본주의의 차별주의 원리가 서로 모순적으로 결합하여 갈등하고 있는 현실을 보여주는 개념이라고 할 수 있다(정태석, 1991).

자본주의는 사적으로 소유한 자본을 이용하여 상품을 생산하고 또 이를 통해 이윤을 벌어야 하는 자본가계급과, 자본이 없기에 노동력을 팔아 임금을 받아서 생활할 수밖에 없는 노동자계급이 적대적으로 상호 의존하는 경제 체계이다. 그래서 그 자체로 불평등한 계급관계에 기초하고 있을 뿐만이 아니라 상품 생산과정에서 자본이 노동력을 착취하여 이윤을 챙기면서 불평등한 분배를 지속해 나가는 체계이다. 반면에 민주주의는 자유롭고 평등한 시민들이 정치 공동체의 주권자로서 한 사회의 운영 과정에서 이루어지는 공동체적 의사결정에 직접적, 간접적으로 참여함으로써 그 사회의 운명에 스스로 책임을 지도록 하는 정치 원리이자 제도를 말한다. 자본주의가 불평등한 분배와 갈등을 만들어 내는 경제 체계라면, 민주주의는 평등한 의사결정과 타협을 추구하는 정치체계라는 점에서, 자본주의적 민주주의 또는 민주주의적 자본주의는 불평등을 강화하거나 지속하려는 힘과 이를 약화하려는 힘이 서로 부딪히면서 만들어 내는 모순적인 현실을 묘사하고 있는 셈이다.

사회주의 혁명의 목표 못지않게 민주주의의 가치와 절차의 중요성을 강조한 사회민주주의자들은 '민주주의적 자본주의' 사회의 모순적 현실을 인식하면서도 점차 자본주의를 현실적 조건으로 받아들였다. 사실 서유럽이나 북유럽의 사회민주주의 정당들은 초기에 부르주아 선거 정치에 참여하면서도, 집권을 통해 사회주의 정책들을 도입하여 점진적으로 사회주의 사회로 전환해 가는 것을 목표로 삼고 있었다. '사회주의로의 민주주의적 길'을 내세운 사회민주주의 정당들은 법과 제도의 개혁을 통해 기간산업의 국유화를 시작으로 하여 사유 기업의 자본을 점진적으로 국유화해 나가면 자본의 국가적, 공동체적 소유를 실현할 수 있다고 생각했다.

스웨덴에서는 '노동자 기금' 정책을 통해 공동소유 자본을 형성하려고 시도하기도 했다. 하지만 현실 정치 지형 속에서 집권을 유지하려면 우선 통치 책임자로서 자본주의 경제 위기를 관리하고 경제성장을 달성하는 국가의 일반적 과제를 잘 수행해야 했고, 이를 위해서는 좌파 정당도 자본들과 타협하지 않을 수 없었다. 게다가 중간계급의 여론도 살펴야 했다. 이러한 현실 정치의 상황은 결국 사회민주주의 정당이 사회주의적 정책을 통한 개혁의 축적으로 사회주의로 이행한다는 목표를 추구하기 어렵게 했다. 이에 따라 이제 좌파 정당들은 점차 사회주의로의 이행이라는 목표를 포기하고, 자본주의 체계 내에서의 보편적 복지와 완전고용 같은 친노동자적 복지정책의 강화를 통해 선거 정치에서 승리하여 집권을 유지하는 길로 나아가게 되었다. 그리하여 체계 변혁이라는 근본주의적 노선은 점차 좌파 정당의 길에서 멀어져 갔다.

사회민주주의적 계급 타협에 대한 근본주의적 비판

민주주의 선거 정치에서 중도좌파 사회민주당이 다수당이 되어 집권하고 또 국가권력을 유지해 나가려면, 중간계급이나 농민 등

노동자계급을 넘어서는 광범한 중간층 유권자들의 지지가 필수적이다. 특히 자본주의의 발달에 따라 계급 구성의 변화가 나타나면서 점차 노동자계급의 지지에만 의존해서는 다수당이 되기가 어려운 조건이 형성되기도 했다. 이것은 민주주의 사회에서 선거 정치 참여가 가져온 불가피한 딜레마였다. 사회보험과 같은 복지제도를 노동자계급에만 한정하지 않고 보편적 복지제도로 확장하지 않을 수 없었던 점도 결국 다수의 지지를 얻어야 한다는 정치적 목표와 연관되어 있었다. 그래서 좌파 정당이 집권하더라도 친노동자 정책을 일방적으로 추진하기는 어려웠고, 계급 연합을 통해 국가 경제를 안정적으로 운영하면서 경제성장을 이루는 과제를 수행해야 했다. 이에 따라 자본의 사적 소유를 폐지한다는 장기적 목표조차 점차 추구하기 어렵게 되었던 것이었다.

한편, 중도좌파 정당이 보편적 복지를 강화하려면 더 많은 국가 재정을 확보할 필요도 있었다. 이에 따라 경제성장을 위한 자본가계급과의 계급 타협도 추구하지 않을 수 없었다. 기업들로부터 더 많은 세금을 거둬들이려면 기업의 성장을 지원할 필요가 있었고, 이를 위해서는 서로 갈등하는 자본가계급과 노동자계급의 타협과 협력을 끌어낼 필요도 있었다. 그래서 국가가 적극적인 중재자로 나서서 경제성장을 매개로 양자의 타협과 유기적 협력을 유도해 내고자 했는데, 이러한 계급 타협과 협력 전략은 '조합주의'(corporatism)라 불린다. 사실 조합주의는 1930년대 이탈리아에서 파시스트 국가가 경제성장을 위한 계급 타협을 강제적으로 추진했던 상황을 설명하기 위한 개념이었다. 하지만 민주주의가 발달한 나라들에서도 국가가 경제성장을 매개로 계급 타협의 중재자로 나서면서 계급 갈등의 제도화가 이루어졌는데, 이 역시 조합주의라 불리게 되었다. 그래서 전자는 '국가조합주의', 후자는 '사회조합주의'로 불린다.

조합주의적 계급 타협은 국가가 중재자로 나서서 자본가계급과 노동자계급의 타협을 끌어냈다는 점에서 국가-자본-노동 '3자 동맹'의 성격을 띤다. 조합주의는 이해관계자 집단들이 공생을 위해 공동의 목표를 추구하며 서로 협력하는 이념이나 실천적 지향을 말한다. 국가는 일반적으로 한 나라의 경제성장과 사회발전을 추구함으로써 시민들의 삶을 향상하는 것을 목표로 삼는다. 이를 위해서는 우선 자본을 투자하여 이윤을 남기길 원하는 자본가계급이 생산에 더 많이 투자하도록 유도해야 한다. 그리고 실질적으로 생산활동에 노동력을 제공하고 임금을 받아 생활하는 노동자계급이 좀 더 적극적으로 노동에 참여하게 해야 한다. 이를 위해 국가는 자본가들에게 생산활동을 정책적으로 지원하여 투자를 끌어내는 한편, 노동자들에게 더 나은 분배와 삶의 질을 보장하는 복지제도를 강화함으로써 노동력이 안정적으로 공급되도록 해야 한다. 그래서 20세기 중반 유럽의 민주주의적 자본주의 나라들에서 현실적으로 국가가 이러한 두 가지 목적을 달성할 수 있게 하는 길은 바로 '경제성장'이었다.

경제성장은 자본가들에게는 더 많은 이윤을 보장해 줄 수 있고, 노동자들에게는 성장의 결실로 임금 상승과 복지 확대를 보장해 줄 수 있다. 기업의 생산이 늘어나면 이윤과 함께 국가의 세수도 커지는데, 이렇게 늘어난 세금을 노동자들의 복지에 투입하면 노동자들의 삶의 질이 개선될 수 있다. 게다가 생산 증대는 이윤과 함께 임금도 더 높아지게 한다. 그래서 경제성장을 지속할 수 있다면, 국가도, 자본가계급도, 노동자계급도 모두 이득을 얻게 되는데, 이것이 바로 공생을 위한 계급 타협, 즉 조합주의이자 '경제성장 동맹'이다. 그리고 이것은 국가가 경제성장을 통해 거둬들인 더 많은 세금을 더 많은 복지에 투입하는 정책을 추구할 때 가능한 것인데, 이런 점에서 조합주의는 '사회민주주의적 계급 타협'의 성격을 띠게 된다.

이처럼 사회민주주의적, 조합주의적 계급 타협으로서 '경제성장 동맹'이 노동자들의 생활 수준을 높여주고 만족감을 더해주었지만, 급진좌파들은 여전히 중도좌파 정당의 복지국가 정책이나 계급 타협 전략에 비판적이었다. 민주주의적 자본주의 사회에서도 여전히 자본주의 체계의 급진적 변혁이라는 목표를 포기하지 않은 급진좌파들은, 오히려 복지국가가 자본주의의 모순을 일시적으로 해소하는 미봉책일 뿐이며 따라서 자본주의 체계의 모순과 계급 불평등을 근본적으로 해결하지 못한다고 비판한다. 자본주의 경제 위기는 주기적으로 반복되는데, 노동자계급은 경제 위기로 인한 실업이나 임금 삭감 등의 피해를 떠안게 될 뿐만 아니라, 계급 착취로부터 근본적으로 벗어날 수 없다는 것이다. 그래서 급진좌파들은 '복지국가의 위기'를 부각하면서 보편적 복지와 같은 정책들이 자본주의 체계의 근본 모순을 감추고 노동자계급의 비판적 의식 형성을 가로막아 자본주의 사회의 모순과 계급 적대의 근본적 해결을 방해한다고 비판하였다(미쉬라, 1996).

다원화된 민주주의 사회의 정치 지형 변화와 근본주의의 한계

마르크스주의의 영향을 받은 급진좌파 이론가들이나 지식인들은, 자본주의 사회의 모순이나 계급 적대에 대한 논리적 분석을 통해 자본주의 체계 자체가 사회문제들의 근본 원인이라는 환원주의적 사고에 근거하여 '체계 변혁'이라는 근본주의적 주장을 내세우고 있었다. 그런데 문제는 노동자 대중의 다수가 이러한 주장에 선뜻 동의하지는 않는다는 데에 있다. 물론 급진좌파 정당들도 1980년대 말 소련의 페레스트로이카(개혁)와 같은 현실적 상황 변화에 따라 이념적, 정책적 노선을 지속해서 수정해 왔지만, 그럼에도 진보적 대중들의 지지를 확장하는 데는 그리 성공적이지 못했다. 실제로 현재 대부분의 유럽 선진국에서 급진좌파 정당들은 중도좌파 정당들과 달리 전체 국민의 10% 이하의 지지를 얻고 있으며, 최근 독일의 링케(Linke)당은 인종, 성소수자 쟁점을 둘러싸고 분열을 겪으면서 지지율이 3% 내외로 하락했다가 극우정당(AfD)의 부상에 대한 반발 흐름을 타고 다시 10% 내외의 지지율을 회복하기도 했다.

물론 제2차 세계대전 중 프랑스에서 반나치 레지스탕스 운동에 참여했던 공산당은 제1당이 되기도 했고, 전후에도 중도좌파 사회당보다 많은 지지를 얻기도 했다. 하지만 이후 소련의 체코 침공을 옹호하는 등의 무비판적인 친소련 노선과 68운동에 대한 비판적 입장 등으로 지지를 잃어 점차 사회당에도 뒤처지게 되었다. 프랑스를 제외한 대부분의 나라에서 공산당 등 급진좌파 정당들은 중도좌파 사회민주주의 정당들에 밀려 주도권을 쥐지 못하는 상황이 지속되어 왔다. 그래서 좌파 연합에 참여하지 않으면 실질적으로 정치적 영향력을 행사하기도 어렵게 되었다.

20세기 후반 이후 사회변동은 노동자계급의 현실적 존재 조건에서 급진좌파들의 기대에 전혀 호의적이지 않은 양상들을 보여왔다. 포드주의적 대량생산-대량소비 체제가 물질적 풍요를 누리는 소비사회를 만들어 내고 대중문화의 발달이 다양한 오락과 여가생활을 즐길 수 있게 하면서, 노동자들을 비롯한 시민 대중 다수는 점차 자본주의 체계에 대한 급진적 도전에 큰 관심을 보이지 않게 되었다. 또한 68운동 이후 민주주의의 발달과 청년 세대에서의 탈권위주의적, 자유-지상주의적(libertarian) 사고 및 문화의 확산은 정치 지형을 바꿔 놓았다(정태석, 2007). 또한 과학기술의 발달, 자동화, 정보화 등에 따라 산업과 직업이 다양화되고 또 공업과 제조업에서 서비스산업, 정보산업 등으로의 산업구조 및 직업구조의 변화가 이루어지면서 계급관계도 점점 더 복잡해졌다. 중간관리직, 전문직, 기술직 등 다양한 중간계급이 늘어나고, 또 노동자계급 내에서도 직종에 따라 다양한 분화가 이루어져 이해관계가 복잡해지면서, 노동자계급의 통일성에 기댄 연대를 추구하기가 더욱 어려워졌다. 특히 플랫폼 노동자들은 더 많은 일감과 소득을 위해 서로 경쟁을 벌여야 하는 상황에 놓여있고, 많은 나라들에서 비정규직 노동자들은 정규직들과의 차별에 맞서야 하는 불안정한 상황에 놓여있다.

그렇다면 이처럼 현실적으로 다양한 계급과 이익집단이 모순적으로 공존하고 있는 자본주의 체계 내에서, 그리고 민주적 선거를 통해 집권 경쟁을 벌이고 있는 다양한 정당 또는 정치 세력들 사이에서, '체계 전환/변혁'이라는 근본주의적 주장으로 시민 대중을 설득하는 일은 얼마나 가능할까? 한국 사회보다 이념적으로 좌경화되어 있는 유럽에서조차 급진좌파 정당들이 급진적 주장을 통해 지지를 넓혀나가는 것이 점점 더 어려워지고 있는 현실을 보면, 민주적 선거 정치를 통한 자본주의 체계의 급진적 변혁은 점점 더 어려운 과제가 되고 있다고 하지 않을 수 없다. 더구나 지금 유럽에서는 이민, 난민, 외국인 노동자 문제, 기후 위기 등의 쟁점을 둘러싸고 국수주의적 주장을 내세우는 극우 정당들이 약진하면서 사회민주주의 정당들마저 지지율 하락을 맞고 있기도 하다.

그동안 중도(온건)좌파의 복지국가 전략에 대한 급진좌파들의 근본주의적 비판에도 불구하고, 정치 현실은 급진좌파 정당에 대한 지지율 하락으로 나타났다. 반면에 중도좌파 정당은 자본주의 체계 내의 개혁을 추구하는 전략을 통해 한동안 노동자계급을 비롯한 시민 대중 다수의 지지를 얻을 수 있게 되었다. 그런데 1980년대 말 이후 성평등, 환경, 위험, 평화, 소수자, 이민, 유럽연합 통합 등의 쟁점들이 부상하면서 전통적인 계급정치 중심의 정치 지형 자체가 흔들리게 되었다. 젊은 세대에서 개인주의, 자유-지상주의(libertarianism)가 확산하면서 새로운 정치적 지지 구조가 형성되기 시작했고, 이에 따라 민주주의 선거 정치를 통해 자본주의 체계의 급진적 전환을 추구하기란 현실적으로 어려워졌다(정태석, 2022b; 기든스, 1998). 오늘날 유럽 급진좌파의 자본주의 체계 전환/변혁 전략은, 모순적으로 작동하는 자본주의적 민주주의 사회의 현실 정치 지형 속에서 추구할 수밖에 없는데, 지금 이민/외국인 문제, 기후 위기 등 전통적인 좌파-우파 전선의 경계를 가로지르는 쟁점들이 복잡하게 얽혀 있는 정치 지형에서 체계 전환을 위해 다양한 정치 세력을 연합하고 또 대중적 동의를 형성하는 일은 매우 어려운 정치적 과제가 되고 있다.

이제 "혁명이냐, 개혁이냐?"라는 질문은 무의미해졌고, 그나마 자본주의 체계의 "급진적 개혁이냐, 온건한 개혁이냐?" 하는 질문만이 남아있다. 그래서 유럽 선진국들 사이에서는 자본주의 체계를 받아들이더라도 다양한 형태의 자본주의가 존재한다는 점을 강조하고 있다. 북유럽과 같은 사회민주주의적 자본주의, 독일이나 프랑스와 같은 조합주의적 자본주의, 영국과 같은 신자유주의적 자본주의는 모두 자본주의의 범주에 속하지만, 자본가계급과 노동자계급 간의 세력 균형 정도, 국가정책의 공공성과 보편적 복지의 수준, 누진세의 세율과 재분배의 수준 등에서 큰 차이를 보인다(조돈문, 2024). 그래서 좌파 정당들은 이제 자본주의 체계 내에서 어떻게 좀 더 평등주의적, 진보적 개혁을 실현할 수 있을지를 둘러싸고 경쟁하고 있다.

물론 사회 갈등이나 사회문제의 근본 원인을 찾아서 분석하고 또 이에 근거하여 체계 전환의 필요성을 주장하는 일이 무의미한 것은 전혀 아니다. 중요한 점은 근본주의적 해결 방안을 실현하기 위해 어떤 현실적·구체적 실천 전략 또는 정치 전략을 모색할 수 있는가이다. 비현실적인 이상적·관념적 주장으로는 어떤 정치적 지지도 구체적 변화도 끌어내기가 쉽지 않기 때문이다.

오늘날 자본주의 현실에서 자본가계급과 노동자계급이 '체계 전환'이라는 급진적 대안에 합의할 가능성은 없다. 중간계급도 쉽게 동의하지 않을 것이다. 그래서 오늘날 체계 전환의 가능성은 결국 기존 체계에서 이익을 얻고 있는 이해관계자들 가운데서, 전환에 따른 불만이나 갈등을 무릅쓰고 얼마나 많은 사람들을 체계 전환을 위한 타협에 나서도록 할 수 있는지에 달려있다. 이러한 상황에서 현실적으로 가능한 가장 진보적인 대안은 북유럽 나라들처럼 사회민주주의적 복지국가를 강화하는 것이다. 이것은 아마도 자본주의 체계 전환/변혁이 아니라 체계 개혁이 될 것이다. 그것도 정치적 상황에 따라 후퇴할 수도 있는 체계 개혁이다. 그러므로 이 과정에서 '체계 전환'이라는 근본주의적 주장만을 내세운다면, 오히려 타협을 통한 점진적 개혁마저 방해하는 결과를 낳게 될 것이다.

3. 생태주의 논쟁과 환원주의/근본주의 논리의 귀환

지금 마르크스주의의 혁명적 체계 전환 담론이 현실 역사에서 더 이상 정치적, 실천적 영향력을 가지기 어렵게 된 상황에서, 환원주의 논리와 근본주의 주장이 다시 부상하게 된 것은 무엇보다 생태 위기와 관련이 있다. 계급 대립을 통해 자본주의 체계에 맞서는 혁명적 의식을 형성하기가 어렵게 된 상황에서, 자원 고갈과 심각한 환경오염 피해가 자본주의 체계의 지속가능성에 대한 근본적인 문제 제기를 가능하게 했기 때문이다. 그래서 생태 위기가 자본주의 경제의 재생산 위기를 낳는다는 사실을 논리적으로 입증한다면, 다시 자본주의 체계 변혁이라는 근본주의적 주장이 가능하다고 기대할 수 있게 되었다. 그리하여 이제 생태 모순/위기/대립이 계급 모순/위기/대립의 자리를 차지하게 되면서, 환원주의/근본주의 논리도 다시 등장할 수 있게 되었다.

마르크스주의의 생태적 전환

마르크스주의의 전통적인 자본주의 체계 변혁/전환 담론이었던 사회주의 혁명 이론은, 제2차 세계대전 이후 자본주의적 민주주의의 발전이라는 현실적 조건에서 사회민주주의적 복지국가를 지향한 중도좌파 개혁주의 사상에 정치적 주도권을 넘겨주게 되었다. 나아가 전후에 태어난 세대가 중심이 된 68운동과 새로운 여러 사회운동의 분출 속에서 노동자계급의 통일성과 보편성에 기댄 노동운동과 계급

정치도 서서히 영향력을 잃어가게 되었다. 다원적 적대들의 경합으로 시민사회에서 계급을 가로지르는 복잡한 정치 지형이 형성되면서 기존의 '계급정치'는 스스로 변신을 시도하지 않을 수 없게 되었다.

이처럼 자본주의 체계 변혁이라는 근본주의적 주장이 지지를 얻기 힘들어진 상황에서, 자본주의의 공업적 성장이 가져온 환경오염과 생태 위기의 심화는 다시 근본주의적 주장이 등장할 수 있도록 하는 계기를 제공했다. 생태 위기에 대한 비판적 분석을 통해 그 근본 원인이 공업 중심의 경제성장에 있다는 생태주의적 주장이 힘을 얻기 시작했다. 로마클럽은 『성장의 한계』(1972)를 통해 자연 자원 및 에너지의 고갈과 심각한 환경오염 문제를 지적하였다. 이 보고서에 기초하여 생태주의자들은 인류의 생존을 위해서는 자연 자원을 채굴하여 사용하는 공업적 성장을 더 이상 지속해서는 안 된다고 주장하였다. 이들은 공업적 성장을 위해 자연 자원과 에너지 채굴을 늘리게 되면 자원 고갈과 함께 환경오염으로 생태계 파괴가 심화하며, 생태계 순환의 파괴는 곧 인류 생존의 위기로 이어지게 된다는 사실을 강조했다.

자원 고갈과 공업적 성장의 한계에 대한 생태주의적 경고는 1980년대에 들어와서 마르크스주의자들이 생태주의적 전환을 시도하는 계기를 제공했다. 자본주의 체계의 경제 위기에만 주목했던 마르크스주의 이론가들은 이제 자본주의 체계의 모순과 위기의 원인을 생태 위기와 생태 모순에서도 찾을 수 있게 되었다. 그들은 자본주의 체계를 비판하는 마르크스의 이론을 노동자계급 착취만이 아니라 생태계 착취에 관한 이론으로 재구성하고자 했다. 공업적 성장과 확대재생산에 몰두하는 자본주의 체계는 과잉생산과 유효수요 부족이라는 경제적 모순으로 인해 주기적으로 불황이나 공황에 빠질 뿐만이 아니라, 이제 자원 고갈과 생태 위기에 따른 성장의 한계로 인해 재생산 위기에 빠질 수밖에 없음을 논증하려고 한 것이었다. 이것은 자본주의 체계의 모순과 위기의 원인을 생산관계에서의 계급 착취에서 자본주의적 성장(확대재생산)의 소재적 한계(자원 고갈)와 환경오염으로 확장하는 것을 의미했다(정태석, 1994).

마르크스는 자본가들이 더 많은 이윤을 벌어들이기 위해 상품생산에 투자하고 또 이를 통해 더 많은 자본을 축적해 가려는 욕구가 자본주의 경제 체계를 순환시키는 힘이라는 점을 강조하였다. 이런 맥락에서 자본가들은 이윤을 재투자하여 더 많은 상품을 생산하거나 새로운 상품을 개발하여 판매와 소비를 늘려나가야 하는데, 이 과정에서 당연히 더 많은 자연 자원을 개발하고 사용할 수밖에 없다. 그런데 이렇게 확대재생산이 지속되어 자연 자원의 사용이 늘어나면 자연 자원의 고갈은 피할 수 없게 된다. 이것은 곧 자본축적의 위기와 자본주의 체계 재생산의 위기를 낳는다. 마르크스는 『자본』에서 자원의 소재적 한계가 자본축적을 제약할 수 있다는 점을 인정하고 있는데, 이러한 언급은 이제 마르크스를 생태주의자로 해석할 수 있다는 주장으로 이어진다. 마르크스가 자연 파괴로 인한 생존 위기와 인간 소외를 강조한 생태주의자이기도 하다는 것이다.

그런데 마르크스는 이러한 소재적 한계들에 직면하더라도 자본은 또다시 새로운 소재, 새로운 자원을 찾고 또 기술을 개발함으로써 상품생산의 확대와 이윤 확대를 지속하게 된다는 점을 더 강조한다. 이것이 바로 '자본의 논리'에 따른 자본주의의 팽창적 성격인데, 자본에는 국경이 없다는 말도 바로 이런 의미를 담고 있었다. 사실 공업적 생산활동을 위해 자원과 에너지를 채굴하는 일이 자연 생태계를 훼손한다는 사실은 굳이 마르크스가 아니더라도 누구나 알 수 있는 일이다. 그렇다면 이제 이러한 생태계의 훼손이 인류의 생존을 얼마나 위협하게 되는지를 해명해야 하는데, 마르크스의 이론이 비록 이러한 해석의 단초를 제공했다고 하더라도, 그가 과연 자본주의의 팽창으로 인한 생태계의 파괴와 인류 생존 위기를 걱정한 생태주의자였다는 주장이 타당한지는 의문이다. 오히려 그는 생산력의 발전과 경제성장에 기초한 노동해방과 사회주의로의 이행을 주장한 성장주의자로서 부분적으로 자원 고갈에 따른 성장의 제약 문제를 제기했을 뿐이라는 해석이 더 타당할 것이다(정태석, 1994; 2023: 50-51).

어쨌든 자본주의 체계의 근본 모순을 입증하길 원했던 일단의 마르크스주의자들은 사유의 생태적 전환을 통해 자본주의 체계가 만들어 내는 생태 위기와 생태적 모순에 주목했고, 이를 통해 자본주의가 경제적 측면에서만이 아니라 생태적 측면에서도 변혁되어야 할 체계임을 보여주려고 했다. 그래서 그들은 자신들의 이론을 '생태-마르크스주의'라고 불렀다.

오코너(J. O'Conner)는 "자본주의 생산관계(그리고 생산력)와 자본주의 생산 조건들 사이의 모순"을 생태-마르크스주의 이론의 출발점으로 삼으며, 자본주의 위기 이론을 재구성한다. "자본주의 생산관계(그리고 생산력)와 생산 조건 사이의 모순이라는 독특한 형태는 생산과 가치 및 잉여가치의 실현 사이의 모순이기도 하다." 따라서 생태학적 위기는 자본주의 경제 위기의 구성 요소가 된다. 여기서 생산 조건과의 모순은 자본이 자연을 파괴하고 생산 조건을 훼손함에 따라 개발을 위한 부수비용이 증대하게 되고 자본의 비생산적 사용이 늘어남에 따라 자본축적의 위기에 직면하게 됨을 의미한다. 이것은 자원 고갈과 성장의 한계라는 생태주의적 주장을 자본축적 위기 이론에 대입한 것이었다. 이에 따라 오코너는 이제 경제 위기에 대응하는 과정에서 자본이 비용 절감과 노동 착취율의 증대를 추구하게 되면 생태계 파괴로 인한 생태 위기도 심화한다고 주장하게 되는데, 이러한 주장은 경제 위기와 생태 위기 각각의 상대적 자율성을 무시하고 있다는 점에서 한계를 지니고 있었다(정태석, 1994: 160-162). 경제 위기는 생산활동의 위축에 따른 생태 위기 약화로 이어질 수 있고, 생태 위기는 오히려 경제 호황이 지속됨에 따라 더 심화할 수도 있기 때문이다.

한편, 또 다른 생태-마르크스주의자인 알트파터(E. Altvater)는 '가치의 전이 과정'과 '물질과 에너지의 전이 과정'이라는 이중의 경제적 과정에서 후자에 주목하면서 가치이론과 열역학 이론을 결합해야 한다고 주장한다. 그는 경제학적 논리와 생태학적 논리 간의 모순에 주목해야 한다고 강조하면서, 가치 순환과 자본축적의 가속화가 생산을 위한 자연적, 생태적 조건의 수용 능력의 한계와 충돌하게 된다고 주장한다. 이에 따라 그는 '생태학적 윤리'라는 규범적 대안을 제시한다(정태석, 1994: 162-163). 생태-마르크스주의자들은 생태 위기를 자본축적의 가속화에 따른 생태계 파괴 또는 자연 자원의 한계와 이에 따른 자본축적의 위기라는 방식으로 자본주의 체계의 모순과 연결하려고 하며, 이에 따라 생태 위기를 해결하려면 자본축적과 성장을 가속하는 자본주의 체계 자체를 전환해야 한다고 주장한다. 그래서 오코너는 생태학과 사회주의의 결합은 바람직할 뿐만 아니라 가능하고 실질적이라고 주장한다(정태석, 1994: 168).

이처럼 생태-마르크스주의 이론들은 잉여가치 착취로 인한 가치 순환의 위기이든, 자연 자원 고갈로 인한 소재적 한계(위기)이든, 두 위기의 근원이 바로 자본주의 체계 자체라고 주장한다. 하지만 두 위기가 자본주의 체계 자체로 인한 것이라고 하더라도, 동시에 나타나는 것은 오히려 예외적이며 일상적으로는 서로 엇갈린다.

게다가 이러한 이중적 위기가 동시에 나타난다고 하더라도, 자본주의 체계 변혁/전환의 실천이 어떻게 생겨날 수 있을지는 여전히 해명해야 할 과제이다. 계급 모순과 생태 모순 양자를 근본적으로 해결하려면 계급해방과 생태 해방을 함께 이루어야 하는데, 계급해방의 주체인 '노동자계급'과 생태 해방의 주체인 '생태주의 집단'은 반자본주의 투쟁을 위해 어떻게 연대할 수 있을까?

생태-마르크스주의자들은 가치이론에 기초하여 자본주의 체계를 경제적 모순/위기와 생태적 모순/위기의 공동 원인임을 이론적으로 해명하려고 하며, 이를 통해 자본주의 체계 변혁/전환의 필요성을 입증하려고 한다. 그런데 이러한 이론에 따른 실천 전략은 오코너가 말하듯이 생태주의와 사회주의의 결합을 요구한다. 여기서 생태-마르크스주의는 생태-사회주의와 연결되어 있다. 생태-사회주의자들은 생태-마르크스주의자들과 달리 두 모순/위기의 차별적 성격에 좀 더 주목하려 한다. 그들은 자본주의 생산관계로 인한

계급 적대와 공업주의 생산방식으로 인한 환경 적대는 서로 연관되어 있지만, 어느 하나로 환원하여 설명할 수 없음을 강조한다. 생태 위기/모순은 자본주의적 계급관계로부터 직접적으로 생겨나는 것이 아니라, 자본주의의 '공업적' 생산방식으로부터 생겨난다고 보기 때문이다.

물론 생태-마르크스주의와 생태-사회주의 사이의 차이에도 불구하고 이 둘은 공유하는 목표가 있는데, 그것은 바로 자본주의 체계 변혁이다. 어쨌든 자본주의 체계가 변혁되어야 이중적 모순이든 대립이든 해결될 것으로 생각하는 것이다. 생태-마르크스주의자들은 자본주의 체계의 전환/변형 필요성을 가치 순환 위기와 생태 위기라는 이중적 위기와 모순 이론을 통해 논증하려고 한다면, 생태-사회주의자들은 이중적 위기와 모순이 만들어 내는 계급적 대립/갈등과 생태적 대립/갈등의 공존에 초점을 맞춘다. 생태-사회주의자들은 자본주의적 생산관계와 공업적 생산방식을 구분하여, 전자가 경제 위기와 계급 적대를 만들어 낸다면, 후자는 생태 위기와 환경 적대를 만들어 낸다고 보면서, 두 적대의 결합을 모색한 것이었다(정태석, 1995).

자본주의 체계 변혁에서 두 요인의 차별성은 20세기 중후반의 현실 사회주의 나라에서 확인되었다. 구소련의 경우를 보면 사회주의 혁명으로 국가가 자본을 국유화하여 자본주의 생산관계를 폐지했지만, 생산력 발전을 위해 공업적 생산방식을 도입하고 확대함에 따라 환경오염 문제가 점차 심각해졌다. 다른 동유럽 사회주의 나라들도 비슷했다. 이것은 환경문제를 해결하려면 자본주의 생산관계를 변혁하는 것만으로는 충분하지 않음을 보여주었다. 실제로 이들 나라는 이후 환경문제 해결을 위해 국가가 나섰던 선진자본주의 나라들보다 더 심각한 환경문제를 안게 되었다. 이러한 현실을 인식하고 있었던 생태-사회주의자들은, 공업주의 생산방식이 환경오염을 대가로 물질적 풍요를 가져다주기에, 이로부터 혜택을 얻는 노동자계급이 인식 전환을 이루어 체계 변혁을 추구하리라 기대하기 쉽지 않음을 이해하고 있었다.

그리하여 생태-사회주의자들은 환경오염을 심화하는 자본주의의 공업적 성장을 멈추더라도 인류는 충분히 생존해 나갈 수 있음을 보여줌으로써 노동자들을 설득하면, 이들이 공업적 성장이 없는 자본주의 체계 변혁에 동의하게 될 것이라 기대했다. 노동자계급이 더 이상 공업적 성장을 통한 물질적 풍요를 추구하지 않는다면 생태주의 세력이 될 수 있으며, 이렇게 되면 이제 이들 두 집단은 자본주의 체계 변혁/전환을 위해 서로 연대할 수 있게 될 것이라 기대했던 것이었다. 이처럼 생태-사회주의는 생태 위기의 근본 원인이 공업주의 생산방식이라고 보았다는 점에서 차이를 보여주었지만, 공업주의 생산방식을 해체하려면 결국 자본주의 체계 자체를 변혁해야 한다고 주장한다는 점에서 자본주의 체계 변혁 전략에는 동의하는 셈이었다.

생태-마르크스주의와 생태-사회주의는 전통적 마르크스주의 이론을 통해서는 해명하기 어려웠던 생태 모순/위기를 자본주의 체계를 통해 해명하는 길을 열었다는 점에서 중요한 이론적 기여를 제공했다고 할 수 있다. 마르크스주의 관점에서 본다면, 이 이론들은 자본주의 체계의 변혁/전환이 필요한 이유를 경제적 모순과 함께 생태적 모순을 통해서도 논증할 수 있게 되었다는 점에서 중요한 이론적 진전을 보여준 것이다. 그런데 이 이론들이 생태적 모순/위기를 구분하고 있다는 점에서 경제/계급 중심적 설명에서 벗어나기는 했지만, 여전히 서로 다른 모순/위기들을 경제적 토대(체계)를 통해 통합적으로 설명하는 길을 찾거나 계급 적대와의 통일성을 추구한다는 점에서 설명의 한계를 보여준다. 게다가 노동자계급과 생태주의 집단이 어떻게 이해관계와 가치를 일치시켜 연대할 수 있을지에 대한 구체적 전략 역시 분명하지 않다. 그래서 정치적 실천의 역사를 보면, 마르크스주의의 경제/계급 환원주의에 근거한 체계 변혁 전략과 마찬가지로 현실 정치 상황과 동떨어진 근본주의 전략을 답습하고 있다는 비판에서 벗어나기 어렵게 되었다.

생태 전환 논쟁과 생태-복지국가

자본주의 체계 또는 자본주의의 공업주의 체계를 전환함으로써만 생태 위기를 근본적으로 해결할 수 있다는 생태-마르크스주의자들이나 생태-사회주의자들의 급진적인 주장에도 불구하고, 현실에서 생태-친화적 세력을 형성하여 체계 전환을 이루는 일은 쉽지 않은 과제이다. 논리적으로 본다면, 자본주의 경제 체계에서 체계 변혁을 바라는 노동자계급이 자본주의 생태 체계에서도 체계 변혁을 바라는 생태-친화적 세력이 되어야 하겠지만, 혁명적 계급의식과 혁명적 생태 의식이 현실에서 통일되기를 바라기는 쉽지 않다. 생태 전환이 자본주의 체계 전환이 되려면, 자본주의의 성장주의에 익숙해져 있는 노동자계급이 급진적 생태 의식을 획득할 수 있어야 하며, 그리고 새롭게 등장한 생태주의적 실천 주체들 역시 노동자계급과 이해관계나 가치를 일치시켜 자본주의 체계 전환을 위해 연대할 수 있어야 한다. 그렇다면 이러한 인식 전환과 통일적 실천은 어떻게 가능한가?

앞서 보았듯이 민주주의가 발달해 온 현실 역사에서 다수의 노동자는 선거 참여를 통한 국가정책의 개혁과 물질적 삶의 개선을 경험하면서, 자본주의 체계 변혁을 통한 계급 불평등 철폐라는 급진적 전략에 대해 점차 미온적인 태도를 보여왔다. 그런데 이들이 갑자기 생태 위기 해결을 위해 자본주의 체계 전환에 동의할 것으로 기대하기는 어렵다. 그것도 자신들의 일자리나 소득을 위협할 수 있는 불확실한 전환 전략에 대한 동의를 말이다. 더구나 자본주의 질서 속에서 안정적인 삶을 살아가는 중간계급이나 조직화가 어려운 주변 층들에서 생태 전환을 위한 자본주의 체계 변혁에 동의하는 세력을 형성하기란 더더욱 어렵다.

유럽의 노동자들은 그동안 '민주주의적 자본주의' 사회에서 '조합주의적 계급 타협'에 적극적으로 참여해 왔다. 사회민주주의적 복지국가가 작동하는 사회에서 경제성장에 협력함으로써 일자리 안정과 복지혜택을 누려온 노동자들에게 경제성장은 자본가들과의 공동 목표였다. 따라서 자본주의 체계의 발전과 경제성장을 통해 다양한 혜택을 누려온 노동자계급이 경제성장을 멈추자는 주장을 받아들이도록 하려면, 기득권 포기를 끌어낼 수 있는 더욱 설득력 있는 논리를 제시하지 않으면 안 된다.

생태-마르크스주의자나 생태-사회주의자들이 자본주의 체계 전환이라는 급진적 주장을 펼치는 동안, 현실 정치에서 국가는 다양한 환경정책들을 시행하면서 점진적 개혁을 이루어왔다. 환경운동이 점점 확산함에 따라 좌우를 막론하고 정부는 환경정책 추진을 요구하는 시민들의 목소리에 반응하지 않을 수 없었고, 이에 따라 정부는 생태 위기 해결을 위한 다양한 환경정책과 환경 규제를 강화해 나갔다. 물론 이 과정이 일방적인 생태-친화적 방향으로만 나아간 것은 아니었지만 말이다.

사실 공업화 과정에서 생겨난 환경오염이나 자연환경 파괴에 대한 반발은 먼저 피해가 발생한 지역 주민들을 중심으로 일어났다. 이들은 특정 계급이나 계층에 한정되지 않은 다양한 사람들을 포함하고 있었다. 그리고 환경피해가 점차 심각한 사회문제가 되면서 중간계급 지식층들은 환경문제 해결을 위한 환경운동에 관심을 가지면서 조직화하기 시작했다. 환경문제가 단순한 일회성 사건이 아니라 공업적 경제성장 과정에서 발생하는 구조적 사회문제라는 사실에 대한 인식이 높아졌고, 이에 따라 그 구조적 원인을 밝히려는 노력이 이루어졌는데, 다양한 생태주의 이론들도 바로 이러한 과정에서 생겨났던 것이었다.

특정 지역의 환경피해에 대한 대책을 요구하는 지역 주민들 중심의 환경운동을 넘어서, 공업적 성장을 추구하는 자본주의 경제와 국가의 정책을 비판하는 다양한 중간계급 지식층 중심의 환경운동이 확산하면서, 환경문제는 거시적 사회문제로 인식되기 시작했고 점차 생태주의 가치를 추구하는 세력들이 형성되었다. 이처럼 환경운동, 생태주의 운동에 적극적으로 참여한 사람들은 노동자가 아니었다. 이들은 공장이나 작업장에 집결해 있으면서 계급적 이해관계를 공유해 온 노동자계급과 달리, 특정 공간이나 지역에 결집해 있지 않으면서도 광범한 환경피해에 대한 비판적 인식을 공유하게 되었다. 그들은 다양한 계급/계층에 속해있으면서도 환경보호나 생태계 보호와 같은 공공의 가치를 공유하게 되었던 것이었다(구도완, 2013; 구도완·홍덕화, 2013). 그래서 그들은 다양한 환경오염 물질을 배출하는 공장이나 기업의 행위를 비판하며 환경 가치를 우선시함에 따라 기업주들과는 물론이고 기업의 편에 있는 노동자들과도 갈등 관계에 놓이게 되었다.

자본주의 경쟁 체계 속에서 살아남기 위해 이윤 극대화를 추구하는 자본(기업)들은 시장에서 살아남기 위해 비용 절감과 생산량 증대를 추구하지 않을 수 없는데, 생태주의 세력은 이들 기업에 정부(국가)가 각종 환경 규제를 강화할 것을 요구한다. 이에 따라 물질적 풍요와 편리함을 추구하면서 성장에 동조하는 집단들과 환경친화적인 생산활동과 절약적인 생활양식을 추구하는 집단들 사이에서는 이해관계나 가치지향의 차이로 인한 갈등이나 대립이 생겨날 수밖에 없다. 여기서 현실적으로 분배, 복지, 일자리 안정 등을 원하는 노동자계급은 생태 전환을 위한 산업 전환이나 일자리 전환에 부정적인 태도를 보이지만, 국가는 환경문제나 생태 위기에 맞서 시장에 개입하려고 한다. 이에 따라 과거 자본주의 경제 위기 상황에서 국가가 시장에 개입하면서 개입주의 복지국가로 전환했듯이, 이제 생태-복지국가로 전환하는 정책을 추구하게 된다. 실제로 유럽의 선진자본주의 나라들에서 국가는, 생태 전환 과정에서 기업의 생산활동이 위축되거나 노동자들의 고용불안이 생겨나는 문제에 대응하여, 직업교육이나 재취업 교육과 같은 기존의 고용 복지정책들을 확장하면서 노동자들의 일자리 전환을 돕거나 새롭게 성장하는 녹색산업을 지원하며 일자리를 늘림으로써 '생태-복지국가'로 전환해 나갔다(정태석, 2013; 드라이젝 외, 2002).

유럽 복지국가의 생태-복지국가로의 전환에 중대한 영향을 미친 것은 1992년 브라질 리우데자네이루에서 열린 정상회담인 '유엔 환경 및 발전 회의'에서 이루어진 '리우 선언'이었다. 여기서는 각국의 정상들이 합의하여, 환경과 발전의 조화, 현재 세대와 미래 세대의 균형이라는 관점에서 '환경적으로 건전하고 존속 가능한 발전'(Environmentally Sound and Sustainable Development)을 추구할 것을 선언하였으며, 이를 이행할 행동강령으로 '의제 21'(Agenda 21)을 제시하였다. 이것은 선진국들을 비롯한 많은 나라에서 분출한, 지구적 차원의 환경문제를 적극적으로 해결하기를 요구하는 환경운동의 목소리를 수용한 것이었다.

드라이젝 등(Dryzek et als, 2002: 665-679)은 복지국가가 발달한 유럽 선진국들에서 환경주의(녹색주의)가 어떻게 등장하고 또 확산할 수 있었는지를 설명하면서, 나라마다 환경주의가 경제성장 및 복지의 이해관계와 현실적 갈등을 겪으면서 전개해 왔다는 점을 강조하였다. 특히 환경주의에 대응하는 국가의 특성에 따라 국가의 '생태적 현대화'나 '녹색(생태) 국가'로의 전환 정도가 달랐다. 이러한 전환의 정도는 또한 환경운동 세력이 국가의 녹색 전환(생태 전환)을 정치적으로 얼마나 압박할 수 있었느냐에 달린 것이기도 했다(정태석, 2013: 393).

물론 '생태-복지국가' 또는 '녹색 국가'를 어떻게 평가할 것인지는 논쟁적인 쟁점이다. 생태주의자들은 국가가 자본주의적 성장과 타협함으로써 생태주의적 성격이 여전히 미약하다고 비판하고 있으며, 성장주의자들은 과도한 환경 규제로 인해 자본주의 시장경제의 활력을 떨어뜨리고 있다고 비판한다. 그런데 이러한 논쟁은 결국 국가(정부)가 어떤 생태적, 친환경적 정책을 지향하는가 하는 정치적 지형과 맞물려있다. 시민 대중이 어떤 정당의 어떤 정책에 더 많은 지지를 보내느냐에 따라 생태-복지국가는 더 많은 생태주의로 전진할 수도 있고 더 많은 성장으로 후퇴할 수도 있는데, 이러한 정치적 지형 또는 정치적 지지구조는 시민 대중의 현실적 상황과 선택에 달린 것이다.

예를 들어, 러시아-우크라이나 전쟁으로 러시아의 가스공급이 중단되면서 서유럽 나라들에서 탈탄소 에너지 전환이나 전기차 확대 속도의 완화를 요구하는 목소리가 높다는 사실도, 생태-복지국가의 진전이 결코 당연한 과정이 아님을 말해주고 있다. 민주주의가 발달하고 환경 의식 수준이 높은 유럽의 선진국에서조차 생태 전환을 추구하는 정치적 과정은 전진과 후퇴의 반복을 보여준다. 녹색당이 창당되어 제도 정치에 참여한 이래로 정치적 지지를 확대해가면서 이른바 '적-녹 연정'이 이루어지기도 했지만, 결국 국가의 환경정책은 시민 대중의 다양한 생활 현실과 이들을 대변하는 다양한 정치 세력들 사이의 논쟁과 타협 속에서 조금씩 전진하거나 후퇴할 수밖에 없는 것이었다.

기후 위기와 에너지 전환

오늘날 생태 전환(ecological turn)을 둘러싼 논쟁을 새로운 국면으로 이끄는 요인은 무엇보다도 기후 위기의 심각성에 대한 인식일 것이다. 벡의 시각으로 말하면, 생태 전환은 현대사회가 현대화를 추구하는 과정에서 직면하게 된 생태 위기와 생존 위기에 맞서 추구해야 할 사회 전환의 방향을 말해준다. 여기서 전환은 change나 transformation이 아닌 turn의 번역어이다. 'turn'은 어떤 사회체계의 작동 방식이나 방향을 완전히 바꿔야 한다는 의미를 지니고 있다. 그래서 생태 전환은 사회 전반에서 생태 친화적 관점을 강화하고 확대함으로써 생태 친화적 사회로 변화해 가야 함을 강조하는 용어인 셈이다.

21세기로 접어들어 온실가스 배출로 인한 지구 온난화와 기후변화로 다양한 재난과 인명피해가 늘어나면서, 국제기구들에서도 지구 평균기온을 낮추기 위해 탈탄소 에너지 전환(energy transformation)을 적극적으로 추진해야 한다는 목소리가 높아졌다. 그래서 1995년 독일 베를린에서 시작된 '유엔기후변화협약 당사국회의'는 2025년에 브라질 벨렘(Belém)에서 제30차 회의를 개최하기에 이르렀다. 한편 2015년 파리에서 열린 회의에서 맺어진 파리기후협약(Paris Climate Change Accord)은 지구의 평균기온이 공업화 이전과 대비하여 2℃ 이상 상승하지 않도록 하자는 국제적 약속으로서 195개국이 참여하였다. 이 협약에서는 국가의 책임 수준에 따라 감축 의무를 배당하면서, 최종적으로 모든 나라가 이산

화탄소 순 배출량 0을 목표로 하여 자체적으로 온실가스 배출 관리 목표를 정하고 실천하기로 약속하도록 하였다. 이처럼 협약을 강화하고 또 이행을 강조해 온 것은, 지구적 기후변화로 인한 피해 사례들이 늘어나고 또 심각해지면서 각 나라의 정부들과와 시민들이 그만큼 위기의식을 강하게 느꼈기 때문이었다.

이처럼 에너지 전환과 생태 전환을 요구하는 목소리들이 높아감에도 불구하고, 에너지 공급량과 공급가격 등의 문제가 커지면 적극적인 에너지 전환이 장벽에 부딪힐 수도 있다. 무엇보다도 세계 자본주의 시장에서 경쟁하고 있는 나라들과 자본들은, 에너지 전환의 목표를 달성하는 일이 기업활동을 제약하여 경제성장을 억누르는 결과를 낳기에 탈탄소 또는 탄소배출 제로 정책을 반기지 않는다. 예를 들어, 앞서 보았듯이 자본과 기업의 편에서 기후변화 회의론을 내세웠던 미국 공화당 후보 트럼프는 대통령 선거에서 승리하고 2025년에 두 번째 임기를 시작하면서 파리기후협약 재탈퇴를 선언했다. 또한 앞서 보았듯이, 생활 에너지를 사용해야 하는 시민들도 에너지 가격 상승을 바라지 않는다. 유럽의 경우, 러시아의 침공으로 시작된 러시아-우크라이나 전쟁으로 러시아에서 가스관을 통해 공급하는 에너지 사용을 중단하게 되면서 에너지 공급 위기가 발생하고 에너지 가격이 상승하자, 시민들 사이에서 에너지 전환의 속도를 조절해야 한다는 목소리가 높아졌다.

화석연료 사용을 대체할 재생가능 에너지 자원을 확보하지 못한 나라나 기업 역시 에너지 전환 정책이나 협약에 저항하게 되는데, 문제는 국제협약을 강제할 방안이 마땅하지 않으며 특히 미국과 같은 강대국을 강제하기는 더욱 어렵다. 그래서 차라리 기업들의 자율적 협약인 '재생에너지100'(RE100, Renewable Energy 100%)을 통해 재생 가능 에너지 사용을 촉진하는 방안이 오히려 고무적이다. 그렇지만 이 경우에는 재생에너지 대체에 유리한 위치에 놓인 거대기업들이 시장 거래에서 재생에너지 대체 목표 달성에 불리한 약소국 기업들에 불이익을 부과함으로써 이들의 경쟁력을 떨어뜨릴 수 있다는 점에서 시장경쟁의 불공정성 문제가 발생할 수 있다. 주력 산업 영역에서의 에너지 사용량의 차이, 기업의 규모, 국가의 에너지 전환 정책의 수준 등에 따라 약소국이나 개발도상국의 기업들은 재생에너지 대체에 어려움을 겪을 수 있으며, 이것은 국제적인 시장경쟁에서 공정성을 해칠 수 있다. 기후 위기에 대응하는 적극적인 정책들이나 실천 방안들이 모두에게 공정한 방식으로 진행되는 것은 아닌 셈이다. 이런 점에서 현실적 타협은 불가피하다.

오늘날 기후변화에 따른 생존 위기가 점점 더 심각해지고 있지만, 이러한 다양한 조건과 상황은 각 나라의 이해당사자들이 기후 위기와 이에 대응하는 에너지 전환 정책들에 대해 서로 다른 목소리를 내게 하고 있다. 다양한 사회 전환이 산업, 직업, 생산 및 노동 방식, 일자리 성격 등의 전환을 동반함에 따라, 전환에 따른 소득과 일자리 불안을 겪게 되는 노동자들은 생태 전환을 마냥 반기기가 어려우며, 내심 전환에 저항감을 보이기도 한다. 특히 불평등한 사회에서 빈곤한 상황에 놓여있는 사람들은 생태 전환이나 에너지 전환에 따른 비용이 생계비 상승으로 이어질지 모른다는 걱정으로 급속한 전환을 반기지 않는 태도를 보이게 된다. 그래서 역설적으로 자본과 기업은 이러한 현실을 오히려 다행스러워한다. 세계사회가 요구하는 다양한 전환의 압력들은 자본주의적 성장을 제약하고 있는데, 자본과 기업으로서는 이러한 압력에 맞설 동반자가 생긴 셈이다. 노동자들은 생태환경 문제의 중요성을 인정하지만, 막상 생태·기후 위기에 대응하는 전략이나 정책들이 자신의 임금 소득과 일자리 안정을 직접적으로 위협하는 상황을 마주하게 되면, 이를 쉽게 받아들이지는 못하게 된다. 이런 점에서 서로 경제적 적대관계에 놓여있는 자본가와 노동자는 생태 전환에 맞서는 자본주의 성장을 위해서는 오히려 동맹 세력들이 될 수도 있다.

이처럼 기후 위기로 지구적인 재난과 피해가 늘어가고 있지만, 생태 전환과 에너지 전환을 이루려는 노력은 생각처럼 쉽게 진전되지 못하고 있다. 다양한 경제활동 주체들과 시민들이 의식을 바꾸고 생태 전환과 에너지 전환에 적극적으로 참여해야 하지만, 서로 모순적인 이해관계와 갈등하는 견해를 가진 다양한 이해당사자가 존재하는 한, 전환의 방향과 속도에 대한 정치적 협상과 타협은 불가피하다. 그래서 기후 위기와 에너지 전환 및 생태 전환이 처해 있는 정치적, 담론적 지형은 그만큼 복잡한 것이 현실이다.

탈성장, 탈자본주의 논쟁과 환원주의/근본주의의 귀환

2000년대 이후 기후 위기로 에너지 전환을 중심으로 하는 생태 전환 요구들이 높아가고 있지만, 여전히 전환이 지지부진하다고 느끼는 급진적 생태주의자들은 지금 '탈성장'이나 '탈자본주의'와 같은 좀 더 근본적인 해법을 찾아야 한다는 목소리를 내고 있다. 이러한 주장은 1960년대 이후 서유럽에서 환경운동이 급속히 확대되면서 생태환경 문제의 심각성을 느낀 생태마르크스주의자들과 생태사회주의자들이 1980년대에 내놓은 자본주의 체계 변혁이라는 근본주의적 주장의 연장선 위에 있다. 말하자면 환원주의적, 근본주의적 주장의 귀환인 셈이다. 한편에는 여전히 산업 성장과 자본주의의 발전을 추구하면서 과학-기술적 해법을 통해 기후 위기를 해결할 수 있다고 주장하는 사람들이 있는 반면에, 다른 한편에는 기후 위기와 생태 위기를 심화시키는 자본주의적, 산업적 성장을 멈추어야 지구 생태계와 인류의 생존이 가능하다며 급진적 비판을 쏟아내는 사람들이 있다. 이전에 생태-마르크스주의자들에 의해 경제 모순/위기와 생태 모순/위기라는 이중적 모순/위기의 근본 원인으로 지목되었던 자본주의는, 이제 환경 파괴와 기후 위기를 낳는 경제성장의 근본 원인으로 지목되어 "성장이냐, 탈성장이냐?" 또는 "자본주의냐, 탈자본주의냐?"라는 변형된 방식으로 체계 전환 논쟁의 표적이 된 것이다(정태석, 2023).

1980년대 유럽에서 등장한 생태-마르크스주의와 생태-사회주의 담론은, 현실에서 국가가 좀 더 적극적으로 친환경 정책을 도입하도록 압박하는 힘이 되었다. 과거에 자본주의적 계급 갈등을 해소하기 위해 국가가 시장개입과 복지 강화를 통해 정치적 타협을 이루고 갈등을 제도화했듯이, 환경 위기에 따른 환경문제를 해소하기 위해 국가는 생태-복지국가로의 전환을 통해 새로운 정치적 타협의 길을 찾아온 셈이다. 그런데 친환경 정책 도입을 통해 생태-복지국가로 전환하고 환경 갈등을 제도화하는 경향이 점진적으로 강화해 왔지만, 이러한 생태 전환 역시 정치적 지형이나 사회적 상황에 따라 전진과 후퇴를 반복할 수밖에 없었다. 그래서 '탈성장', '탈자본주의'라는 근본주의적 주장의 등장에도 불구하고, 현실적으로 당장 국가가 화석연료의 사용을 중단하고 성장을 멈추는 정책을 추진할 것으로 기대하기는 어렵다.

민주주의적 자본주의 사회에서 경제성장은 자본가계급과 노동자계급의 분배 갈등을 조정하기 위해 국가가 추구한 전략이기도 했다. 조합주의적 계급 타협은 경제성장을 통해 자본가들에게 더 많은 이윤을, 노동자들에게 더 많은 임금과 보편적 복지를 얻을 수 있도록 해준 공동 이득 전략, 이른바 윈윈(Win-Win) 전략이었다. 그런데 지금 경제성장 전략이 환경 파괴의 원인이 되어버렸다고 하더라도, 성장의 혜택을 누려온 사람들에게 당장 경제성장을 포기해야 한다고 말한다면 과연 얼마나 동의할 수 있을까? 환경 규제로 기업의 생산활동이 위축되면 노동자들은 당장 공장이나 작업장에서 일자리를 잃거나 임금 소득 감소를 겪을 수 있다. 또한 에너지 전환을 위해 당장 화석연료의 사용을 크게 줄이게 되면, 에너지 가격 상승과 물가 상승 등으로 생활에 어려움을 겪게 되는 빈곤층이나 저임금 노동자층은 이에 대해 불만과 저항감을 가질 수 있다.

자본의 입장에서도, 탈성장은 자본(기업)들이 성장을 통한 이윤추구를 중단하고 적정한 수준에서 단순재생산을 유지하거나 생산을 축소해야 함을 의미하는데, 이것은 확대재생산을 통해 이윤을 늘려야 하는 기업들로서는 받아들이기 쉽지 않은 요구가 된다. 게다가 이러한 과정에서 기업활동이 축소되면 노동시간이나 일자리를 줄여야 하는 상황이 발생하여 노동자들에게도 불이익이 돌아가게 된다. 이처럼 탈성장은 자본(기업)만이 아니라 노동자들에게도 불안과 피해를 가져다줄 수 있어서, '적-녹 동맹'은커녕 오히려 자본과 노동의 성장 동맹을 강화하는 역효과를 낳을 수도 있다. 이러한 상황에서 노동자들이 탈성장을 위한 자본주의 체계 전환을 추구할 것으로 기대하기는 어렵다. 그래서 민주주의적 자본주의 사회에서 국가는 지금까지 경제성장을 어느 정도 지속하면서도 환경문제 해결을 모색하는 타협적인 길을 선택해 왔는데, 이러한 타협적 길들은 생태적 현대화, 녹색성장, 녹색 자본주의 등과 같은 이름으로 불린다. 그리고 이를 위한 구체적 전략으로 '정의로운 전환'을 모색하고 있다(정태석, 2023).

전통적인 사회민주주의적 복지국가들은 20세기 초의 공업화 이후 산업구조가 변화하고 또 주기적 불황이 일어나는 상황에서 노동자들의 고용 안정을 위해 다양한 고용 복지제도를 도입해 왔다. 실업보험은 물론이고 기업이나 노동조합과 협력하여 해고 후 재고용을 하거나 새로운 일자리에 취업할 수 있도록 취업 교육을 시행하는 등 체계적인 고용 복지 정책들을 마련해 놓았다. 이러한 고용 복지 정책들은 생태 전환과 에너지 전환이 요구되는 현실에서, 노동자와 시민의 일자리/직업 불안과 소득 불안정을 함께 해결하는 전략으로써 '정의로운 전환' 또는 '정의로운 생태 전환'에도 도움을 주고 있다. 에너지 전환 과정에서 화석연료 산업에서 줄어드는 일자리를 재생에너지 산업의 새로운 일자리로 대체하거나 새로운 일자리에 취업하기 위한 직업교육을 시행하는 등, 국가가 노동자들의 일자리 전환을 적극적으로 지원하는 정책들이 모색되고 있다. 이 과정은 노동조합과 노동자의 참여뿐만 아니라, 기업과 사회적경제를 비롯한 시민사회의 참여와 협력이 필요하다(정태석, 2023). 이러한 '정의로운 전환' 정책은 지금 한국 사회에서도 탈탄소 에너지 전환을 모색해야 하는 상황이 됨에 따라 적극적으로 논의되고 또 추진되기 시작했다.

결국 탈성장이나 탈자본주의는 자본주의 체계에 대한 논리적 분석만으로 주장하고 또 성취할 수 있는 것이 아니라, 탈성장을 적극적으로 추구할 국가(정부)를 세우고 또 노동자계급과 생태주의 세력을 비롯한 다양한 주체들을 설득하여 탈성장 정책들에 대한 동의를 형성하고 또 실천해 나갈 때 가능하다. 말하자면 다양한 이데올로기-정서적 지향, 가치지향들이 서로 갈등하고 논쟁하는 현실에서 사회이론가들이나 실천가들이 탈성장이나 탈자본주의를 주장하려면, 궁극적으로 이 목표가 어떤 조건과 상황에서 시민 대중에게 받아들여질 수 있을지를 구체적으로 살펴보지 않으면 안 되는 것이다. 그러므로 시민들의 다양한 사회적 위치들에 따른 이해관계와 가치지향, 이데올로기, 정서 등의 차이를 넘어설 방안과 전략을 마련하지 못한다면, 이러한 근본주의적 주장들은 이상적이고 관념적인 주장에 불과하게 될 것이다. 그리고 이것이 바로 자본주의 체계에 대한 논리적 분석에만 머물러서는 안 되는 이유이다.

4. 현대사회의 복합성에 대응하는 사회 이론의 전략들

지금까지 살펴본 유럽의 자본주의적 민주주의 나라들에서 자본주의 경제 위기와 생태 위기의 역사를 보면, 마르크스주의의 경제 환원주의적 사고와 이에 기초한 체계 변혁(혁명) 담론이 현실 역사를 객관적으로 설명해 줄 수 있는 이론이 되기도 어려웠고 또 자본주의 사회를 변혁시킬 힘이 되지도 못했음을 확인할 수 있다. 말하자면 자본주의 경제 체계의 모순/위기를 설명해 내기만 하면 사회 형성체(social formation) 전체의 작동을 설명할 수 있다거나, 자본주의 근본 모순에 따른 노동자계급의 계급투쟁이 자본주의 체계 변혁의 힘이 될 것이라는 생각은 비현실적이라는 사실이 드러난 것이다. 게다가 생태 모순과 계급 모순의 통일적 사고로 자본주의 체계 변혁 또는 탈성장과 탈자본주의라는 근본주의적 주장을 내세운 생태-마르크스주의 담론 역시 자본주의 사회에 대한 환원주의적 사고에서 벗어나지 못했음을 확인할 수 있다.

마르크스주의적 시각에서 본다면, 이러한 환원주의적, 근본주의적 주장들의 한계는 사실 경제적·생태적 토대와 정치적·이데올로기적 상부구조가 상호작용하면서 만들어 내는 다양한 현실의 역사를 해명하지 못한다는 데에 있다고 말할 수 있다. 그래서 이러한 현실 역사를 체계적으로 이해하기 위해서는, 우선 자본주의 사회의 역사적 과정에서 작동해 온 다양한 정치적·이데올로기적 상부구조의 영향을 이론적으로 해명할 필요가 있겠다.

마르크스주의의 경제 환원주의에 대한 이론적 성찰

마르크스주의의 역사에서 마르크스의 토대/상부구조 도식에서 나타나는 환원주의 경향에 대한 비판은 오래전부터 다양하게 제기되어 왔는데, 이론적 차원에서 체계적이고 근원적인 비판을 제기한 마르크스주의자로는 누구보다도 알튀세르(L. Althusser)를 들 수 있다. 20세기 프랑스 마르크스주의 철학자 알튀세르는 마르크스의 이론을 과학적으로 재구성해야 한다고 주장하면서 무엇보다도 경제 환원주의로 해석하려는 경향을 경계했다. 그래서 그는 경제 환원주의 사고의 철학적 근원에는 본질주의가 있으며, 이것은 마르크스의 유물론적 사고와 무관한 관념론적 사고일 뿐이라고 비판하였다. 그는 제자인 발리바르(Étienne Balibar)와 함께, 마르크스의 토대/상부구조 이론을 환원주의 방식으로 해석하는 것이 관념론적, 비과학적 이론으로 속류화하는 것이라고 비판하면서, 마르크스 이론을 과학으로 재구성하려면 이로부터 본질주의와 환원주의의 잔재를 지워버려야 한다고 주장했다(정태석, 2025; Althusser, 1971; 1977a; 1977b).

앞에서 우리는 관념론자 헤겔의 본질주의 사고가 마르크스에게 큰 영향을 미쳤지만, 동시에 마르크스는 이것을 해체 또는 전도해야 할 대상으로 여겼음을 살펴보았다. 그런데 알튀세르가 보기에, 마르크스는 토대/상부구조라는 도식을 통해 사회(사회 형성체)의 역사를 유물론적으로 설명함으로써 헤겔의 관념론과 단절하고자 하였지만, 이 도식은 동시에 경제 환원주의에 길을 열어놓기도 했다. 특히 유물론적 사고를 위해 헤겔의 관념론적 사고를 뒤집는다는 비유, 즉 '전도'라는 비유는 오해를 불러일으켰다. 의식/관념을 통해 존재/실재를 설명하는 관념론적 사유를 사회적 존재/실재를 통해 의식/관념을 설명하는 유물론적 사유로 전도한다는 생각은, 이데올로기와 같은 상부구조를 토대에 의해 설명할 수 있다는 관념을 낳았던 것이었다. 물론 마르크스 자신은 토대와 상부구조의 관계를 단순히 일방적 결정 관계로 보아서는 안 된다고 생각했지만, 선명하고 명쾌한 설명을 원했던 일부 마르크스주의자들은 토대/경제 환원주의 설명에 매력을 느꼈으며, 이것은 이른바 '속류 마르크스주의'로의 길을 열어 놓았던 것이었다(정태석, 1991).

알튀세르는 경제 환원주의 또는 경제결정론이 마르크스의 이론을 비과학적으로 만들었다고 지적하면서, 토대(경제)와 상부구조(정치, 이데올로기) 사이의 '중첩결정(over-determination)'과 '최종 심급에서(in the last instance) 경제에 의한 결정'을 대안적인 '과학적 문제틀(problematic)'로 제시하였다. 이 이론은 상부구조의 상대적 자율성과 토대와 상부구조 사이의 중첩적, 복합적 결정을 강조함으로써 환원주의적 사고에서 벗어나고자 하였다. 또한 역사의 우연성에 주목하면서, 생산력 중심주의와 같은 단선적-진화론적 사고에서도 벗어나야 한다고 주장했다. 경제가 중요한 영향력을 지니고 있다는 점을 인정하면서도, 단일 원인이나 근본 원인으로 규정할 것이 아니라, 다중 원인과 이들의 중첩에 의한 설명을 추구해야 함을 역설하였던 것이었다. 이러한 '구조적 인과성'이라는 사유를 통해 그들은 자본주의 생산관계의 재생산(유지)에는 정치적·이데올로기 상부구조가 중요한 기능을 한다는 점을 논리적으로 밝히고자 했다. 이러한 중첩결정의 과정은 어떤 정해진 규칙이나 진화론적 법칙에 따라 진행되는 것이 아니라, 다양한 요소들의 우연적 중첩에 따라 진행되는 것이다. 이처럼 현실이 정해진 규칙에 따라 움직이는 것이 아니기에, 알튀세르는 자본주의 현실 사회에서 다양한 요소들이나 모순들이 상호작용하는 '구체적 현실에 대한 구체적 분석'이 중요함을 강조할 수밖에 없었다(정태석, 1991).

한편, 알튀세르는 프랑스의 68운동과 뒤이은 새로운 사회운동들의 분출 속에서 계급투쟁의 지형이 크게 변화하고 있음을 인지했다. 노동운동과 계급정치 중심의 자본주의 사회가 다양한 분화와 다원화를 겪으면서 노동운동 외부에서 형성된 환경운동, 여성운동, 청년운동 등이 정치와 계급투쟁의 지형을 바꾸어놓았으며, 이에 따라 마르크스주의 이론 자체의 전환이 시급하다고 보았던 것이었다. 또한 노동운동과 여타 대중운동의 관계를 새롭게 설정할 것을 요구하는 것이었다(알튀세르, 1992: 24-48; 정태석, 2024: 202-203). 이러한 현실은 단순히 토대와 상부구조 사이의 관계에 대한 사고의 전환만으로 해결할 수 없는, 경제-계급 쟁점과 다른 사회적 쟁점들 사이의 복합적 관계에 대한 사고로의 전환을 요구하고 있었다.

환원주의 비판을 위한 문제틀: 체계-대인관계 결합체

하나의 질문을 던져보자. 경제적 모순과 구별되는 생태적 모순이나 다른 모순들에 주목한 프레이저나 생태-마르크스주의자들은 과연 마르크스주의의 경제/계급 환원주의를 극복했다고 할 수 있을까? 그 대답은 양면적이다. 경제적 모순으로 환원할 수 없는 다원적 모순들에 주목하고 있다는 점에서 본다면, 긍정적이다. 하지만 정치적·이데올로기적 상부구조의 자율성과 중첩결정을 해명하는 이론이 되지 못한다는 점에서 본다면, 부정적이다.

그렇다면 이제 또 다른 질문을 던져볼 수 있다. 다원적 모순들에 주목하는 것만으로 과연 환원주의에서 벗어났다고 말할 수 있을까? 말하자면 자본주의 체계를 다원적 모순의 복합체로 분석하는 것만으로 충분한가? 프레이저나 생태-마르크스주의자들은 자본주의 사회가 경제 체계를 중심으로 하여 생태적 순환 체계, 성차별 체계, 인종/종족 차별 체계 등 다원적 체계들이 통합적으로 작동하는 체계임을 논리적으로 분석한다. 그런데 이러한 다원적 체계 분석으로부터 노동자계급이 왜 곧바로 생태주의 세력이 되기 어려운지, 노동자계급 남성들은 왜 가부장적 질서에서 적극적으로 벗어나려고 하지 않는지, 선진국 노동자들은 왜 저개발국에서 이주한 노동자에 대해 차별의식을 지니게 되는지에 대한 현실적 설명으로 나아가지 않는다면, 이들 체계 속에서 개인들이 지니는 인식과 정서의 다양성과 복잡성에 대한 구체적 분석이 되지 못하는 것이다.

자본주의 체계에 대한 이들의 논리적 분석이 구체적·현실적 정치 상황의 분석으로 이어지지 못하는 것은, 기본적으로 자본주의 체계를 지탱하고 있는 인격체들인 개인들이 체계 속에서 어떤 인식과 정서를 형성하며 살아가고 있는지를 구체적으로 해명해 주지 못하기 때문이다. 그런데 이것은 체계 분석으로 환원할 수 없는 차원이다. 자본주의 사회는 자본가와 노동자가 임금과 노동력을 교환

하며 생산을 지속하는 체계이면서, 시장에서 화폐를 매개로 상품과 상품을 서로 교환하는 체계이다. 그런데 이러한 설명에서 자본가, 노동자, 생산자, 소비자 등은 경제적 거래를 수행하는 탈인격적(impersonal) 존재로 취급된다. 하지만 이들은 단순히 경제적 거래만을 수행하는 것이 아닌, 매 순간 그 경제활동에 대해 이런저런 인식과 정서를 형성하며 살아가는 인격적(personal) 존재이기도 하다. 예를 들어, 마르크스가 시장·교환관계에서 형성된다고 보았던 물신숭배 의식이나, 뒤르켐이 분업 관계에 내포되어 있다고 보았던 유기적 연대에 대한 사고는, 경제적 관계가 단순히 사물들의 관계나 기술적·기능적 관계와 같은 탈인격적 관계로만 존재하는 것이 아니라 동시에 인식과 정서를 수반하는 인간들의 관계, 즉 인격적 관계로도 존재한다는 점을 말해준다.[1]

이러한 사고는 토대/상부구조 도식을 넘어서는 새로운 사유를 요구한다. 이 도식에서는 이데올로기(인식)나 정서와 같은 인격적 차원을 '상부구조'에 위치시키고 있다. 하지만 물신숭배 의식이나 유기적 연대 의식은 토대 또는 경제적 관계 자체에 포함해 있는 의식 형

1_ 탈인격적 관계와 인격적 관계의 구분은 체계와 대인관계의 구분과 다른 맥락에서도 사용될 수 있다. 베버는 조직이나 집단에서의 '인간관계 유형'으로서 탈인격적 관계와 인격적 관계를 구분하고 있는데, 합리화된 현대사회에서 관료제는 사적 감정이나 이해관계를 배제하기 위해 공적 규칙에 따르는 '탈인격적 관계'를 통해 작동하도록 함으로써 합리성을 구현할 수 있다고 보았다. 하지만 현실에서 탈인격적 관계의 형식적 작동이나 인격적 관계의 개입에 따른 합리성 훼손이 나타나기도 하며, 역으로 탈인격적 관계 속에서 개인이 소외감을 느끼게 되기도 한다는 점을 언급하고 있다. 베버는 이것을 형식합리성과 실질합리성의 이율배반이나 개인의 의미 상실 등으로 비판하기도 한다(Weber, 1968; 1978).

태들이다. 그러므로 개인들의 인식과 정서는 상부구조에만 속하는 '이데올로기'나 '의식 형태'로만 취급해서는 안 되며, 오히려 토대와 상부구조에서 두루 다양한 관계를 맺으며 살아가는 개인들이 지니고 있는 실천적 의식이나 감정으로 볼 필요가 있다. 예를 들면 경제적 관계(토대)도 탈인격적 양상(구조)과 인격적 양상(인식-정서)을 동시에 포함한다는 것이다. 그러므로 토대와 상부구조 모두 탈인격적 양상과 인격적 양상의 결합체라는 사고가 필요하다.

한편, 인격적 대인관계는 인식이나 정서만이 아니라 일상적으로 권력이나 영향력의 관계를 포함하고 있다. 인식, 정서, 권력(영향력)은 그 자체로 다양한 체계(구조)의 구성 요소들로 작용할 뿐만 아니라, 대인관계를 맺고 살아가는 인간 개인의 삶과 실천의 구성 부분들이기도 하다. 이런 점에서 인식, 정서, 권력(영향력)은 인간이 살아가는 사회관계들 곳곳에 두루 존재한다고 말할 수 있다. 사회 이론은 다양한 분석적 구분을 도입하여 사회현상을 좀 더 치밀하게 해석하려고 하는데, '탈인격적 체계'와 '인격적 대인관계'의 구분 역시 이런 의미를 지니는 셈이다.

권력이나 영향력의 관계는 체계의 다양한 자원의 배분 형태에 기초하여 형성되는 일상적 인간관계이다. 예를 들어 정치체계는 개인들에게 특정을 방식으로 권력 자원을 배분해 주는데, 그 속에서 대인관계를 형성하는 개인들은 그 권력 자원을 활용하여 실제로 권력과 영향력을 행사하게 된다. 이것은 경제 체계나 문화 체계 등에서도 마찬가지이다. 그러므로 각 개인의 삶과 실천 속에는 고유한 인식-정서와 함께 권력이 포함되어 있으며, 이것이 특정한 실천들로 표출될 때 사회관계들은 변화할 수 있게 된다.

이러한 사유를 가능하게 하는 문제틀이 바로 '탈인격적 관계와 인격적 관계의 결합체'로서의 사회(관계)라는 개념 도식이다. 이것은 마르크스주의의 토대/상부구조 장소론(토픽)과 통합하여 〈표 1〉로 표현할 수 있다.[2]

<표 1> 토대/상부구조 공간론과 구조-인식 결합체의 통합

층위	구조	인식-정서/권력
이데올로기	이데올로기 구조	이데올로기적 인식-정서 효과들/권력 효과들
정치(국가)	정치(국가) 구조	정치적 인식-정서 효과들/권력 효과들
생산양식(경제)	경제 구조	경제적 인식-정서 효과들/권력 효과들

사회학 이론에서는 전통적으로 탈인격적 관계를 '체계'로 규정해 왔고, 이에 대응하는 인격적 관계를 '사회'로 규정해 왔다. 여기서 사회는 체계에 대응하는 개념이다. 이에 따라 전체사회를 '체계(system)'와 '사회(society)'로 구분하면서, 체계 통합/체계 모순과 사

2_ 프랑스 마르크스주의 철학자 발리바르(E. Balibar) 역시 비슷한 문제의식을 지니고 있었는데, 그는 초기에 토대/상부구조의 장소론(토픽) 속에서 이데올로기 층위/관계의 고유한 작동에 주목하여 '중첩결정'을 강조했지만, 후기에는 이데올로기가 이데올로기 층위를 포함하는 다양한 층위에서 나타나는 '지식/인식 효과'로 다루어질 수 있음을 강조하기에 이른다. 또한 물신숭배를 생산양식(토대 또는 시장-교환관계)에서 나오는 인식 효과로서 일종의 이데올로기로 규정한다. 그리하여 '주체화/복종 양식' 이론을 통해 인식과 정서가 다양한 층위에 두루 존재함을 설명하려고 한다. 이것은 '구조와 인식의 동시성과 비대칭성'이라는 초기의 사유가 발전된 것이라 할 수 있다(정태석, 2025: 213, 220-221. 225-227, 228).

회 통합/사회 갈등을 서로 다른 차원의 문제로 사고할 수 있었다. '체계'가 사회관계의 탈인격적 차원을 규정하는 개념으로서 논리적 모순을 설명하는 데 유용하다면, 사회는 사회관계의 인격적 차원을 규정하는 개념으로서 사회 갈등을 설명하는 데 유용하다. 여기서 사회는 사실상 체계와 구분되는 '대인관계(inter-personal relationship)'를 의미하는 것이라고 할 수 있으며, 전체사회는 곧 '체계와 대인관계의 결합체'라고 말할 수 있다(Jeong, & Seol, 2022; 정태석, 2024; 2022a).

개인은 체계 속에서 특정한 사회적 위치를 살아가면서 동시에, 특정한 인식과 정서를 지니면서 '인격적 대인관계'를 맺고 있는 존재이기도 하다. 인식이 이성적, 지적 감각이라면, 정서는 감성적, 감정적 감각이라고 할 수 있는데, 사람들은 각자의 인식과 정서에 기초하여 세계에 대한 지적, 감성적, 도덕적 판단을 수행하며 또 이 과정에서 인식과 정서를 변화시켜 가기도 한다. 그래서 자본주의라는 탈인격적 경제 체계 속에서 특정한 위치를 차지하며 살아가는 개인들은, 물신숭배 의식을 수용하기도 하고 비판하기도 하며, 유기적 연대를 선호하기도 하고 개인주의를 선호하기도 하며, 이기적인 합리적 계산에 몰두하기도 하고 공동체적인 배려와 나눔을 추구하기도 한다. 물론 이러한 인식은 개인의 성장 환경이나 현재 처한 상황에 따라 그 정도가 달라질 수 있다. 이처럼 하나의 사회관계에 결합해 있는 서로 다른 면들의 비대칭성, 불균등성을 이해하고 또 이를 통해 사회를 통합적·복합적으로 해명하기 위해서, '체계 차원'과

‘대인관계 차원’ 또는 ‘탈인격적 양상’과 ‘인격적 양상’을 분석적으로 구분해 볼 필요가 있는 것이다.

결론적으로 전체사회는 경제적 관계를 비롯한 다중적 사회관계들이 서로 복잡하게 교차하며 결합해 있으며, 이런 점에서 다양한 사회관계들의 복합체라고 할 수 있다. 그리고 각각의 사회관계는 분석적으로 구분할 수 있는 두 차원으로서 탈인격적 체계와 인격적 대인관계(권력/인식-정서)가 서로 비대칭적이며 불균등하게 얽혀 있는 결합체로 이해할 수 있다. 그리고 이러한 체계-대인관계 결합체들의 복합성과 교차성을 해명하려면, 다중적인 탈인격적 체계들에 결합해 있는 다중적인 인격적 대인관계들과 이들을 구성하는 다양한 권력/인식-정서의 형태들을 구체적으로 분석할 필요가 있다고 하겠다(Jeong, & Seol, 2022; 정태석, 2024; 2022a).

체계와 대인관계의 구분을 통한 두 환원주의 비판

체계와 대인관계(권력/인식-정서)는 현실적으로 하나의 사회관계에 결합해 있는 두 차원이면서, 각각은 다른 하나에 의해 결정되거나 다른 하나로 환원될 수 없는 고유성을 지닌 사회관계의 두 양상이다. 결국 ‘탈인격적 체계’ 양상과 그 속에서 인식과 정서를 형성하는 개인들이 맺는 ‘인격적 대인관계’ 양상은 서로 불균등하면서 비대칭적으로 얽혀 있으며, 따라서 사회(관계)를 전체적으로 이해하려면 이러한 두 양상 각각을, 그리고 이들의 결합 방식을 함께 해명할 필요가 있다.

그런데 이러한 문제틀은 이제 경제 환원주의와 같은 기존의 환원주의와 구분되는 다른 형태의 환원주의를 포착할 수 있게 해준다. 그것은 '체계 환원주의'와 '대인관계 환원주의'이다. 예를 들어, 프레이저나 생태-마르크스주의자들이 경제 체계와 구별되는 다원적 체계에 대해 분석하고 있다고 하더라도, 이러한 체계들로부터 자율적인 특정한 대인관계(권력/인식-정서) 양상을 구체적으로 분석하기보다 논리적으로 도출해 내려고 한다면, 이것은 '체계 환원주의' 사고에 빠진 것이라고 말할 수 있다. 반대로 라클라우나 무페처럼 헤게모니, 담론과 같은 대인관계(권력/인식-정서) 양상에 대한 분석에 집중하며 체계에 대한 분석을 등한시하는 정치 이론은 '대인관계 환원주의' 사고에 빠져들 수 있다.[3]

오늘날 다양한 사회 이론이나 정치 이론은 단순하게 경제 환원주의적 사고를 옹호하려고 하지는 않는다. 그렇다고 해서 이들 이론이 어떤 환원주의에서도 벗어나 있다고 쉽게 단정하기도 어렵다. 겉으로는 명확하게 드러나지 않지만, 속으로는 환원주의 논리에 빠져있기 때문이다. 다원적이고 복합적인 사회관계들을 종합적으로 분석하려면, 사회관계들에서 체계 양상만을 논리적으로 분석하는 것만으로 충분하지 않으며, 체계와 결합해 있는 대인관계(권력/인식-정서)

3_ 비슷한 맥락에서 발리바르는 '착취구조'와 '계급적대'를 구분하면서, 역사에 대한 사고에서 어느 하나에만 편중되면 각각 '객관적 과정'과 '주체적 이행'에 편향된 사고로 나아갈 수 있음을 지적한다. 그래서 전자는 혁명의 필연성을 입증하려는 진화론적·목적론적 사고로 빠져들기 쉽고, 후자는 계급투쟁을 통한 혁명적 실천에 매몰되어 자발주의적·모험주의적 사고에 빠져들기 쉽다(발리바르, 1993b: 173-175; 정태석, 2025: 211-213).

양상을 함께 분석해야 하며, 나아가 양자의 비대칭적 결합 양상도 분석해야 한다. 다양한 사회관계들에서 탈인격적 체계와 인격적 대인관계(권력/인식-정서)의 비대칭적이고 불균등한 결합 양상을 구체적으로 분석할 때 비로소 그 사회의 다원성과 복합성, 그리고 다원적 사회관계들의 교차성을 적절히 해명할 수 있다.

이 책에서는 바로 이런 관점에서, 프레이저의 '식인 자본주의 이론'과 무페의 '경합적 다원주의와 좌파 대중주의 이론'을 비판적으로 검토하려고 한다. 그리고 이를 통해 '체계 환원주의'와 '대인관계 환원주의'라는 새로운 형태의 환원주의 문제를 제기하고자 한다. 그래서 먼저 프레이저의 식인 자본주의 이론이 '체계' 개념을 통해 현대사회의 다원성과 복합성에 주목하고자 하면서도 어떻게 '체계 환원주의' 경향에 빠져들게 되었는지를 살펴보기로 하자.

3장.

프레이저의 식인 자본주의 이론과 재생산 관점 - 체계 환원주의

유럽에서는 자본주의 시장경제의 발달로 성장한 부르주아지가 주도한 혁명을 통해 중세 봉건제도가 해체되고, 자유주의 국가가 설립됨에 따라 농민들과 노동자들 모두 신분에서 해방되었다. 하지만 여전히 농토나 재산을 소유하지 못해 일자리를 찾아야 했던 무산자 프롤레타리아트들은 공장을 소유한 자본가들에 의해 고용되어 일하지 않으면 먹고살기 어려운 상황에 놓여있었다. 그래서 노동자들은 자본가들에게 고용되어 저임금 장시간 노동 등으로 노동력을 착취당해야 했고, 폭행을 당하는 등 인격적으로도 무시당했다. 19세기 중후반에 마르크스는 공업혁명 이후의 공업적 발전 속에서도 여전히 착취당하고 차별당하는 노동자들의 열악한 현실에 분노하면서 자본주의의 비인간적 성격을 폭로하고자 했다. 생산수단인 자본을 소유한 자본가계급과 노동력만을 지닌 노동자계급이 적대적으로 서로 의존하도록 하는 자본주의적 생산관계와 계급관계가 바로 착취와 불평등을 지속시키는 구조적 힘이라는 사실을 보여주고자 했다. 이에 따라 억압적이고 차별적인 계급사회를 폐지하고 계급 없는 사회주의 사회를 건설해야 한다는 마르크스의 주장은 자본주의 사회에 대한 인간적 비판의 자연스러운 귀결이었다.

마르크스는 성숙해 가면서 무엇보다도 자본주의 체계의 객관적 작동 원리를 해명하는 것이 중요함을 인식하게 되었고, 이에 따라 『자본』을 서술하여 자유시장경제에 기초한 자본주의 경제가 노동자들의 노동력 투입의 산물(가치) 가운데 일부이지만 임금으로 지급하지 않은 잉여가치를 자본가가 착취하여 자본축적을 유지하고 또 확대해 가는 체계임을 보여주고자 하였다. 그리고 이러한 착취 체계로 인한 이윤율의 경향적 저하와 주기적 불황 및 공황과 같은 필연적 모순의 결과로 경제적 파국이 나타날 것을 예측했다. 나아가 이러한 경제 위기와 파국이 계급 적대를 격화하면 노동자계급이 혁명적 계급의식을 획득한 사회주의 혁명 주체로 구성되고, 이들이 결국 부르주아 국가를 장악하여 계급도 없고 지배도 없는 사회주의 사회를 건설하는 인적 기반이 될 것으로 기대했다. 노동자계급의 해방은 자본주의 사회에서 인간적으로 수용할 수 있는 요구가 아니었던 것이다.

한편, 마르크스 사후 서유럽에서는 마르크스주의자들의 기대와 달리 자본주의의 물질적 성장과 민주주의의 발전 속에서 노동자들을 혁명적 계급으로 형성해 가는 일이 점차 어려워졌다. 자본주의의 탈인격적 체계의 성격이 곧바로 이것에 조응하는 인격적 대인관계(권력/인식-정서)를 형성하게 될 것이라는 기대는 비현실적인 것이었다. 말하자면 체계의 모순이 심화한다고 해서 이것이 곧바로 노동자계급에서 체계에 대한 비판적, 저항적 의식이 생겨나도록 하는 것은 아니었다. 게다가 현실적으로 체계 모순 자체가 완화해 감에 따라 체계 속에서 살아가는 개인들의 인식이나 정서를 형성하는 환경들도 훨씬 복잡해졌다.

우선 국민국가를 통한 국민 정체성의 강화와 세계대전을 통한 국민주의(nationalism)의 부흥은 프롤레타리아 국제주의의 확산을 제약하였고, '민주주의를 통한 사회주의'를 추구하는 사회민주주의의 분화는 노동자들을 현실주의적 노선으로 이끌었다. 민주주의의 발달로 좌파 정당이 선거를 통하여 집권할 수 있게 되면서, 자본주의 국가를 곧바로 부르주아 계급 이익을 대변하는 국가로 동일시하기도 어려워졌다. 좌파 정당과 우파 정당이 선거를 통해 집권 경쟁을 하고, 또 좌파 정부가 개입주의 정책을 통해 혼합경제, 사회적 시장경제, 복지국가 등의 정책을 강화할 수 있게 되면서, 자본주의 시장경제도 다양하게 제도적 변화를 겪게 되었다. 그리고 언론 자유와 공공성을 보호하기 위한 법과 제도들이 만들어지고 또 대중 교육이 확대되면서, 대중매체나 학교를 통해 지배 이데올로기가 일방적으로 유포된다고 주장하기도 어려워졌다. 물론 지배계급이 여전히 이데올로기와 권력 경쟁에서 유리한 위치를 차지하고 있기는 하지만 말이다.

그런데 급진 좌파적 시각에서는 이러한 변화들은 여전히 자본주의 계급 불평등을 근본적으로 해결하지 못할 뿐만 아니라, 오히려 근본적 해결을 방해하는 것이었다. 급진 좌파들은 이윤을 극대화하려는 자본이 여성, 청소년, 외국인 등 사회적 약자들에 대한 착취를 심화하고, 자본주의적 성장과 개발로 생태/기후 위기가 심화하고, 또 선진국 자본들이 약소국가들과 그 국민들에 대한 차별과 착취를 심화하고 있다는 사실에 주목하면서, 다양한 차별과 착취의 근원에 자본주의 체계가 놓여있다고 주장해 왔다. 자본주의는 여전히 다양한 사회적 모순과 위기의 근본 원인이라는 것이다. 오늘날 이런 시각을 이론적으로 체계화하여 제시하고 있는 대표적인 좌파 정치철학자이자 사회이론가가 바로 프레이저(Nancy Fraser)이다. 그는 자본주의에 대한 급진적 비판이 현실적 지지를 확대하기 어려워진 상황에서도, '식인 자본주의' 이론을 제시함으로써 자본주의에 대한 다중적 비판과 함께 반자본주의적 체계 전환을 요구하는 목소리를 내고 있다(프레이저, 2023).

1. 다차원적 위기와 통합적 위기 이론의 기획

현시대의 작동 원리를 어떻게 이해할 것인가를 둘러싼 20세기 말의 중요한 논쟁은 무엇보다도 현대성(modernity) 논쟁이라고 할 수 있다. 현시대를 어떻게 볼 것인지에 대해 "현대냐?, 탈현대냐?"라는 논쟁이 일어났는데, 현대사회에서 이성, 합리성, 보편적 진리, 통일성, 역사의 진보 등과 같은 전통적 현대성 원리들이 점차 해체되어 가고 있다는 점에 대해서는 많은 사회 이론이 대체로 동의하고 있다. 그렇지만 제도적으로는 기본적으로 자본주의, 공업주의, 국민국가, 민주주의가 여전히 지속되고 있는 것도 여전히 사실이다. 그래서 많은 선진국은 여전히 '자본주의적 민주주의' 또는 '민주주의적 자본주의'로 규정되고 있다. 하지만 사회의 분화와 다원화가 심화하면서 전통적으로 강조되어 온 계급이나 노동 중심성에 대한 믿음이 더는 유지되기 어려워지면서 다원성이 더욱 중요해지고 있다는 점도 분명하다. 이런 점에서 이제 '다원화된 자본주의적 민주주의'라는 규정이 더 적합해지고 있다.

미국과 유럽에서는 제2차 세계대전 이후에 태어나 경제성장과 복지국가 발달의 혜택을 입은 세대인 '68년 세대'가 물질주의적, 계급중심적, 권위주의적 사고와 태도에 익숙해 있던 기성세대에 맞서 탈권위주의, 개인주의, 풀뿌리 민주주의 등 다양한 가치를 추구하게 되었다. 이에 따라 다원주의는 점차 현대사회의 특성을 설명하기 위해 필수적인 개념이 되었다. 나아가 과학기술의 발달과 경제성장, 대중문화와 소비주의의 확대, 성평등 의식의 확산, 생태-기후 위기, 디지털 전환, 지식 정보화, 다문화주의 등 다양한 요인들이 복합적으로 작동하면서 다양한 사회적 쟁점들이 부상하고 있고, 또 이에 따른 다양한 사회 갈등들이 분출하고 있다. 특히 경제성장과 물질적 풍요에 힘입어 잠재되어 있던 젊은 층의 다양한 욕구가 분출되기 시작하면서, 사회와 정치의 분화 및 다원화는 점점 더 확산하고 있다.

현대성과 포스트모더니즘 논쟁, 포스트마르크스주의 논쟁, 제3의 길 논쟁 등 다양한 이론적, 지적 논쟁은 이러한 현대사회의 분화 및 다원화 경향에 따른 복합적인 사회변동의 산물이었다(정태석, 2013). 여기서 현대성은 현대사회의 역사적 작동을 이끌어온 기본적 원리 또는 속성으로서, 인간의 이성과 합리성에 대한 믿음, 역사의 합리적 진보에 대한 믿음, 과학과 보편적 진리에 대한 신뢰 등에 기초한 이념, 제도, 문화의 양식들을 말한다. 그리고 이러한 원리나 속성을 적극적으로 실현해 가야 한다는 주장은 현대주의(modernism)라고 한다. 현대성을 신뢰했던 사람들은 어떤 제도가 구체적으로 합리성이 실현된 진보적 형태인지에 대해서는 견해가 서로 다르기는 했지만, 궁극적으로 이러한 제도의 발전이 인류의 행복이나 해방을 가져다줄 것이라는 믿음은 공유하고 있었다.

유럽에서는 르네상스 이후 합리주의적 사고와 개인성의 발달, 봉건적 신분제의 해체와 신분 해방, 종교적 부패에 대한 저항, 계몽주의의 확산, 과학기술과 공업의 발달, 분업 및 시장경제의 발달, 도시의 형성 등이 이어지면서, 자유주의와 민주주의, 자본주의 시장경제 등 현대적 이념 및 제도 발달의 토대가 형성되었다. 그런데 공업혁명과 부르주아 혁명 등을 통해 신분이 사라진 평등한 사회, 물질적으로 풍요로운 사회를 기대했던 사람들은 자본주의의 현실 속에서 계급에 따른 착취와 물질적 분배의 불평등, 서열화된 권력 등을 경험하게 되었으며, 이것은 현대성의 제도와 문화의 합리성에 대한 의구심을 불러일으켰다.

마르크스 역시 현대성의 실현 가능성에 대한 믿음을 품고 있었다. 역사의 모순과 대립 속에서도 합리적 사고에 기초한 실천과 이를 통한 역사의 진보에 대한 믿음을 지니고 있었던 마르크스는, 자본주의가 착취와 계급 불평등을 확대한다는 점을 인식하면서도, 자본주의에 대한 과학적 인식을 통해 모순과 대립의 원인을 발견하고, 노동자계급을 자본주의의 모순과 적대를 혁파할 혁명적 주체로 형성함으로써 사회주의 사회를 건설할 수 있으리라 기대했다.

하지만 20세기에 들어와서 현실은 이러한 기대와 점점 멀어졌다. 1917년 러시아 볼셰비키 혁명이 잠깐 기대를 실현한 것처럼 보였지만, 제2차 세계대전 이후 베이비붐 세대의 성장과 1968년 혁명은 사회 진보에 대한 전통적 사고나 마르크스주의적 사고에 충격을 던져주었다. 탈물질주의와 소비주의가 서로 경합하는 자본주의의 현실에서 노동자들은 물질적 욕구와 소비의 주체가 되었다. 계급 중심적 사고에 대한 비판적 주장들이 분출되면서 진보의 가치지향도 다양화되기 시작했다. 20세기 중후반까지 급진 좌파든, 온건 좌파든 좌파 정치 세력들은 마르크스주의의 영향 아래에서 계급 불평등과 분배 문제를 중심적 가치로 삼으며 노동자계급의 지지에 의존하는 계급정치를 선거 경쟁의 중심에 두고 있었다.

그런데 한편으로는 68년 혁명 이후 새로운 사회운동들을 통해 환경문제와 성차별 문제 등 다양한 쟁점이 분출하면서 계급정치에 도전하는 흐름이 생겨났고, 다른 한편으로는 1970년대에 석유파동과 자본주의 세계 경제 위기를 겪으며 복지국가 재정 위기에 따른 신자유주의 이데올로기의 확산과 우파 정당의 집권 등이 이루어지면서, 계급정치 중심의 좌파 정당은 다양한 진보적 요구를 대표하는 데에 한계에 봉착하게 되었다. 이에 따라 좌파 정당에 대한 시민들의 지지가 점차 분산되거나 감소하는 경향을 보였다.

이제 경제적, 계급적 모순으로 환원할 수 없는 성차별, 포스트식민주의, 생태위기, 소수자 억압 등 다양한 지배, 차별, 억압이 분출함에 따라 이러한 다원성과 복합성을 해명하는 이론이 필요해졌고, 이에 따라 포스트마르크스주의를 비롯한 다양한 사회 이론과 정치철학이 줄을 이어 등장하게 되었다. 그런데 2000년대 이후 지구온난화에 따른 기후변화로 자연재해가 늘어나고 기후 위기에 대한 의식이 높아지면서, 좀 더 근본적인 분석이 필요하다는 주장도 나타났다. 기후 위기가 화석연료에 의존한 자본주의 경제성장에 기인한다는 진단들이 나오면서, 그 원인을 자본주의 성장 체계 자체에서 찾으려는 주장들이 생겨났다. 이러한 주장들은 1980년대 생태-사회주의적, 생태-마르크스주의적 주장들의 귀환이라고 할 수 있는데, 이전에는 전반적인 생태위기에 주목했다면 지금은 기후위기에 좀 더 초점을 맞추고 있다.

프레이저는 오늘날 많은 학자나 논평가들이 자본주의의 지속가능성을 걱정하고 또 자본주의를 비판하는 모습에서 '자본주의(담론)의 귀환'을 볼 수 있어서 다행스럽다고 생각한다. 하지만 그는 자본주의 담론이 여전히 말의 성찬에 머물러 있다고 판단한다. "현 위기는 금융 등의 공식 경제뿐만 아니라 지구 온난화, '돌봄 결핍', 광범위한 공적 권력의 유명무실화 같은 '비경제적' 현상까지 포괄하는 다차원적 위기다." 그래서 그는 경제 측면에만 집중하면서 다른 측면들과 분리하고 특권화하는, 경제 중심의 자본주의 위기 이론으로는 이론적 해결책을 찾기 어렵다고 분명히 말한다(프레이저, 2023: 29).

그렇다면 여기서 프레이저가 벗어나야 한다고 생각하는 경제 중심 이론은 무엇일까? 앞서 우리는 마르크스주의에서 경제 환원주의의 문제점은 정치적·이데올로기적 상부구조와의 중첩결정을 사고하지 못하는 데 있다고 말했었다. 그런데 프레이저가 넘어서려고 하는 경제 중심 이론은 이런 의미의 경제 환원주의라기보다는 다원적 모순/위기를 포괄하지 못하는 이론이다. 이런 점에서 프레이저는 상부구조의 자율성을 강조함으로써 토대(경제) 환원주의에서 벗어나려 한다기보다는, 경제 중심 이론에서 벗어나 비경제적, 다원적 모순/위기들의 공존과 중첩에 주목하려고 한다는 점을 확인할 수 있다.

프레이저는 금융화 위기, 불평등과 불안정 노동의 위기, 돌봄이나 사회적 재생산의 위기, 생태적 위기, 군사주의의 증대, 독재자의 출현과 정치적 위기 등 다양한 위기들과 재난들이 등장하고 있는 현실에 주목한다. 그런데 그는 이들 위기가 단순히 개별적인 위기가 아닌 '더 나쁜 무엇'이라고 말한다. 그것은 "이 모든 재난이 한데 모여 서로를 악화시키며 우리를 집어삼키겠다고 위협하는, 사회질서 전체의 전반적 위기다." 그리고 이러한 위기를 발생시킨 책임은 경제 위기의 토대가 된 '자본주의'를 넘어서는 '식인 자본주의' 체계에 있다(프레이저, 2023: 20). 그래서 그는 『Cannibal Capitalism』(식인 자본주의)(2022)의 첫머리에서 다음과 같이 선언한다. "이 책이 실제로 제시하는 내용은 이 모든 끔찍한 사태의 근원에 관한 심층 탐사다. 이 책은 질병의 원인을 진단하고 범인을 지목한다." 여기서 그 원인이 '식인 자본주의(Cannibal Capitalism)'라는 사회체계라면, 그 범인은 바로 지배하는 '식인종'인 자본가계급이다(프레이저, 2023: 15-16). 프레이저는 '식인'이라는 표현을 강조하는데, 식인은 무엇보다도 현대 자본주의 사회의 위기 또는 질병의 다양성에 통일성 또는 통합성을 부여하는 개념이 된다.

여기서 식인 자본주의 이론을 벡(Ulich Beck)의 위험사회 이론과 비교해 보면, 식인 자본주의 이론의 특성이 좀 더 잘 나타난다. 벡은 위험사회와 '재귀적 현대화' 이론을 통해 현대화의 결과 또는 공업적 성장의 결과가 사람들이 전통적 위해(danger)를 넘어선 새로운 생태적·과학-기술적 위험(risk)이나 일상생활의 위험에 직면하도록 한다고 말한다. 이러한 위험은 경제 위기와는 다른 성격의 위기이자 위험이다. 그래서 벡은 다양한 사회적 위기나 위험의 공통 원인을 찾으려고 하지 않으며, 이것들을 하나의 통일된 원리에 기초하여 총체적으로 설명하려고 하지도 않는다. 그래서 어떤 근본 원인이나 핵심적 문제를 제거하면 다양한 위기나 위험을 모두 약화하거나 극복할 수 있다고 주장하지도 않는다. 서로 복잡하게 교차하고 있는 다중적 위기는 그 대응 방안도 다중적, 다층적일 수밖에 없다는 것이다(벡, 1997).

하지만 프레이저의 생각은 다르다. 그는 다양한 모순/위기가 공존한다는 점에는 동의하지만, 이러한 모순/위기는 궁극적으로 근본 원인에 따라 통일된 모순/위기 이론을 통해 설명할 수 있다고 주장한다. 여기서 통일된 모순/위기 이론의 중심에는 '자본주의'가 있다. 다만 그는 전통적 마르크스주의의 방식으로 자본주의 중심성을 내세우며 '경제 중심 이론'을 주장하는 일을 경계한다. 그래서 마르크스주의의 '자본주의' 위기 이론을 바라보는 프레이저의 심정은 다소 복잡하다. 한편으로 그는 마르크스주의의 자본 비판 전통과의 단절을 안타까워하면서 마르크스주의 이론을 계승해야 한다고 주장한다. 하지만 다른 한편으로 경제 중심주의에서 벗어나서 다원적 위기를 분석하는 논리를 찾으려고 한다. 그렇다면 이러한 이론은 어떻게 가능한가?

프레이저는 '자본주의' 담론의 귀환 속에서, 무엇보다도 "우리를 에워싼 다양한 (금융·경제·생태·정치·사회의) 질병들이 공통의 뿌리로 거슬러 올라갈 수 있으며, 이 질병들의 심층적이고 구조적인 토대를 다루지 못하는 개혁은 실패할 운명이라는 점을 깨닫는 이들이 늘어나고 있다는 사실"을 발견한다. 또한 "서로 다른 사회적 투쟁들이 맺고 있는 관계를 분명히 밝혀 각 사회운동의 가장 선진적이고 진보적인 흐름이 하나의 대항 체계 블록 안에서 (완전히 통일되지는 못하더라도) 서로 긴밀히 협력할 수 있도록 분석해 주기를 바라고 있음을 알려준다."라고 주장한다(프레이저, 2023: 27-28).

프레이저는 마르크스주의의 자본 비판 전통과의 단절로 인해 페미니즘, 생태주의, 탈식민주의, 흑인해방 사상 등에 관한 통찰들이 자본주의 분석과 체계적으로 통합되지 못한 점을 안타까워한다. 그래서 그는 '자본주의'에 기초하면서도 경제 위기 이론을 넘어서는 통합적인 위기 이론을 제시하는 길을 찾는다. 그리고 이를 위한 중요한 초석이 바로 '식인 자본주의' 개념이다(프레이저, 2023: 28-29).

2. 자본주의 개념의 확장: 자본주의에서 식인 자본주의로

오늘날 다양한 사회 위기를 자본주의 경제 위기 이론을 통해 설명하는 데에는 한계가 있다. 그래서 자연, 사회재생산, 재산권 박탈, 공적 권력을 둘러싼 투쟁과 민족/인종-종족, 성, 계급 등 다양한 불평등을 분석하려면, 생산 영역에서 노동을 둘러싼 투쟁을 특권화하는 위기 개념을 넘어서야 한다. 그래서 프레이저는 우리 시대에 생산/노동/경제 중심의 특권적 위기 개념을 넘어서는 적합한 위기 개념을 보여주기 위해 '식인 자본주의' 이론을 제안한다(프레이저, 2023: 29-30).

마르크스는 『자본』에서 자본주의 경제 위기에 대해 분석하고 있는데, 프레이저는 이 이론에 대한 가장 일반적인 비판이 바로 생산/노동/경제 중심의 특권적 위기 이론이라는 것이라고 말한다. 여기서 쟁점이 되는 것은, 알튀세르처럼 이데올로기적 상부구조에 주목하거나 하버마스처럼 생활세계와 의사소통적 합리성에 주목하면서, 어떻게 토대(경제) 결정론에서 벗어날 것인가 하는 점이 아니다. 오히려 라클라우와 무페처럼 경제적, 계급적 적대와 구분되는 환경, 성별, 종족 등 다양한 적대의 존재를 강조하면서, 경제/노동/계급 중심성을 어떻게 넘어설 것인가 하는 점이다. 말하자면 토대로서의 '경제'로 환원하여 설명하는 것이 문제라기보다는, 경제(생산)를 중심으로 설정함으로써 경제(생산) 외적인 것들—민족, 성, 환경, 돌봄 등 -을 주변적인 것들로 만들어 버리는 것이 문제인 셈이다.

이런 점에서 프레이저는 우선 '경제 환원주의'보다 '경제 중심주의'를 넘어서려고 한다.

프레이저는 자본주의에 대해 "이윤 주도 경제가 그 작동에 필요한 '경제 외적 기둥들'을 포식(잠식)하도록 북돋는 사회질서를 뜻한다."라고 말한다. 즉 자본주의는 단순히 경제의 한 유형이 아니라 사회의 한 유형이라는 것이다(프레이저, 2023: 18-19). 이런 관점에서 보면 자본주의 위기는 경제 위기만이 아니라 사회 위기도 포괄하는 복합적 위기가 된다. 여기서 '경제 외적 기둥들'은 상부구조가 아니라 다른 사회적 영역들을 의미한다. 이러한 시각은 마르크스의 '자본주의' 개념을 비경제적 영역으로 확장함으로써, 현시대의 모든 위기, 억압, 모순, 갈등을 통합하여 설명하려는 이론적 의도를 보여준다. 그래서 프레이저는 식인 자본주의 개념을 정립하기 위해 우선 마르크스의 『자본』 제1권의 위대한 통찰을 새로 구축하는 작업에서 출발하려고 한다.

프레이저는 『자본』의 줄기가 되는 '착취' 이야기가 전면 이야기라면, 후면 이야기로 '수탈'과 '박탈'이 존재한다는 점을 강조한다. 착취는 기본적으로 자본주의 사회의 자본-노동관계에서 자본이 노동력 가치의 일부인 잉여가치를 취하는 것을 의미한다. 반면에 수탈은 '임노동 관계 외부'에서 종속되고 소수자화된 사람들의 부를 지속적으로 강제 탈취하는 것이며, 박탈은 시원적 축적 과정에서 착취의 배경이 된 소유권/점유권 탈취와 같이 재산권을 빼앗는 것이다. 그런데 마르크스는 수탈과 박탈에 관한 논의를 충분하게 전개하지 않았는데, 이제 21세기 자본주의에 관한 적절한 이해를 발전시키려면 이들에 관한 논의를 발전시켜야 한다(프레이저, 2023: 38-42, 51-53). 여기서 프레이저가 자본주의 개념을 확장하는 방식은 다음의 네 가지인데, 각각 상품생산에서 사회적 재생산으로, 경제에서 생태로, 경제적인 것에서 정치적인 것으로, 착취에서 수탈로의 확장이다.

① 상품생산에서 사회적 재생산으로의 확장은 상품생산으로 가치를 인정받는 시장 노동에서 돌봄이나 가사 노동, 공공 서비스 같은 다양한 비시장 노동으로 시야를 넓히는 것이다. 여기서 확인할 수 있는 것은 자본주의가 상품생산을 위해 다양한 사회적 재생산—돌봄, 가사 노동 등—을 잠식하고 있는 현실이다. 이것은 착취를 위해 수탈을 이용하는 방식을 보여준다(프레이저, 2023: 37-54).

② 경제에서 생태로의 확장은 경제활동의 확대가 단순한 자연 자원의 활용을 넘어 '더 많은 자연'을 끌어들여 생태 위기를 낳는 현실로 시야를 넓히는 것이다. 여기서는 물의 상품화와 같은 새로운 인클로저의 물결이 자연 내부에 깊이 침투해 자연 안의 문법을 바꿔버려 물질대사의 균열이 일어나고 있음을 확인할 수 있다. 이것 역시 자본주의가 자연을 잠식하는 방식을 보여주며, 자연에 대한 수탈이다.

③ 경제적인 것에서 정치적인 것으로의 확장은 경제를 정치와 무관한 것처럼 취급해 온 시각에서 경제의 정치적 조건을 보여주는 시각으로 나아가는 것이다. 이것은 화폐의 공급, 법률 체계와 '정당한 폭력'의 동원 등이 자본주의 경제를 구성하기 위한 영토국가의 목적이었음을 보여줌으로써 '정치와 경제의 분할'에 비판적 시각을

제공하려는 것이다. 물론 "자본주의의 전면 이야기에는 지정학적 차원에서 자본주의를 존립할 수 있게 하는 정치적 조건도 담겨 있다." 그래서 이러한 공간의 확장 과정에서 나타나는 구조적 분할들, 즉 국내와 국제 사이의 '영토국가적(베스트팔렌적)' 분할, 중심부와 주변부 사이의 '제국주의적' 분할, 지구화하는 자본주의 경제와 영토국가들의 국제 체계로 조직된 정치 세계 사이의 분할 속에서, 신자유주의가 바로 이런 정치적 역량들을 이용해 잠식 행위를 수행하고 있음을 드러낼 필요가 있다. 말하자면 정치와 경제의 분할을 이용한 탈정치화를 폭로해야 하는 것이다.

④ 착취에서 수탈로의 확장은 세 가지 확장을 종합하는 성격을 띠는데, 자본주의의 시원적 축적 과정에서 나타난 수탈이 자본주의적 착취보다 '감춰진 장소 이면에 감춰진 또 다른 장소'를 개념화할 수 있게 한다. 재생산(생존) 비용을 충분히 지불받지 못하는 저임금 노동자, 노예 노동자들이 자본주의적 풍요를 떠받치고 있다. "착취의 밑바탕에는 수탈이 있으며, 수탈 덕분에 착취는 높은 이윤을 거둔다. 수탈은 자본주의 체계 태동기에 한정되기는커녕 착취만큼이나 자본주의 사회에 구성적이며 그 구조적 토대 노릇을 하는 내재적 특징이다." 그리하여 "자본은 수탈한 땅, 강제 노동, 광물 약탈품을 획득하고 소유하기 위해 공적 권력에 기대고(일국적이든 초국적이든), 독성 폐기물 처리장과 무급 돌봄 활동 공급자로서 인종화된 지역에 의존하며, 정치 위기를 진정(또는 치환)시키거나 아니면 오히려 조장하기 위해 지위 분할과 인종적 원한에 호소한다."(프레이저, 2023: 52, 54) 이처럼 착취와 수탈의 결합, 피착취 노동자와 피수탈

노동자의 결합, 시장 노동/노동자와 비시장 노동/타자의 결합이라는 시각으로 확장하면, 경제·생태·사회·정치 위기가 인종적·제국주의적 억압과 연관되어 있음을 알 수 있다.

<표 2> 프레이저의 식인 자본주의 분석 도식

식인 자본주의의 영역들	경제 영역		비경제 영역 배경 조건(수탈·박탈)			
자본주의의 분할/모순 형태	생산모순 (자본과 노동)	⇨	생산과 재생산의 분할/모순	사회와 자연의 분할/모순	착취와 수탈의 분할/모순	경제와 정치의 분할/모순
체계-위기 형태 (체계 비판)	경제(착취) 위기	⇨	사회적 재생산 위기	생태계 위기	수탈 위기	정치권력 위기
모순/위기들 사이의 관계	경제적 모순/위기	⇨	사회적 모순/전반적 위기 (경제 체계와 배경 조건들 사이의 모순과 위기들)			
지배 형태 (규범적 비판)	계급 지배	⇨	젠더 지배	자연 지배	인종적·제국주의적 지배	정치적 지배
정치적 투쟁 형태 (정치적 비판)	계급 투쟁	⇨	젠더 투쟁	생태 투쟁	반인종주의·반제국주의 투쟁	민주주의 투쟁
투쟁들 사이의 관계	자본주의 반대 투쟁	⇨	식인 자본주의 반대 투쟁			

* 화살표는 확장과 구조적 결합을 의미한다.

프레이저가 자본주의 개념을 확장하여 식인 자본주의 개념을 구성하는 방식을 도식적으로 정리하면 〈표 2〉와 같다. 그는 식인 자본주의의 관점에서 "마르크스적 관점을 비판적 이론 작업의 다른 해방적 흐름들, 즉 페미니즘, 생태 이론, 정치 이론, 반제국주의·반인종주의와 연결해야만 한다."라고 말하고 있는데, 사실 이러한 이론적 시도는 이미 마르크스주의 이론 내외부에서 다양하게 이루어져

왔다(프레이저, 2023: 55). 여기서 중요한 것은 프레이저가 이러한 다양한 흐름을 '자본주의 개념의 확장'이라는 시각에서 결합하려는 사유 방식이다.

앞서 보았듯이 프레이저가 자본주의를 '경제'가 아닌 '사회'의 한 유형으로 보아야 한다고 말하는 이유는 무엇보다도 현대 자본주의 사회를 이해하려면 자본주의의 '경제 외적 기둥들'을 자본주의의 정의에 포함하지 않으면 안 된다고 보기 때문이다. 나아가 그는 다음과 같이 말한다. "현 국면의 모든 억압과 모순과 갈등을 단일한 틀 안에 모아"야 한다. "이 틀에서 구조적 불의란, 계급 착취만이 아니라 젠더 지배, 인종적·제국주의적 억압까지 뜻한다. 젠더 지배와 인종적·제국주의적 억압은 사회적 재생산을 상품생산에 종속시키고 인종화된 수탈을 통해 수익성 높은 착취를 달성하고자 하는 사회질서의 필연적 산물이다. 자본주의 체계의 모순 역시 경제 위기만이 아니라 돌봄, 생태계, 정치의 위기를 함께 불러들이는 경향이 있으며, 현재 이들 위기는 신자유주의로 알려진 대기업의 폭식이 오랫동안 계속된 탓에 그 정점에 이르러 있다."(프레이저, 2023: 20-21).

결론적으로 프레이저는 이 모든 억압과 갈등과 위기의 근원에는 신자유주의와 자본주의가 있으며, 이것은 오늘날의 자본주의가 곧 착취를 넘어 수탈로 나아가면서 재생산의 영역, 자연의 영역, 타자의 영역을 잠식하는 확장된 자본주의, 즉 '식인 자본주의'임을 보여준다고 말한다. 그리하여 '식인 자본주의'는 모든 영역의 모순/위기/갈등을 단일한 틀에서 통합적으로 설명해 주는 중심 개념이 된다. 그렇다면 마르크스주의의 전통적인 경제 중심 자본주의 개념을 경제와 경제 외부를 포괄하는 식인 자본주의 개념으로 확장하는 이론적 전략은 과연 다원적 위기, 모순, 갈등을 잘 분석하고 또 설명하고 있는 것일까?

3. 비생산/비시장 영역의 다원성과 '식인 자본주의 환원주의'

마르크스의 토대/상부구조 장소론이 가지는 이론적 유용성은, 무엇보다도 경제적 토대 영역(층위)이 정치적·이데올로기적 상부구조 영역(층위)에 얼마나 중대한 영향을 미치는지 분석하고 설명할 필요성을 제기하는 데 있다. 이것은 다양한 영역들이나 요소들 사이의 인과성에 관한 질문이다. 그렇다면 프레이저처럼 경제(시장) 영역의 모순/위기와 비경제(비시장) 영역의 모순/위기를 식인 자본주의 개념을 통해 통합적으로 설명하는 이론적 전략은, 이런 맥락에서 인과성 문제에 어떤 대답을 내놓을 수 있을까?

생산 영역의 확장으로서 재생산 영역과 인과성의 문제

앞서 우리는 마르크스주의자 알튀세르가 인과성 문제를 해명하기 위해 '구조적 인과성'과 '중첩결정' 개념을 도입했음을 살펴보았다. 이런 맥락에서 알튀세르는 토대와 상부구조 사이의 인과성에 관한 질문을 재생산 이론을 통해 구체적으로 해명하려고 하였다. 자본주의 체계는 존속을 위하여 우선 경제의 재생산, 즉 '생산관계의 재생산'을 지속해야 하는데, 이것을 보증해 주는 것은 무엇보다도 경제(생산관계) 외부의 요소들, 즉 정치적·이데올로기적 상부구조들이다. 여기서 알튀세르는 무엇보다도 국가권력의 작동, 그 가운데서도 억압적 국가기구(군대, 경찰 등)가 아닌 이데올로기적 국가기구(교회, 학교, 대중매체 등)를 통한 국가권력의 작동이 생산관계(와 계급관계)의 재생산에 핵심적인 역할을 한다는 점을 강조한다. 사회(사회 형성체)의 재생산은 기본적으로 생산관계의 재생산을 통해 지속되는데, 이때 생산관계의 재생산은 생산관계 외부(상부구조), 특히 이데올로기적 국가기구에 의해 보증되며, 이렇게 하여 자본주의 사회 전체의 재생산이 이루어진다(알튀세르, 1991).

물론 토대/상부구조 장소론에 의지하여 인과성이나 결정의 문제를 해명하려는 알튀세르의 사유는 경제 환원주의를 넘어서기는 하지만, 여전히 계급 중심적 사고에 머물러 있어서 비계급적인 모순들과 적대들을 설명하기에는 적합하지 않다. 그래서 알튀세르와 달리 프레이저는 다원화한 현대사회에 어울리는 문제틀을 찾고자 하는데, 여기서 인과성이나 결정의 문제는 알튀세르의 질문과 완전히 달라진다. 그것은 경제 환원주의보다는 이제 "경제 중심주의냐, 다원성의 인정이냐?"라는 형태로 제기된다. 따라서 알튀세르와 프레이저는 모두 '재생산'의 문제를 제기하지만, 그 의미는 완전히 다르다. 알튀세르가 말하는 '경제 외부'의 재생산 영역이 정치적·이데올로기적 상부구조라면, 프레이저가 말하는 '경제 외부'의 재생산 영역은 돌봄, 가사노동, 복지국가, 자연과 같은 영역들이다.

그래서 프레이저는 자본주의 경제를 '생산 영역'(자본주의-시장)과 그 외부로서의 '재생산 영역'(자본주의-비시장 또는 비자본주의)으로 구분하면서, 주로 생산 영역 내부 문제만을 다루려고 했던 기존의 착취 이론을 확장하여 재생산 영역이 자본주의 체계의 유지와 확장에 기능하는 방식을 보여주어야 한다고 주장한다. 그래서 "자본주의 사회는 규범적으로 분화되고 각자 구별되면서도 상호 관련된 사회적 존재론들의 확고한 다원성을 포괄한다."라는 사고에서 출발하면서, 생산 영역과 재생산 영역 사이의 인과성 문제를 해명하려고 한다(프레이저, 2023: 57)

프레이저가 경제 중심주의를 넘어서는 방식은 생산과 재생산의 영역 구분에 상응하여 '상품화'와 '비상품화'의 영역 구분을 제시하는 데에서 시작한다. 이것은 경제와 경제 외부, 시장과 시장 외부의 차이를 부각하는 것이다. 그래서 경제-시장-상품 중심주의에서 벗어나려면 자본주의 사회에서 상품화가 결코 보편적이지 않음을 이해해야 하며, 오히려 상품화는 '비상품화' 영역에 의존하고 있음을 이해해야 한다고 강조한다. 특히 "사회적이든 생태적이든, 혹은 정치적이든 이 비상품화 영역들 가운데 어떤 것도 상품 논리를 단순하게 반영하지는 않는다. 각 영역은 서로 다른 고유한 규범적·존재론적 문법을 담고 있다." 프레이저는 비경제, 비상품화 영역들에서 이루어지는 네 유형의 실천들, 즉 재생산을 지향하는 사회적 실천, 정치를 지향하는 실천, 자본주의의 배경 조건으로서 비인간 자연과 결부된 실천, 수탈과 결부된 (수탈에 맞선 저항과 결부된) 실천 등은 '비경제적 규범'을 내포하고 있는데, 이것은 자본주의적 가치들—성장, 효율성, 등가교환, 개인의 선택, 소극적 자유, 능력주의적 출세 등—과 멀리 떨어져 있음을 강조한다(프레이저, 2023: 56-57).

그렇다면 이처럼 다원적인 비상품/비경제 영역들은 상품/경제 영역들과 어떻게 연계되어 있는가? 프레이저는 "'경제적 체계'를 가능하게 하는 '비경제적' 배경 조건을 논해야 한다."라고 말하면서 자본주의가 점점 더 삶의 상품화를 밀어붙인다는 널리 퍼진 생각에 맞서고자 한다(프레이저, 2023: 55). 자본주의를 상품화 논리 속에서만 사유하면 비상품, 비시장 영역의 삶이 자본주의와 어떻게 연계되는지를 보여주기 어렵기 때문이다. 그래서 그는 시장이 개인들을 전통사회로부터 해방해 주는 측면이[4] 있음에 주목하면서도, 동시에 '반(semi)-프롤레타리아화'의 문제를 지니고 있음에 주목한다. 한편에서는 시장의 영향권 바깥에는 자급 활동, 비공식 호혜 활동, 공적 이전소득(복지수당, 사회서비스, 공공재 등) 등 다양한 비시장적 활동들이 존재하면서도, 다른 한편에서는 여성의 가사 활동처럼 남성의 시장 고용을 유지할 수 있게 하여 자본주의를 지탱하는 종속적인 비시장 활동도 존재한다는 점을 보여주려고 한다(프레이저, 2023: 35-37). 여기서 전자에서는 비상품화 영역들의 상대적 자율성을 강조하는 듯하지만, 후자에서는 그 종속성을 강조한다. 여기서 후자는 1980년대에 제3세계 자본주의의 특수성을 설명하기 위해 둘 이상의 생산양식이 서로 연계되어 있음을 보여주고자 했던 '생산양식 접합 이론'을 떠올리게 한다(박재묵, 1984).

4_ 프레이저는 '시장의 해방적 측면'을 언급하고 있는데, 여성이 임금 노동(생산 영역)에 진출함으로써 전통적 친족관계에서 벗어날 수 있었던 것이 곧 대표적인 시장의 해방적 계기였다. 물론 프레이저는 이러한 해방을 추구했던 사회주의 페미니스트들이 다시 이중구속에 봉착했다고 지적하고 있는데, 남성 지배가 고착된 사회 보호의 축과 사회적 재생산을 경시하는 시장화의 축 어느 것도 만족스럽지는 못했다는 것이다(프레이저, 2023: 130). 결국 여기서 우리는 사회적 맥락에 따라 시장화가 해방적일 수도 있고 비시장, 비상품 영역의 공적 보호(탈상품화)가 해방적일 수도 있음을 알 수 있는데, 프레이저는 사회민주주의적 복지국가에서 재생산 영역의 보호가 주변부 수탈과 생태 파괴에 기초하고 있는 것이어서, 결국은 자본주의 모순—식인—에서 벗어날 수 없음을 강조하고 있다.

프레이저는 비시장적 수탈이 자본의 시장 착취를 뒷받침하는 면을 보여주면서, 먼저 "자본주의 사회의 '시장화된 측면'과 '비시장화된 측면'이 '공존'한다는 것이다. 이는 예외적 현상이나 우연적인 경험이 아니라 자본주의의 유전자(DNA)에 각인된 특징이다."라고 말한다. 그리고 더 나아가 '공존'은 이 둘의 관계를 포착하기에 약한 단어이며, 기능적 중첩이나 종속이라는 말조차도 그 관계를 제대로 보여주지 못한다는 점을 강조한다. 그래서 그는 이러한 관계를 보여주는 가장 훌륭한 표현이 바로 식인(cannibalization)이라고 말한다(프레이저, 2023: 37). 여기서 식인은 비시장, 비상품화 영역들의 상대적 자율성이나 공존과 중첩을 인정하지 않으면서, 시장과 상품화 영역이 비시장과 비상품화 영역을 집어삼키는 현실을 보여주는 '포섭과 통일의 논리'가 된다. 말하자면 시장/상품화 영역이 비시장/비상품화 영역의 성격이나 형태를 결정한다는 논리이다.

구조화된 복합적 전체로서 자본주의와 환원주의의 귀환

프레이저는 "자본주의가 경제적 체계도 아니고, 윤리적 삶의 사물화된 형태도 아니라면, 그럼 도대체 무엇이라는 말인가?"라고 반문하면서, "자본주의를 '제도화된 사회질서'로 바라보는 것이 가장 훌륭한 이해라는 게 나의 답이다."라고 말한다. 이러한 시각에서 그는 자본주의가 구조적 분할, 제도적 분리들—경제적 생산과 사회적 재생산의 제도적 분리, 정치와 경제의 분리, 자본주의의 '자연적'(비인간) 배경과 '인간적'(외관상 비자연) 전경의 분리, '착취'와 '수탈'

의 분리—에 바탕을 둔 '제도화된 사회질서'임을 강조하는데, 이렇게 말하는 것은 "자본주의가 젠더 지배, 생태계 악화, 인종적·제국주의적 억압, 정치적 지배와 구조적으로 중첩되어 있다고 주장하는 것이다. 물론 이것은 이들 모두가 자본주의의 전경에서 드러나는 임금노동의 착취 역학과 구조적으로 결부되어 있음을 주장하는 것이기도 하다."(프레이저, 2023: 57-59)

여기서 구조적 중첩이나 구조적 결부라는 표현은 '구조화된 복합적 전체'라는 알튀세르의 문제틀을 떠올리게 한다. 알튀세르가 자본주의 사회를 경제, 정치, 이데올로기 등의 영역들이 복합적으로 얽혀 있는 구조적 전체로 묘사하듯이, 프레이저는 식인 자본주의 사회를 생산/시장/상품 영역과 비생산/비시장/비상품 영역들이 복합적으로 얽혀 있는 구조적 전체로 묘사하고 있는 셈이다. 이처럼 구조화된 복합적 전체에서 알튀세르는 경제를, 프레이저는 생산/시장을 중심 영역으로 설정하고 있다. 하지만 앞서 언급했듯이, 인과성이나 결정의 문제를 사고하는 방식은 다르다. 알튀세르가 '최종심급에서 경제에 의한 결정'을 강조하면서도 중첩결정의 상대성/우연성을 열어놓고 있다면, 프레이저는 '자본주의'를 경제 영역에서 비경제적 영역으로 확장하면서 확장된 자본주의가 '토대를 이루는 구조'가 된다고 주장한다. 이것은 구조화된 복합적 전체를 '확장된 자본주의', 즉 '식인 자본주의'로 통합하고, 이것을 토대-구조로 규정함을 의미한다. 이에 따라 새로운 환원주의적 사유가 등장한다.

프레이저는 "비상품화 영역들이 상품 논리를 단순하게 반영하지 않는다."라고 분명히 말한다. 이 영역들은 각각 고유한 규범적·존재론적 문법들을 가지면서, 돌봄, 상호 책임, 연대의 이상을 낳기도 하고, 민주주의, 공적 자율성, 집단 자결권의 원칙들을 제기하기도 하고, 생태계 보살피기, 자연의 비지배, 세대 간 정의 같은 가치들을 장려하기도 하고, 통합이나 공동체 자율성의 가치를 부르짖기도 한다는 것이다. 그렇지만 이러한 다원성의 토대를 이루는 구조가 있고, 이로부터 자본주의의 독특한 규범적 지형이 등장한다. 그것은 바로 "젠더 지배, 생태계 악화, 인종적·제국주의적 억압, 정치적 지배와 구조적으로 중첩되어" 있는 자본주의라는 '제도화된 사회질서'이다(프레이저, 2023: 56-59).

결론적으로 그는 자본주의의 '비경제적' 영역들은 자본주의 경제를 가능하게 하는 배경 조건 구실을 하기도 하고, 또 고유한 무게와 성격을 지니면서 반자본주의 투쟁에 자원을 제공할 수도 있지만, 결국 "자본주의 사회의 본질적 부분으로서, 역사적으로 자본주의 경제와 화합하며 서로를 구성해 왔고 이러한 공생관계가 각 영역에 자취를 남기고 있다."라고 주장한다(프레이저, 2023: 56-57, 64). 이것은 부분적 요소들(비경제적 영역들)이 구조화된 복합적 전체(확장된 자본주의=식인 자본주의)에 의해 결정된다고 하는 새로운 형태의 결정론 또는 환원주의 사유이다. 이처럼 '자본주의 경제가 중심이 되는 전체 구조'가 비경제적 부분들을 결정한다는 환원주의적 사고는 '구조화된 복합적 전체'라는 열린 사유와 어울리지 않는다.

물론 프레이저는 생태-기후 위기와 관련해서 "자본주의가 우발적이지 않은 방식으로 기후변화를 조종한다고 해서 생태 위기가 자본주의 사회에서만 발생한다는 것은 아니다."라고 말한다(프레이저,

2023: 159). 자본주의 이전 사회나 현실 사회주의 사회에서도 환경문제는 존재한다는 것이다. 그런데 여기서 중요한 점은 이들의 경우는 무지나 세계관의 문제였을 뿐 체계에 내재하는 역학에서 비롯된 것은 아니었다는 사실이다(프레이저, 2023: 159-160). 말하자면 프레이저는 이들 사회에서는 환경문제가 체계의 본질적 부분으로 통합해 있지 않았던 반면에, 자본주의 사회에서는 생태 위기나 환경문제가 자본주의 전체 체계와 구조적으로 결합해 있는, 체계에 내재하는 역학의 산물임을 말하고 싶은 것이다.

프레이저는 자본주의 사회의 경제적 모순이 다른 사회적 모순들과 연계되어 있음을 강조한다. 식인 자본주의에서는 자본주의의 경제적 축적 논리가 자신의 필요불가결한 사회적 조건인 재생산 영역을 잠식함에 따라 이 영역에서 위험/위기를 낳게 된다는 것이다. 이것은 자본주의의 경제적 모순이 재생산 영역의 사회적 모순으로 확장됨을 의미한다. 여기서 프레이저는 다음과 같이 말한다. "마르크스주의자들이 강조한 경제적 모순과 마찬가지로, 이 사회적 모순 역시 위기 경향의 토대 구실을 한다. 하지만, 이 경우에 문제는 자본주의 경제 '내부'가 아니라 생산과 재생산을 분리하는 (그러면서 연결하는) '경계'에 위치한다."라고 말한다. 여기서 사회적 모순은 "경제-내부도 가정-내부도 아닌, 두 영역에 각기 존재하는 규범적 문법 및 행동 논리 사이에서 충돌을 야기한다. …… 축적을 확대하려는 자본의 충동이 사회적 토대에서 벗어나 이와 충돌하기 시작할 때 모순은 첨예해진다. 이런 일이 벌어지면, 경제적 생산의 논리가 사회적 재생산의 논리를 압도함으로써, 자본이 의존하는 바로 그 과정이 불안정에 빠지며, 장기간 축적을 지속하는 데 필요한 사회적 역량이 가정 영역에서든 공적 영역에서든 손상을 입는다. 자본축적이 이뤄질 수 있게 하는 그 조건을 파괴하면서 자본축적 역학은 마치 우로보로스를 흉내 내듯 자기 꼬리를 먹는다."(프레이저, 2023: 121-122).

여기서 자기 파괴와 자기 잠식이라는 프레이저의 식인 자본주의 모순 논리는, 현대성 발전(공업적 성장)의 부정적 결과(위험사회)가 현대성과 자기 대면함에 따라 오히려 현대성의 발전을 제약하게 된다는 벡의 재귀적 현대화 논리와 유사하다. 그리고 체계 내적 모순으로 경제공황(위기)이 발생한다는 마르크스의 자본주의 경제 모순 논리와도 크게 다르지 않다. 차이가 있다면, 자본주의 경제적 위기와 자기 파괴에 대한 마르크스의 분석은 이제 프레이저에게서 식인 자본주의의 사회적 위기—전반적 위기—와 자기 잠식에 대한 분석으로 대체된다는 점이다. 그리하여 경제적 위기의 사회적 위기로의 확장은 〈표 2〉에서 보았듯이, 단지 돌봄이나 가사 활동과 같은 재생산 영역에 한정되지 않고, 생태 영역, 인종적-제국주의적 영역 등으로도 확장된다(프레이저, 2023: 93-105, 158-175, 195-205).

자본주의를 '제도화된 사회질서'로 바라보자고 주장하는 프레이저는, 자본주의 속에서 비경제/비시장/비상품적 영역들이 결국 경제적 영역에서 임금노동의 착취 역학과 구조적으로 결부되고 중첩되어 있음을 확인할 수 있다고 주장한다. 식인 자본주의는 바로 이렇게 '구조적으로 중첩된 자본주의'를 의미한다. 그래서 프레이저는 모든 형태의 자본주의 사회가 심층의 사회 모순이나 위기 경향을 장착하고 있음을 주장한다. 그것은 자본의 무한 축적 충동이 사회-재생산 활동에서 제 살 깎아 먹는 짓을 하도록 만드는 모순이다(프레이저, 2023: 117). 프레이저의 이러한 논리적 분석을 통해 확인할 수 있는 것은, 식인 자본주의 개념은 일견 다원성과 차이들을 포괄하는 다원적 분석을 제공하고 있는 것처럼 보이지만, 결국에는 심층의 사회적 모순의 근원으로서 '식인 자본주의'라고 하는 단일한 구조 안에서 모든 것들을 설명할 수 있다는 주장으로 귀결된다는 사실이다. 모순들은 그 다원성에도 불구하고 구조화된 복합적 전체로서의 식인 자본주의 체계 속에서 통일되며, 그 중심에는 자본주의의 확장 논리가 작동한다는 주장인데, 이것은 결국 자본주의 경제가 중심이 되는 '식인 자본주의'를 토대-구조 또는 본질로 규정하는 환원주의적 사고를 끌어들이는 결과를 낳는다.

식인의 논리는 어떻게 환원주의로 귀결하는가?

다음과 같은 질문들을 던져보자. 다원적 모순, 위기, 적대를 그 다양성과 차이에도 불구하고 '식인'이라는 통일된 논리로 설명할 수 있을까? 계급 착취와 인종적 수탈의 관계는 자본주의적 식인 논리로 통합하여 설명될 수 있는가? 자본가계급이 인종적 수탈을 자행하는 식인종이라고 해서, 노동자계급은 인종적 수탈과 전혀 무관한 계급이 되는가? 자본가계급이 재생산 영역에서 여성의 돌봄 노동이나 가사 노동을 수탈에 이용한다고 해서, 노동자계급은 여성 노동의 수탈에서 자유로운 존재라고 말할 수 있는가? 자본주의가 자연 자원을 과도하게 채굴하고 생태계를 파괴한다고 해서, 그 책임을 모두 자본가계급에만 돌릴 수 있는가? 노동자들은 자본의 성장주의와 소비주의로부터 전적으로 자유로우며, 자본의 논리나 자본가의 의지에 종속된 수동적 존재이자 피해자에 불과한가? 그리고 성적·인종적 지배와 억압은 항상 착취나 수탈과 연결되어 있는가? 국가가 재생산 영역 보호를 위해 사회복지를 확대하거나 생태환경 보호를 위해 투자하는 행위도 결국은 식인 자본주의를 돕는 일에 불과한 것인가?

오늘날 프레이저와 같이 생태 위기나 기후 위기를 자본주의 경제순환 과정과 결합하여 설명하려는 시도는 확실히 많은 문제를 해명하는 데에 도움을 준다. 그렇지만 생태 위기나 기후 위기를 모두 자본주의의 내적 경향으로 설명하는 것은 전혀 타당하지 않다. 생태 위기는 자연 자원의 사용량이 늘어나고 자연환경을 오염하고 파괴한 결과인데, 여기에는 공업적 생산방식(공업주의)의 확대, 성장주의와 소비주의의 확산, 인구의 증가 등도 영향을 미쳤다. 이것들은 자본주의의 영향을 받고 있지만, 전적으로 자본주의의 산물이라고 단정할 수는 없다. 과학기술의 발달에 기초한 공업적 생산방식의 확대로 대량생산과 대량소비 체제를 이룬 것을 오직 자본의 욕구와 의지로만 설명할 수는 없으며, 또한 자본주의를 철폐한다고 공업적 생산방식이 사라지게 되지도 않는다. 그리고 인간의 다양한 소비 욕구를 자본축적의 욕구로 환원할 수도 없다. 생태 위기와 기후 위기는 자본의 탓이기도 하지만 더 많은 성장과 소비를 원하는 시민-소비자들의 탓이기도 하다. 게다가 기후 위기에 대응하여 적극적으로 에너지 전환을 추구하는 정책이나 실천은 자본주의의 착취와 수탈 논리에 역행하는 것들이기도 하다.

한편, 인구의 감소 역시 생산과 소비를 감소시켜 생태 위기나 기후 위기를 완화할 수 있는데, 여기서 출산율 감소를 자본주의 사회의 본질적 경향이라 말하기는 어렵다. 특히 한국 사회의 출산율 감소는 민주화 이후 여성들의 권리의식 성장, 성차별적·가부장적 문화에 대한 저항과 결혼 기피 현상 등의 영향이 크다고 할 수 있는데, 이것들을 자본주의 모순의 산물로 설명하기는 어렵다. 비록 자본주의 시장 논리의 영향을 받고 있다고 하더라도 말이다.

종족적·인종주의적 지배가 역사적으로 끊임없이 약화해 왔다는 사실도 자본주의적 착취와 종족적·인종주의적 수탈이 식인 자본주의 속에서 구조적으로 통일되는 경향을 보여준다고 주장하기 어려운 이유들 가운데 하나이다. 역사적으로 제국주의 나라들이 군사·외교적 지배에서 경제적 지배로 중심을 이동하면서 여전히 자본주의적 착취와 수탈을 지속하는 면이 있다고 하더라도, 독립 국가들과의 관계에서 이러한 지배가 일방적으로 지속되고 있다고 말하기 어려우며, 개발도상국이나 저개발국에서 기존의 일방적 지배와 수탈에서 벗어나는 사례들이 나타나고 있다는 사실도 식인의 논리를 일방적으로 적용하기 어려움을 보여준다.

사회적 재생산 영역에서 돌봄에 대한 공적 지원이 강화되고 또 의료, 교육, 고용, 연금 등에 대한 공적 지원이 확대되어 온 것은 오히려 자본주의적 착취와 수탈의 강화나 자본가계급의 식인 논리와 반대되는 경향이다. 신자유주의적 세계화가 개별 국가 단위의 복지제도를 시장화하며 약화하는 경향이 있지만, 공공복지와 생태적 현대화를 위한 국가의 공적 권력 확대를 요구하는 시민들의 목소리가 현저히 약화했다는 증거는 없다. 이것은 어떤 반대 경향에 의한 변형도 허용하지 않는 자본주의 착취와 수탈 논리의 일방적 작동은 존재하지 않음을 말해준다.

또한 인종적-종족적 수탈의 경우, 자본주의가 인종차별을 이윤 증대에 이용할 수는 있지만 인종차별 자체가 자본주의로 인해 생겨났다고 말할 수는 없다. 게다가 인종 해방을 추구하려는 나라나 집단이 인종차별을 자본주의 탓으로 생각하게 된다고 단정할 수도 없다. 자본주의 이전에도 다양한 인종차별이 존재했고, 현실 사회주의 나라들에서도 인종차별이나 종족 차별이 존재하기도 한다.

역사적으로 대부분의 사회에서 지배 세력은 사회의 다양한 영역을 자신들의 이익에 부합하도록 기존 사회질서에 통합하려고 해왔다. 자본주의 사회도 그 형태가 다를 뿐 마찬가지의 경향을 보여주는 것이다. 그렇다고 해서 이 모든 영역이 하나의 질서 속에 안정적으로 통합해 있다고 말할 수는 없다. 이들은 지배적인 사회질서에 영향을 받아 변형되기는 하지만, 궁극적으로는 서로 다른 조건, 목적, 필요, 기능, 가치, 작동 규칙 등을 지니고 있기 때문이다. 그러므로 결국 계급 착취의 분할선과 성적·가부장적 지배, 인종적 수탈, 생태적·환경적 지배 등의 분할선은 서로 일치하기 어려우며, 자본가계급만이 아니라 노동자계급도 가부장적, 인종적, 환경적 지배와 수탈의 주체가 될 수 있고 또 실제로 되기도 했다. 따라서 프레이저의 주장처럼 경제적 착취와 비경제적 수탈을 동시에 당하는 시민-노동자의 존재를 보여준다고 해서, 이들이 착취와 수탈이 단일한 논리로 통합해 있는 자본주의 체계에서 늘 어느 영역에서든 피착취자, 피수탈자로 살아가게 되는 것은 아니다(프레이저, 2023: 104).

결론적으로 프레이저가 식인을 다양한 영역에서 이루어지는 자본주의적 착취와 수탈의 통일적 논리로 설명하고, 또 자본가계급만이 우월적·지배적 주체가 된다고 설명하려는 것은, 모순과 적대의 다원성과 이들의 상대적 자율성을 인정하지 않으려는 논리라고 말할 수 있다. 자본주의의 경제적 모순/위기와 성적·생태적·인종적 모순/위기가 현실적으로 단일한 체계 논리 속에서 통합적으로 설명될 수 없는 다양한 중첩 양상을 보여주고 나아가 식인 자본주의의 모순과 위기에 반하는 경향의 사례들이 존재함에도 불구하고, 이들 가운데에서 식인 자본주의 논리에 정합적인 사례들만 찾아서 통합적 설명 체계를 구성하려는 것은 '반대 사례 무시'이자 '확증 편향'에 해당한다. 이것은 결국 다양한 개별적 모순의 영역들을 구조화된 복합적 전체로서의 '(식인) 자본주의'로 환원하여 설명하는 것을 부적절하게 정당화하려는 시도일 뿐이다. 이런 점에서 프레이저의 식인 자본주의 이론은 '식인 자본주의 환원주의'라는 또 다른 형태의 환원주의로 귀결된다고 하겠다.

나아가 프레이저는 토대-구조로서의 '식인 자본주의' 개념으로 생산 영역과 재생산 영역의 내부적 얽힘을 설명하고 있지만, 이것은 생산관계(경제)의 재생산을 상부구조(정치, 이데올로기 등)와의 중첩 결정을 통해 설명하는 알튀세르의 '구조화된 복합적 전체'의 사유와는 차이가 있다. 물론 프레이저가 정치적 투쟁과 국가의 문제를 다루고 있기는 하지만, 여기서도 식인 자본주의 체계에 논리적으로 종속되어 있음을 보여주려고 한다는 점에서 여전히 마르크스주의 경제(토대) 환원주의에서 벗어났다고 말하기는 어렵다고 하겠다.

4. 식인 자본주의 이론의 강한 기능주의

앞에서 우리는 프레이저가 식인 자본주의 안에서 경제/생산 영역과 비경제/비생산 영역이 구조적으로 중첩되어 있다고 말한 것이, '구조화된 복합적 전체'라는 알튀세르의 문제틀과 유사하다고 말한 바 있다. 프레이저는 식인 자본주의 체계 내에서 경제/생산 영역과 비경제/비생산 영역의 관계를 해명하기 위해 구조적 중첩에 주목하는데, 여기서 자본주의 경제/생산 영역 중심의 구조적 중첩과 통일을 설명하는 방식은 무엇보다도 '기능주의'(functionalism) 논리에 의존하고 있음을 알 수 있다.

사실 알튀세르가 마르크스주의의 '선형적 인과성' 또는 '본질주의', '환원주의' 경향을 넘어서기 위해 제시한 것이 '구조적 인과성' 또는 '구조화된 복합적 전체'의 문제틀이며, '경제결정론' 또는 '경제 환원주의'을 대체하고자 한 문제틀이 바로 경제와 정치, 이데올로기 사이의 '중첩결정'과 '최종 심급에서 경제에 의한 결정'이다. 이것은 '구조에 의한 요소들의 복합적 결정'을 보여준다(정태석, 1991: 169-170). 프레이저 역시 단순한 결정론 또는 환원주의 혐의에서 벗어나기 위해 '구조적 중첩'을 강조한다. 그런데 구조적 중첩의 구체적 기제(mechanism)를 보여주기 위해 프레이저가 도입하는 설명 논리는 바로 '기능주의'이다.

비경제적 영역들 모두를 식인 자본주의 논리 속에서 통일적으로 설명하려면 무엇보다도 경제와 경제 외부가 구조적으로 결합해 있는 하나의 통합된 체계임을 보여주어야 하는데, 이처럼 체계의 통합성을 입증하기 위한 가장 손쉬운 설명 방식이 기능주의이다. 여기서 '약한 기능주의'는 한 체계를 구성하는 각각의 요소들이 그 체계의 존속을 위해 기능한다고 하는 일반적인 설명을 제공한다. 그런데 '강한 기능주의'는 그 요소들의 존재 이유가 바로 그 체계를 위한 기능 자체에서 있다고 설명하려고 한다.

프레이저의 식인 자본주의 이론은 우선 '약한 기능주의' 논리에서 출발한다. 그래서 경제 영역과 비경제 영역들은 모두 식인 자본주의 체계를 구성하는 요소들로서 식인 자본주의의 존속을 위해 기능한다고 설명한다. 이런 방식의 기능주의 논리의 원형은 사실 20세기 초중반의 미국 사회학자 탤컷 파슨스(Talcott Parsons)에게서 볼 수 있다. 파슨스는 주어진 환경 속에서 체계가 존속하려면 네 가지 기능적 필요 요건들이 충족되어야 한다고 말하면서, 적응(Adaptation), 목표 달성(Goal Attainment), 통합(Integration), 잠재적 유형 유지(Latency, Pattern maintenance) 등을 제시한다. 이러한 기능들은 각각 경제, 정치, 사회, 문화라는 하위체계들에 의해 수행된다. 'AGIL 이론'으로 불리기도 하는 파슨스의 이 이론은 구조기능주의 체계 이론이라 할 수 있다. 파슨스는 사회질서가 네 하위체계들이 각각의 기능을 잘 수행함으로써 유지된다고 말한다. 특히 그는 체계 전체의 통합을 위해서 개인들에게 규범과 가치를 제공하는 문화 체계의 기능이 무엇보다도 중요하다고 주장한다(크레이브, 1989).

파슨스 체계 이론의 관점에서 보면, 프레이저의 식인 자본주의 이론에서 생산(경제) 영역과 재생산(비경제) 영역은 모두 식인 자본주의 체계의 존속에 필요한 기능을 하는 하위체계들이다. 그래서 프레이저는 파슨스와 유사하게 재생산 영역을 비롯한 비경제적 영역들이 착취와 수탈의 결합을 통해 실질적으로 식인 자본주의라는 통합적 체계를 형성하고 있다고 보면서, 비생산 영역들은 생산 영역의 유지를 위한 기능적 필요 요건임을 강조한다. "자본주의 경제에 꼭 필요한 조건인 이러한 '비경제적' 심급들은[5] 자본주의에 외재적인 게 아니라 그 자체로 필수불가결한 요소다. 이들을 삭제한 자본주의관은 이데올로기적이다."(프레이저, 2003: 162)

이러한 맥락에서 프레이저는 『식인 자본주의』 결론에서, 그동안 반복해서 언급해 온 네 가지 조건—인종적·제국주의적 수탈, 사회적 재생산 영역에서의 무급·저임금 노동력의 이용, 비인간 자연 자원들의 저렴한 이용, 국가와 여타 공적 권력이 제공하는 공공재의 거대한 구현체—이 모두 자본주의 경제의 필수불가결한 기둥이며, 모두 축적의 필수조건을 이룬다고 말한다. 또한 자본주의의 공식적 제도(임금노동, 생산, 교환, 금융) 이면에는 꼭 필요한 기둥들과 함께 제도를 존립할 수 있게 하는 조건들—가족·공동체·자연, 영토국가·정치조직·시민사회, 그리고 특히 다양한 형태와 엄청난 규모의 무급 피수탈 노동—이 버티고 있다고 말한다. "이 조건들은 근본적으로 자본주의 사회에 필수적인 요소이자 또한 구성적 요소이기도 하다."(프레이저, 2023: 265-268)

그런데 이러한 주장은 이제 '강한 기능주의'로 비추어질 수 있다.

5_ 프레이저는 비경제적 심급들로 사회적 재생산 영역에서의 비임금 노동, 자연에서의 원자재 및 에너지원 확보 등을 제시하고 있다.

그래서 이 점을 우려하면서 프레이저는 "단순히 이 모든 심급이 체계를 지탱하는 데 어떻게 기여하는지 보여주고자 하는 것이 아니다."라고 말한다. 특히 수탈 영역에서의 '비경제적 규범성'에 관한 논의는 기능으로 환원할 수 없는 비판적-정치적 가능성을 잉태하고 있으며, 이것은 '제도화된 사회질서' 안에서 불편하게 공존하는 다양한 이상들을 동원한다는 점에서 자본주의 내부에서의 비판 가능성을 보여주고 있다고 주장한다(프레이저, 2023: 61-62). 이것은 하위 요소들의 역기능을 언급함으로써 기능주의의 혐의에서 벗어나려는 의도를 보여준다.

사실 이러한 대응은 알튀세르가 재생산의 관점에서 "이데올로기가 생산관계의 재생산에 기여한다."라고 설명한 것이 기능주의로 비판받은 데 대해 대응했던 방식과 유사하다. 프레이저가 비판적-정치적 가능성을 강조한 것과 유사하게, 알튀세르도 이데올로기 투쟁의 가능성을 제시하였다. 알튀세르는 이데올로기가 자본주의 사회의 재생산에 기능하기도 하지만, 그 변형/변혁에도 기능할 수 있다고 말하면서 계급투쟁의 관점을 강조한 바 있다. 이와 관련하여 알튀세르의 제자 발리바르는 "마르크스적 변증법은 총체성에 의해 정의되는 것이 아니라 모순에 의해 정의된다."라고 논평하였는데, 이것은 모순이 체계를 총체성의 틀 안에 안정적으로 가두어 둘 수 없도록 하는 현실적 범주임을 말해준다(발리바르, 1989: 286n; 정태석, 1991: 174-175).

이처럼 기능주의적 설명의 문제점에 대응하여 모든 요소가 체계 전체나 주요 요소의 존속/재생산에 긍정적으로만 기능하는 것(순기능)이 아니며 부정적으로도 기능할 수 있다(역기능)는 반론은 의미가 있다. 이것은 파슨스의 기능주의 이론에 대한 비판에 대해 기능주의자들이 제시한 대안이기도 했는데, 어쨌든 알튀세르와 프레이저는 체계 자체가 모순과 갈등, 역기능 등을 내포하고 있다고 본다는 점에서 파슨스의 기능주의 이론과 달리 기능주의적 설명의 문제점을 해결할 수 있는 길을 가지고 있는 셈이다.

하지만 이것만으로는 기능주의 혐의에서 벗어나기에 충분하지 않다. 앞서 보았듯이 프레이저는 식인 자본주의 체계에서 비경제 영역의 네 가지 기둥과 함께 다양한 조건들을 나열하면서 이것들이 자본주의 사회의 존립에 필수적인 구성 요소라고 말한다. 체계를 구성하는 어떤 요소들의 존재가 체계의 작동과 통합을 위해 필수적이라고 주장하는 셈이다. 여기에는 이 요소들이 체계의 존속을 위하여 존재한다는 의미가 포함되어 있는데, 이것은 '강한 기능주의'로 나아가는 길이다.

강한 기능주의는 구성적 요소들이 체계의 존속에 기능하기 위해 존재해야 한다는 당위적 논리를 내세운다. 여기서는 원인과 결과, 존재와 기능의 순서가 뒤바뀐다. 존재하므로 기능하는 것이 아닌, 기능하기 위해 존재해야 한다는 것이다. 말하자면 결과(기능)를 위해 원인(존재)이 필요하다는 역전된 인과관계를 주장하는 것이다(정태석, 2000). 마치 파슨스가 체계의 질서와 통합을 위해 기능적 필요요건들을 충족시키는 하위체계들이 존재해야 한다고 주장하는 것처럼 말이다. 반면에 알튀세르는 '약한 기능주의' 논리를 도입하는 데서 멈춘다. 그는 이데올로기 층위가 생산관계의 재생산에 기능한다고 설명하지만, 그렇다고 해서 이데올로기가 자본주의 생산관계, 나아가 자본주의 사회 전체의 유지를 위한 기능적 필요 요건이라거나 자본주의 사회체계의 존속을 위해 존재한다고 주장하지는 않는다. 게다가 모순을 총체성과 통일성 안에 가두어 두려는 사고에 적극적으로 반대한다. 반면에 프레이저의 식인 자본주의 이론은 모순의 총체성과 통일성을 보여주기 위해 점차 '강한 기능주의' 논리로 빠져든다.

프레이저의 논리대로 말한다면, 봉건적이거나 사회주의적 방식으로 이루어지는 인종적 수탈이 자본주의 사회의 착취와 공존하고 있다면, 이것들도 모두 식인 자본주의 체계의 한 부분으로 보아야 한다. 그렇다면 이러한 인종적 수탈도 모두 식인 자본주의 체계 작동의 구성적 부분이며 필요 불가결한 요소라고 말해야 하는가?

이와 유사한 논리는 사실 월러스틴(Immanuel M. Wallerstein)의 세계 체계 이론(World System Theory)에서 발견할 수 있는데, 그는 자본주의 세계시장에 편입해 있는 비자본주의 나라들도 세계 체계를 구성하는 한 부분으로 보면서, 세계가 단일한 자본주의 시장경제 체계로 존재한다고 주장한다. 그래서 세계시장에 편입된 주변부와 반주변부 나라들은 중심부 자본들의 지배에 종속되어 이윤을 착취당한다. 여기서 반주변부는 중심부와 주변부 사이의 갈등에서 완충지대의 역할을 하며, 주변부에 경제발전의 기대를 제공하는 기능을 한다(박재묵, 1984).

하지만 월러스틴이 주변부나 반주변부 나라들이 세계시장에 편입되어 있으면서 세계 체계의 통합적 작동에 기능한다는 점을 강조하고 있기는 하지만, 이들이 기능적 필요 요건이나 필수적 구성 요소라고 주장하지는 않는다. 지구상에 존재한다는 현실적 조건으로 인해 불가피하게 세계시장에 연결되어 일정한 기능을 하고 있을 뿐이다. 만약 이들이 단순한 구성적 부분이 아니라 '구성적 필요 요건'이라면, 이들 가운데 하나가 사라지는 경우 체계의 작동은 중대한 위기에 빠지거나 해체되어야 한다. 그렇다면 프레이저의 주장처럼, 이제 비경제적 영역들 가운데 하나라도 약화하거나 사라지면, 식인 자본주의는 더 이상 존립하기 어렵게 되는 것일까? 만약 그렇게 말할 수 없다면, 이제 강한 기능주의 논리에 의존하여 식인 자본주의를 단일한 통합적 체계로 규정하려는 프레이저의 사고는 더 이상 설득력이 없다.

5. 통합적 식인 자본주의 체계이론과 포괄적 대항 헤게모니 기획

프레이저가 '강한 기능주의'적 설명을 도입하게 된 것은 식인 자본주의 체계에 대한 통합적 설명을 추구하기 때문이기도 하지만, 이를 통해 통합적 실천 논리를 제시하고자 하기 때문이기도 하다. 통합적 체계이론으로부터 통합적 실천의 필요성을 논리적으로 도출하고자 한다는 것이다. 말하자면 자본주의 개념을 확장하여 '식인 자본주의' 체계라는 통합적 이론을 제시했듯이, 자본주의 체계 변혁 주장을 확장하여 식인 자본주의 체계 변혁을 주장하려는 것이다.

식인 자본주의는 계급투쟁만이 아니라, 이 체계를 구성하는 접합 부위 또는 경제 외적 기둥들과의 관계에서 벌어지는 경계 투쟁 또는 경계영역의 투쟁(boundary struggles)—돌봄 갈등, 인종 갈등/투쟁, 자원/생태 갈등, 공적 권력의 성격을 둘러싼 투쟁 등—을 불러일으킨다. 이처럼 다양한 갈등과 투쟁을 불러일으키는 식인 자본주의 체계에서는 경제 영역의 재편만이 아니라 경제 영역이 식인/잠식 수단으로 삼는 경제 외적 기둥들과의 관계들, 즉 생산과 재생산의 관계, 사적 권력과 공적 권력의 관계, 인간 사회와 비인간 자연의 관계 역시 재편해야 한다. 따라서 식인 자본주의 체계 변혁의 기획은 무엇보다도 복합 위기 전반을 함께 해결할 수 있는 '포괄적 대항 헤게모니 프로젝트'가 되어야 한다(프레이저, 2023: 21-23).

프레이저는 마르크스의 『자본』에서의 비판이 경제 위기를 낳는 자본주의의 내적 경향을 다루는 체계 비판, 지배의 내재적 역학을 다루는 규범적 비판, 해방적 사회변혁의 잠재력을 다루는 정치적 비판 등을 종합적으로 제시하고 있음에 주목한다. 그리고 자신의 비판은 경제 모순에 대한 비판을 앞서 언급한 네 영역의 모순에 대한 비판으로 확장하는 것임을 강조한다. "체계-위기 비판에는 마르크스가 논의한 경제적 모순만이 아니라 앞에서 논의한 네 가지 영역의 모순—생산과 재생산의 모순, 사회와 자연의 모순, 경제와 정치의 모순, 착취와 수탈의 모순—이 포함되는데, 이 모순들은 사회적 재생산, 생태계, 정치권력, 수탈을 위태롭게 함으로써 자본축적에 필요한 배경 조건을 불안정하게 만든다."(프레이저, 2023: 66-67)

이처럼 사회적 재생산(돌봄), 생태계, 인종적-제국주의적 억압의 영역들이 자본주의와 서로 구조적으로 밀접히 연결되어 있음을 보여주면서, 프레이저는 자본주의가 '공공의 적'이라는 사실을 입증하려고 한다. 그는 우선 사회적 재생산 영역에서 돌봄 위기 또는 돌봄 긴장이 바로 금융화된 자본주의에 내재한 사회-재생산 모순의 첨예한 표현이라고 보면서, "신자유주의만이 아니라 자본주의 자체가 변혁되어야만 한다."라고 주장한다. 돌봄 위기는 결국 무한히 축적하려는 자본의 충동이 사회-재생산 활동들을 잠식/수탈한 결과인데, 전통적 노동운동도, 진보적 신사회운동도 사회적 재생산을 보호해 주지 못하면서 사회적 재생산을 둘러싼 경계 투쟁들이 분출하고 있다. 이러한 위기와 갈등의 해결은 해방과 사회 보호 모두를 유지하는 새로운 동맹을 통해 가능한데, 이를 위해서는 "재생산을 탐욕스럽게 생산에 종속시키는 금융화된 자본주의의 극복"이라는 심대한 구조적 변혁이 필요하다(프레이저, 2023: 116-117, 144-147).

물론 이러한 상황은 사회적 재생산 영역에만 국한되지 않는다. 프레이저는 단일한 환경 쟁점에만 집중하는 고고한 환경주의는 '부자들의 환경주의'일 수밖에 없었다면서, "소비주의 경제의 정상적·합법적 작동을 당연시하면서 생태계 남용만 지적하는 시각의 한계 등을 고민하지 않았던 것"을 비판하면서, "일시적 미봉책 이상의 해법이 되려면, 자본의 지배권을 (철저히 폐지하지는 않더라도) 엄격하게 제약하는 방향에서 경제/자연 결합체를 심층적으로 재편해야 한다."라고 주장한다(프레이저, 2023: 205, 207-209). "환경정의 운동이 서발턴(subaltern)이 겪는 생태적 위협의 불평등에만 주로 초점을 맞추는 데 머물러 있는 한, 이 운동은 사회적 체계의 근원적인 구조적 역학에 충분히 귀 기울이지 못하게 된다. 소득 불평등을 낳을 뿐만 아니라 지구는 말할 것도 없고 만인의 안녕을 위협하는 전반적 위기를 낳는 체계 말이다. 따라서 환경정의 운동의 반자본주의는 아직은 충분히 실질적이지 못하며, 환경주의를 넘어서려는 입장 역시 아직은 충분히 심층적이지 못하다."(프레이저, 2023: 210).

이처럼 프레이저는 다양한 사회운동이 부분적 영역에 머물러 있는 사고를 넘어서서 자본주의의 맥락에서 서로 얽혀 있는 점을 사고할 것을 강하게 요구한다. 그리고 이러한 통합적 사고를 통해 이들의 실천적 연계와 연대를 모색해야 한다고 주장한다. "진정한 대항 헤게모니가 되려면, 이 새로운 생태 정치적 상식은 '단지 환경적이기만 한' 수준을 넘어서야 한다. 전반적 위기를 빠짐없이 다룸으로써 생태적 진단을 다른 중대한 관심사들과 연결해야 한다. 이를테면 생계 불안정과 노동권의 부정, 사회적 재생산에 대한 투자 철

수와 돌봄 활동에 대한 오래된 평가, 종족적-인종적-제국주의적 억압과 젠더·성 지배, 이주민의 박탈·추방·배제, 정치적 권위주의, 정치적 야만성 등과 연결해야 한다. 이런 관심사들은 분명히 기후변화와 얽혀 있으며, 이를 통해 악화된다." "자본주의는 기후 위기의 사회-역사적 조종자이며, 따라서 기후 위기를 중단시키기 위해 해체해야 할 핵심적인 제도적 역학이다. 그러나 이렇게 정의된 자본주의는 계급 착취와 인종적-제국주의적 억압, 젠더·성적 지배에 이르는 외관상 비환경적인 사회 불의의 형태들과 깊이 중첩되기도 한다."(프레이저, 2023: 155-156)

프레이저는 자본주의적으로 조직된 사회는 그 유전자(DNA) 안에 생태적 모순을 담고 있으며, 자본주의 사회는 생태 위기를 몰고 오는 내적 경향을 장착하고 있음을 인식해야 한다고 주장하고 있다(프레이저, 2023: 167). 이것은 다른 모순/위기에도 마찬가지이다. 그리하여 그는 진정한 대항 헤게모니 블록을 형성하기 위해서는 위기의 모든 측면을 다루고 또 환경적 측면과 비환경적 측면 사이의 연계를 드러내야 한다는 점을 강조한다. 그리고 체계의 다양한 위기/모순/억압이 서로 연결되어 식인 자본주의 체계의 역학 속에서 통합적으로 작동하고 있다는 인식에 도달하게 되면, 이제 실천적 연계와 연대를 모색하는 진정한 대항 헤게모니를 추구하는 길로 나아가지 않을 수 없게 된다고 주장한다.

생태 위기와 자본주의의 관계에 주목하여 이들의 구조적 결합을 인식하게 된다면, 이제 생태 문제와 기후 위기에서 벗어나 지구를 구해낼 희망은 "녹색운동이 환경을 넘어 반자본주의에 중심을 둔 더 광범한 대항 헤게모니 블록에 참여"하고 건설하는 데에서 찾을 수밖에 없으며, "반자본주의라는 이 퍼즐 조각은 환경주의를 넘어서는 정치적 지향과 비판 세력을 제시한다." 따라서 환원론적인 '생태 지상주의', 또는 자본과의 대결을 꺼리는 편향적인 계급 타협이나 극단적으로 취약한 비극적 평등으로 나아가는 것은 적극 경계해야 한다(프레이저, 2023: 156, 213-214).[6] "반자본주의는 새로운 생태 정치적 상식의 중심적인 조직화 동기가 될 수 있으며, 그렇게 되어야 한다."(프레이저, 2023: 157-158). 이때 반자본주의는 모든 역사적 블록에 필수적인 '우리'와 '저들' 사이의 대립선을 긋는 역할을 한다(프레이저, 2023: 213).

프레이저는 결국 경제 영역과 비경제 영역들의 구조적 결합, 나아가 다양한 모순의 구조적 결합을 보여주는 '통합적 체계 이론'을 구성하면서, 이로부터 사회적 재생산 위기와 생태 위기, 그리고 인종적-제국주의적 수탈 위기 모두가 자본주의와 구조적으로 연결되어 있으므로, '식인 자본주의 체계'라는 다원적 모순의 근본 원인을 해결하지 않는 임시방편적인 방안으로는 전반적 위기를 극복할 수 없다고 주장한다. 이것이 바로 진정한 대항 헤게모니가 '반자본주의'를 지향하지 않을 수 없는 이유이다. 그렇다면 이제 통합적인 식인

6_ 프레이저는 같은 맥락에서 국가에 초점을 맞춘 운동의 한계를 비판한다. "국가 중심 흐름들이 고전 사회민주주의의 전제, 즉 자본을 철폐하지 않고 길들이기만 해도 지구를 구할 수 있다는 전제를 고수하는 한, 이들은 상대 계급(자본가계급)의 입장과 힘을 제대로 판단하지 못한다. 따라서 국가에 초점을 맞춘 운동의 흐름 역시 적어도 지금까지는 충분히 반-자본주의적이지 못하고 환경을 넘어서지도 못한 상태이다."(프레이저, 2023: 211-212).

자본주의 체계가 다양한 모순의 근본 원인임을 인식하게 되면, 반자본주의 체계 변혁은 당위로서 도출될 수밖에 없는 것인가? 그리고 근본주의적 변혁을 위한 '포괄적인 대항 헤게모니 프로젝트'의 추구 역시 사회운동들과 비판적, 저항적 시민들에게서 누구도 반박할 수 없는 필연적 대안이 되는가?

6. 식인 자본주의 체계 환원주의에서 반자본주의 체계 변혁 근본주의로

지금까지 살펴보았듯이, 프레이저는 식인 자본주의 체계 자체가 다양한 모순/위기의 근본 원인이라고 주장하면서, 이로부터 근본 원인의 해결을 위해 반자본주의 체계 변혁이 필연적이라는 주장을 도출하고 있다. 그런데 여기서 우리는 식인 자본주의 체계 이론은 단순히 '식인 자본주의=토대 환원주의'나 '기능주의' 문제에만 그치지 않고, 또 다른 형태의 환원주의에도 빠져있음을 확인할 수 있는데, 그것은 바로 '체계 환원주의'이다.

식인 자본주의 이론의 체계 환원주의

이 문제를 보여주려면, 제2장의 마지막 부분에서 제시했던 '체계와 대인관계의 비대칭적 결합체'라는 문제틀을 상기할 필요가 있다. 식인 자본주의 사회를 체계와 대인관계(권력/인식-정서)의 결합체라는 시각에서 보면, 개인은 식인 자본주의라는 탈인격적 체계 속에서 다양한 인식과 정서를 형성하면서 서로 인격적 대인관계를 맺으며 살아간다. 이때 대인관계에서 개인들이 지닌 권력이나 인식, 정서 등은 체계의 성격에 따라 일방적으로 결정되는 것이 아니며, 따라서 체계와 대인관계는 서로 불균등하면서 비대칭적으로 결합해 있다. 말하자면 체계의 성격과 대인관계(권력/인식-정서)의 성격은 다양한 사회적 조건들 속에서 불일치와 부조응, 불균등의 관계에 놓이게 되며, 서로 복잡하게 얽히게 된다. 그러므로 체계로부터 곧바로 특정한 대인관계의 성격을 도출하려고 해서는 안 된다. 발리바르의 개념으로 말하면, 구조(착취 구조)로부터 곧바로 특정한 인식(계급 적대)의 형태를 도출하려고 해서는 안 되는 것이다(발리바르, 1993b: 175; 정태석, 2025: 212-213).

하지만 프레이저는 식인 자본주의 체계에 대한 단일한 통합이론을 구성하면서 다원적 모순의 근본 원인을 식인 자본주의 체계 자체에서 찾고, 이로부터 반자본주의 체계 변혁만이 근본 원인을 해결할 수 있는 대안이 된다고 주장한다. 여기서 체계 변혁은 대중이 반자본주의 인식과 정서에 공감하며 연대하고 실천할 때 가능하다. 그런데 이러한 인식과 정서는 체계의 근본 모순에서 곧바로 생겨나는 것이 아니다. 체계 모순에 대한 분석으로 그 속에서 살아가는 개인의 인식과 정서, 대인관계의 특정한 형태를 논리적으로 도출할 수는 없다. 앞에서 우리는 서로 다른 모순과 적대 상황에 놓여있는 집단이나 개인들이 '식인 논리'를 통해 통일된 이해관계와 가치를 지니는 통합체가 될 것이라고 기대하는 것은 비현실적이라는 점을 지적했다. 식인 논리는 자본주의 체계의 통합성을 입증하는 논리인데, 이러한 논리가 그 체계 속에서 서로 다른 위치에서 살아감에 따라 서로 다른 이해관계와 가치, 나아가 서로 다른 인식과 정서를 지니게 되는 개인들의 대인관계에서도 통일적으로 작동하리라 기대하는 것은 현실적으로 불가능하기 때문이다.

하나의 체계에 통일된 생산과 재생산 모순이 작동한다고 하더라도, 생산 영역에서 활동하는 사람과 재생산 영역에서 살아가는 여성이나 사회적 약자가 그 모순을 똑같은 방식과 정도로 느낄 수도, 똑같은 인식과 정서를 형성할 수도 없다. 그들은 계급적, 종족적-인종적 지위 등에 따라 착취나 수탈을 느끼는 방식이나 정도가 다를 것이며, 따라서 돌봄 활동을 보호하는 공공복지나 시장 규제를 강화하는 공적 권력을 지지하는 정도도 다를 수밖에 없다. 또한 생태 위기에 대한 인식에서도 자본주의 체계에서 차지하는 계급·계층적 위치에 따라 차이가 나타날 것이다. 예를 들어, 개인이 선진국, 개발도상국, 저개발국 가운데 어디에 속해 있느냐에 따라서도 인식과 정서에 차이가 나타날 수밖에 없을 것이다. 그리고 일자리 상실을 겪을 수 있는 노동자는 생태 전환에 미온적이거나 반대할 수 있고, 저개발국 시민은 생태 전환이 자신의 물질적 삶의 개선을 제약한다고 생각할 수 있다.

이처럼 종족-인종적, 국민-국가적, 계급적, 성적, 직업적 체계에서 각 지위에 따라 개인은 서로 다른 영향력(권력)을 지니게 되고, 서로 다른 인식과 정서를 지니게 된다. 이러한 다원적 지위(위치)들에 따른 차이와 다양성, 그리고 이들 사이의 얽힘은 정해진 논리에 따라 결정되는 것이 아니며, 구체적 분석을 통해 설명되어야 하는 구체적 상황들이다. 따라서 이러한 구체적 상황의 다양성과 특수성을 무시하고 다양한 피지배-종속 집단에 속하는 개인들이 모두 일치된 인식과 정서로 반자본주의 운동에 나설 것이라는 생각은 비현실적이다.

프레이저는 '우리'와 '저들' 사이에 대립의 선 긋기를 원하지만, 현실적으로 다양한 모순에 따른 지배집단과 피지배집단의 대립선이나 분할선은 각각 유동적일 뿐만 아니라 서로 엇갈리기도 한다. 현실에서는 비노동자-시민, 비노동자-여성, 반환경적 여성/남성 노동자, 중심부 시민-노동자 등 서로 엇갈리는 복수 정체성을 지닌 다양한 대중들이 존재하며, 이들은 이해관계와 가치지향에서 다양한 차이를 보여준다. 예를 들어 프레이저가 선진국의 복지국가들이 주변부에 대한 수탈에 의존하고 있다고 말할 때, 중심부 노동자계급과 주변부 노동자계급이 자본주의 근본 모순의 대립선에 따라 단일한 대항 헤게모니 세력으로 포괄될 수 있다는 주장은 설득력을 얻기 어렵다. 인종차별이나 종족적-인종주의적 지배에 대한 저항이 반드시 자본주의에 대한 저항이어야 할 이유는 없으며, 자본주의가 사라진다고 해서 인종차별이나 종족적-인종주의적 지배도 곧바로 사라지는 것도 아니다. 따라서 식인 자본주의 체계에 대한 논리적 분석을 통해 단일한 근본 모순을 드러낸다고 해서 곧바로 다양한 대중들이 인식과 정서에서 통일된 지향을 지니게 될 것으로 기대하기는 어렵다.

결론적으로 체계와 대인관계 결합의 비대칭성과 불균등함을 이해한다면, 체계에 대한 논리적 분석에서 대인관계(권력/인식-정서)의 필연적 성격을 도출해 내려고 하는 것은, 대인관계 분석에 대해 체계 분석을 특권화하는 것이다. 따라서 식인 자본주의 체계의 모순을 분석하고 이로부터 포괄적 대항 헤게모니 프로젝트의 필연성을 논리적으로 도출하려고 하는 것은, '체계 환원주의'라고 말할 수 있다. '체계 환원주의' 사고는 체계를 구성하는 다양한 개인의 구체적인 인식과 정서의 지형을 분석하고 또 설명하려고 하기보다, 체계의 작동 원리로부터 이에 조응하는 대인관계의 양상을 논리적으로 도출하고 규범적으로 정당화하려는 사고이다. 이것은 결국 식인 자본주의 이론이 단순히 '토대=자본주의 환원주의'에 의존할 뿐만 아니라 다른 형태의 환원주의인 '체계 환원주의'에도 의존하고 있음을 보여준다.

반자본주의 체계 변혁 근본주의와 그 한계

프레이저는 '자본주의 환원주의' 시각에서 다양한 체계 모순의 통합적 근본 원인이 식인 자본주의 체계 자체라고 분석하면서, 이로부터 모순의 근원적 해결을 위해 반자본주의 체계 변혁이라는 근본주의적 실천을 주장한다. 이에 따라 그는 다양한 모순을 분리해서 사고하려는 이론이나 미봉책에 불과한 개혁을 추구하는 정책은 폐기되어야 한다고 주장한다. 그래서 유일한 의미 있는 실천적 대안은 바로 반자본주의라는 근본주의적 체계 변혁이라는 것이다.

그렇다면 근본주의 전략은 얼마나 현실적일까? 앞에서 프레이저는 식인 자본주의의 네 가지 필수적 구성 요소를 제시한 바 있다. 이들 가운데 세 가지—인종적·제국주의적 수탈, 사회적 재생산 영역에서의 무급·저임금 노동력의 이용, 비인간 자연 자원들의 저렴한 이용—는 위기나 저항의 원인으로 취급하지만, '국가와 여타 공적 권력이 제공하는 공공재의 거대한 구현체'는 오히려 신자유주의의 공격에 맞서 방어해야 하는 것으로 여긴다. 공공 서비스와 공공재의 등장은 생산과 재생산의 분할 사례로서, 탈사유화되거나 상품화되지 않은 재생산의 영역으로 존재하기 때문이다. 그래서 그는 신자유주의가 이것들을 다시 사유화하고 상품화하려는 것이 문제라고 지적한다(프레이저, 2023: 43). 이러한 언급은 프레이저가 공적 권력에 의한 노동의 탈시장화, 탈상품화(공공 서비스와 공공재)가 자본의 수탈, 즉 식인 행위를 부추기는 신자유주의에 맞서는 정치이자 식인 자본주의 체계에 저항하는 힘이 될 수 있음을 인정한다는 사실을 말해준다.[7]

그런데 이처럼 복지국가와 공공재 확대를 추구하는 공적 권력의 존재를 긍정하는 프레이저의 시각은, 확실히 자신의 '반자본주의 근본주의' 논리에 균열을 내고 있다. 이것은 신자유주의의 대안으로 반자본주의가 아닌 복지 자본주의의 가능성을 열어놓고 있기 때문이다. 오늘날 중심부 국가들은 복지 자본주의를 통해 재생산 영역의 탈상품화를 지원하고 있을 뿐만 아니라, 생태적 현대화를 통해 환경주의적 규제 확대를 추구하고 있기도 하다. 프레이저는 또 이전의 국가가 환경주의를 추구했다면, "신자유주의는 환경주의를 시장화했다."라고 비판하고 있는데(프레이저, 2023: 46), 이 역시도 환경주의에 대한 긍정적 시각을 보여준다. 프레이저가 이렇게 복지국가나 환경주의적 규제를 지향하는 중심부 나라들의 공적 권력이 신자유주의를 억제하는 힘이 되었음을 인정하는 것은, 곧 정치 영역에서 공적 권력의 작동을 단순히 식인 자본주의 존속에 기능하는 활동으로만 볼 수 없다고 인정함을 말한다.

그런데 만약 오늘날 복지국가와 생태국가, 탈시장화, 탈상품화, 수탈 억제와 같은, 식인 자본주의나 신자유주의에 맞서는 정치적, 정책적 시도들이 단순히 자본주의 근본 모순의 외적 표현에 불과하거나

7_ 탈상품화는 누구에게나 필요한 재화나 서비스를 시장의 화폐 논리에 따라 사고파는 상품으로 거래되지 않도록 한다는 의미를 담고 있다. 보편적 복지로 제공되는 재화나 서비스가 대표적인 대상이다.

식인 자본주의 체계의 통합적 작동을 위해 기능할 뿐이라고 말한다면, 이러한 개혁 정책들은 임시방편에 불과하다고 평가해야 할까?

만약 프레이저가 자본주의나 신자유주의를 개혁할 수 있음을 인정했다면, 아마도 기능주의 논리에도 빠지지 않고 또 반자본주의 체계 변혁 근본주의 주장에 몰두하지도 않았을 것이다. 그렇지만 프레이저의 궁극적 목적은 공공성을 추구하는 공적 권력의 확대와 같은 정치 전략을 옹호하는 데에 있지 않다. 착취와 수탈을 통한 식인 자본주의 체계 변혁이라는 프레이저의 관점에서 보면, 복지국가의 탈상품화, 탈시장화 전략은 자본주의 체계에 근본적인 타격을 주지는 못하는 일시적 전략에 불과하다. 그래서 그는 오히려 장기적으로 보면 탈상품화나 탈시장화는 자본주의의 정치적 존속에 긍정적으로 기능하고 있다고 주장한다. 국가-관리 자본주의 체제에서 중심부 국가들은 코포라티즘(corporatism)적 정치 타협을 통해 복지국가를 수립함으로써, 정치를 유순하게 길들였고 잠재적 혁명 집단을 포섭했다는 것이다(프레이저, 2023: 237). 말하자면 이러한 정치가 식인 자본주의 체계에 단기적으로 비정합적인 것처럼 보이지만 장기적으로는 정합적이라는 것이다.

근본주의 시각에서 보면, 복지국가의 공적 권력에 원한을 품고 과세를 회피하려는 자본의 신자유주의 전략에 맞서 공공 서비스와 공공재를 제공하는 공적 권력의 역할은 긍정적이긴 하지만, 이것이 식인 자본주의의 근본 모순을 해결하는 제도적 권력이 되기는 어렵다. 국가-관리 자본주의 시기의 북반구 복지국가의 재정은 상당 부분 남반구 수탈을 통해 마련된 것이며, 이후 인종화·젠더화된 지배와 생태 파괴 등의 문제에서 일국적 사회민주주의는 금융화된 세계 경제 체계의 요구에 굴복하고 있기 때문이다. 결국 사회민주주의적 복지국가로는 근본 모순을 해결하기 어려우며, 근본 모순 해결을 위해서는 반자본주의 투쟁으로 나아갈 수밖에 없다는 것이 프레이저의 주장이다(프레이저, 2023: 206-207).

프레이저는 사회민주주의적 복지국가나 생태국가 전략이, 일시적, 부분적 역기능이나 모순의 약화로 체계의 안정적 작동에 균열을 내기는 하지만, 궁극적으로 식인 자본주의 체계의 유지나 확장에 기능할 수밖에 없으며, 또한 일시적이면서 임시방편적인 해법에 불과하기에 근본 모순을 해결하지도 못한다고 결론을 내린다. 이것은 반자본주의 체계 변혁만을 궁극적 목적으로 설정하는 목적론적 설명 논리인 동시에, 어떤 정책의 효과를 반자본주의라는 목적에 부합하는지를 그 결과에 따라 평가하려고 한다는 점에서 결과론적 설명 논리이기도 하다. 물론 반자본주의를 정책 평가의 기준으로 사용하는 것은 자유로운 정치적 선택의 문제지만, 이것만을 궁극적인 실천적 목적으로 삼으며 다른 평가 기준을 무시하거나 과소평가하는 시각은 사회현상에 대한 객관적 설명을 추구하는 과학적 관점이라고 보기 어렵다.

'포괄적 대항 헤게모니 기획'은 실현 가능한가?

반자본주의 체계 변혁 근본주의 전략의 한계는 목적론적, 결과론적 설명에 의존한다는 사실에만 있지 않다. 프레이저는 반자본주의 근본주의 전략이 가능하게 하려면 '포괄적 대항 헤게모니 기획'이 필수적이라고 주장한다. 자본주의 근본 모순이 생산의 모순(또는 자본-노동의 모순)을 생산과 재생산 모순, 사회와 자연(생태) 모순, 착취와 수탈 모순, 경제와 정치의 모순(분할)과 구조적으로 결합하여 식인 자본주의 체계를 존속시키고 있듯이, 이러한 근본 모순을 해결하려면 이렇게 단일 체계 속에 구조적으로 통합해 있는 다원적 모순들이 낳는 다원적 적대들을 반자본주의라는 근본적인 적대의 선에 따라 통합할 수밖에 없다는 것이다. 그렇다면 현실에서 과연 체계의 근본 모순이 다원적 적대 관계에 놓여있는 개인들의 인식과 정서를 필연적으로 근본주의를 지향하도록 만든다고 말할 수 있을까?

앞서 우리는 생태-마르크스주의자들이 반자본주의 체계 변혁을 위해 '적-록 동맹'의 필요성을 주장하였음을 살펴보았다. 그들은 노동자계급과 생태주의 세력이 모두 자본주의의 모순에 의해 착취당하고 있으며, 결국 탈자본주의라는 목표를 공유하게 된다고 주장했다. 그리고 이를 기반으로 '적-록 동맹'으로 나아가야만 한다고 주장했다. 하지만 현실에서 노동자계급과 생태주의 세력은 성장에 대한 이해관계의 차이로 인해 쉽게 동맹을 맺기는 어렵다.

자본주의는 한편으로는 여전히 계급 불평등 속에서도 성장을 통해 물질적 풍요를 가져다주고 일자리를 제공해 줌으로써 물질적 생존의 기반이 되면서, 다른 한편으로는 공업적 생산의 확대를 위해 많은 화석연료의 개발과 사용에 의존하여 기후 위기를 낳고, 또 생산과 소비 과정에서 산업 쓰레기와 생활 쓰레기를 쏟아내게 하여 자원과 에너지의 과도한 사용에 따른 자원 고갈과 환경오염을 낳기도 한다. 이처럼 자본주의 성장 체계의 양면성 속에서 살아가는 시민들이 물질적 풍요를 포기하면서까지 탈성장과 탈자본주의를 추구하게 하려면, 급진적인 위기의식이 형성되지 않고서는 불가능하다.

생태 위기나 기후 위기에도 불구하고 이처럼 급진적인 인식과 실천의 전환을 이루기는 쉽지 않다. 과거 유럽 선진국들에서 자본주의 체계 변혁을 주장했던 사회주의 이념이 현실적인 물질적 개선 속에서 살아가는 대중에게서 전폭적인 지지를 얻기가 쉽지 않았듯이, 생태-마르크스주의나 생태-사회주의의 탈성장, 탈자본주의 체계 전환의 주장 역시 현실적 삶에서 물질적 성장에 의존해 온 대중에게서 전폭적인 지지를 얻기가 쉽지 않을 것이다. 그래서 자본주의 성장 체계를 논리적으로 분석하여 생태 위기나 기후 위기의 근본 원인을 제시한다고 해서 시민 대중이 '체계 전환'이라는 근본주의적 해결책에 곧바로 동의하고 또 급진적 실천에 나서기는 어려운 것이다. 오히려 그들은 민주주의의 발달 속에서 성장하고 있는 생태정치, 녹색정치가 환경문제를 개선하여 점진적인 생태 전환과 에너지 전환이 이루어질 수 있기를 기대하는 경향을 보인다.

노동자계급과 생태주의 세력 사이의 '적-록 동맹'이 정치적으로나 규범적으로나 바람직한 전략이고, 자본주의 체계의 경제적·계급적 모순과 생태적 모순이 서로 결합해 있어 노동자계급이 그 모순의 근본적 피해 집단임을 논리적으로 밝힌다고 하더라도, 이것들이 곧바로 현실에서 노동자계급을 생태주의 세력으로 전환할 수 있는 것은 아니다. 착취와 불평등에 저항하는 일과 성장에 반대하며 환경을 보호하는 일 사이에는 적지 않은 거리가 있다. 그래서 노동자계급은 물질적 생존과 생태적·신체적 안전 사이에서 딜레마적 상황에 놓여있다. 생태-마르크스주의 이론처럼 자본주의 체계의 경제적·계급적 모순/위기와 생태적 모순/위기가 서로 어떻게 얽혀 있는지 논리적으로 밝히는 작업은 물론 필요할 것이다. 하지만 자본주의 체계에 대한 논리적 분석으로 근본 모순을 밝히고, 이를 통해 자본주의 체계 전환/변혁이라는 근본주의적 전략을 유일한 대안으로 절대화하려고 하는 것은, 결국 시민 대중이 살아가는 현실의 다양하고 복잡한 상황을 무시하는 결과를 낳을 뿐이다. 게다가 현실적인 사회적, 정치적 조건 속에서 실현할 수 있는 정치적 타협의 길을 무시하려는 태도로 귀결된다.

프레이저의 식인 자본주의 이론은 생태-마르크스주의와 마찬가지로 이러한 한계에 직면해 있다. 그렇다면 이제 다음과 같은 질문을 던져야 한다. 식인 자본주의 체계의 모순과 이에 따른 반자본주의 체계 변혁의 필요성을 밝혀냈음에도 불구하고, 왜 시민들 다수는, 심지어 사회운동들과 비판적, 저항적 시민들마저도 근본주의적 변혁을 위한 '포괄적인 대항 헤게모니 프로젝트'에 적극적으로 연대하지 못하고 있는가? 포괄적 대항 헤게모니를 위해서는 서로 다른 모순과 적대 관계에 놓여있는 개인이나 집단들이 통일된 인식과 정서를 공유할 수 있어야 하는데, 이것은 논리적, 규범적 주장을 통해 현실화할 수 있는 것은 아니다. 물론 프레이저도 다양한 적대들의 분할선을 통합하기 위해 인식과 정서의 공유를 말하고 있다. 하지만 중요한 것은 반자본주의 체계 변혁을 위한 포괄적 대항 헤게모니의 필요성을 논리적으로 입증하는 방식을 넘어서는 일이다.

자본주의 체계 환원주의와 체계 변혁 근본주의

프레이저가 '반자본주의 투쟁 근본주의'로 나아간 것은, 결국 '자본주의-체계 모순'과의 대칭성 속에서 실천 전략을 사유하고자 한 결과라고 할 수 있다. '탈인격적 체계'에서의 모순과 '인격적 대인관계'에서의 적대/투쟁 사이의 조응과 대칭성을 논리적으로 입증하는 데 몰두한 결과이다. 다원적 모순을 통합적인 식인 자본주의 체계 논리 속에서 설명하면서 근본 원인을 찾고, 이에 조응하는 반자본주의 체계 변혁이라는 근본주의적 투쟁을 논리적, 규범적으로 입증하려고 하는 한, 그리고 이에 따른 구체적 실천 전략으로 '포괄적 대항 헤게모니 프로젝트'를 주장하는 한, '구체적 상황에 대한 구체적 분석'은 별 의미를 지니지 못한다.

프레이저가 주장하는 포괄적 대항 헤게모니라는 급진적 실천 전략은 현실적으로 '체계'의 성격에서 논리적으로 도출될 수 있거나 이에 의해 결정되는 필연적 전략이라기보다는, '대인관계' 속에서 구성되어야 하는 우연적 전략일 수밖에 없다. 말하자면 포괄적 대항 헤게모니는 체계 분석과 대인관계 분석을 통해 정치적으로 구성해야 하는 전략인 셈이다. 그리하여 식인 자본주의 사회의 현실적 작동을 설명하려면, 이제 탈인격적 체계에 대한 분석과 함께 이와 결합해 있는 인격적 대인관계 효과들, 말하자면 개인이나 집단들 사이의 권력, 인식, 정서 등의 구체적 지형을 분석하는 작업이 필요하다고 하겠다.

다양한 자본주의 사회에서 거시적으로는 식인 자본주의 체계가 작동해 왔다고 하더라도 나라마다 자연적 환경이나 사회적 조건들이 다르고, 이에 따라 계급, 성, 종족, 인종 등 서로 다른 적대의 분할선들이 복잡하게 형성되어 있으며, 이것은 개인들의 인식이나 정서, 감정, 욕망 등의 차이를 만들어 낸다. 또 나라마다 서로 다른 정치제도와 정치 지형은 나라별 시민의 정체성, 이해관계, 가치지향, 그리고 그들 사이의 갈등이나 통합의 다양성을 만들어 낸다. 이처럼 자본주의 세계 체계 내의 위상도 다르고 정치와 국가의 성격도 다른 나라 사이에서, 다양한 조건과 맥락의 차이를 분석하지 않은 채 피상적으로 반자본주의 대항 헤게모니 프로젝트의 필연성이나 불가피성을 주장하는 것은, 대중들로부터 현실적 지지를 얻기 어렵다. 다양한 사회집단들 사이에 이해관계와 가치지향이 복잡하게 얽혀 있고, 서로 다른 이데올로기, 정서, 감정들이 공존하는 현실에서, 체계와 대인관계(권력/인식-정서)의 복잡한 결합 형태와 그 변화를 분석하려고 하기보다 체계 속에서 일반적 규칙을 찾고, 그로부터 대인관계의 규칙을 도출하여 정당화하려는 사유로는 헤게모니 지형의 변화도 현실적인 실천도 끌어내기 어려운 것이다.

식인 자본주의 체계 이론에서 논리적으로 도출해 낸 프레이저의 반자본주의 전략과 포괄적 대항 헤게모니 프로젝트는 현실에서 이루기 힘든 다양한 적대와 저항의 통일성을 논리적, 규범적으로 주장한다는 점에서 비현실적이고 관념적이다. 차이와 다양성을 지닌 현실의 다양한 사회운동이나 저항이 이러한 근본주의적 주장에 쉽게 공감하고 공유하기는 어렵다. 많은 피지배집단은 프레이저가 임시방편적이며 큰 의미가 없다고 주장하는 정책이나 해결 방안들을 적극적으로 추구하기도 한다. 그럼에도 이러한 노력들을 폄하하며 자본주의 자체를 해체하지 않으면 사회 불평등도, 성차별도, 생태파괴도, 종족적-인종적 차별은 지속될 수밖에 없다고 생각하는 근본주의적 주장은, 현실에서는 그저 관념적이고 유토피아적인 주장에 불과하다. 관념적, 이상적 주장만으로는 대립선도 분할선도 불분명한 현실의 다원적 적대와 갈등 관계 속에서 피지배 대중들의 연대와 통합을 이루어내기도 어렵다. 이런 점에서 결론적으로 프레이저의 식인 자본주의 이론은 체계의 근본 모순을 강조하는 '자본주의 체계 환원주의'와, 근본 모순 해결을 위한 반자본주의 체계 변혁만 중시하는 '근본주의 전략' 사이의 논리적 정합성을 추구한 관념적, 비합리적 사회 이론이라고 평가할 수 있겠다.

좌파 이론들 가운데는 현실이 자신들의 이론적 판단에 부합하지 않을 때 현실에 대한 구체적 분석을 통해 이론을 수정하려고 하기보다는, 이론 체계를 논리적으로 정교화함으로써 이론을 정당화하려는 경향을 보이는 경우들이 있다. 일부 마르크스주의자들은 마르크스의 『자본』 속에 여전히 현실을 설명해 줄 만능열쇠가 있다고 생각하며, 고전으로 돌아가자고 외친다. 이러한 경향은 좌파 이론의 실질적 발전을 가로막는다. 중요한 점은 현대사회의 다양한 사회변동 속에서 자본주의의 보편적 법칙이라고 여겨온 명제들이 다양한 현실적 조건과 힘의 변화에 따라 어떤 한계에 직면해 있는지를 밝히면서, 사회의 다원성과 복잡성을 이해하려는 이론적, 실천적 노력을 기울일 필요가 있다는 사실이다.

'체계와 대인관계(권력/인식-정서)의 비대칭적 결합체'라는 문제틀은 이러한 한계를 분석하는 데 큰 도움을 준다. 자본주의 체계는 자연적, 물질적 조건 속에서 그 자체로 분화하고 변형되기도 하지만, 그 탈인격적 체계 속에서 살아가는 개인들에 미치는 다양한 인격적 대인관계(권력/인식-정서) 효과로 인해 그 변화의 양상은 복잡해진다. 그러므로 인격적 대인관계로서 헤게모니-권력 지형, 인식과 정서의 지형이 어떻게 형성되고 또 변화하고 있는지를 설명해 주는 이론이 없다면, 사회 이론, 특히 실천 지향적 사회 이론은 관념적, 비현실적 주장에서 벗어나기 어렵게 된다. 그래서 이제 프레이저의 '식인 자본주의 이론'의 한계를 넘어서기 위해 새로운 가능성을 제공해 주고 있는 무페의 '경합적 다원주의'와 '좌파 대중주의' 이론을 살펴보기로 하자.

4장.

무페의 경합적 다원주의와 좌파 대중주의

- 대인관계 환원주의

앞서 보았듯이, 1985년에 무페는 라클라우와 함께 『Hegemony and Socialist Strategy』(헤게모니와 사회주의 전략)를 집필하면서, 마르크스주의의 총체적·결정론적 사고, 경제 환원주의, 본질주의, 계급 중심성, 노동자계급의 선험적 통일성 등의 사고에 급진적인 비판을 쏟아냈었다. 이들은 마르크스주의의 환원주의적, 근본주의적 경향에서 벗어나기 위해 알튀세르, 그람시, 라깡(Jacques Marie Émile Lacan) 등의 이론과 개념들을 이용하면서 마르크스주의적 사고를 해체하는 포스트마르크스주의 이론을 제시하였다.

이들은 특히 알튀세르의 중첩결정, 그람시의 헤게모니 개념들에서 결정론적 함의를 지워내면서, 계급 적대 중심성에서 벗어나 다원적 적대들의 등가성을 인정하는 급진민주주의 기획을 새로운 사회주의 기획으로 삼을 것을 주장했다. 이를 위해 이들은 마르크스주의적 사고와 거리를 두면서 다원적 정체성의 비고정성과 담론 속에서의 우연적 접합에 기초한 헤게모니 정치 논리를 모색하고자 하였다(라클라우 & 무페 ; 정태석, 2007: 136-137). 그래서 이들은 자신들의 이론적 지향을 '포스트마르크스주의'라고 불렀는데, 이 이론은 이후 무페가 전개한 경합적 다원주의와 대중주의(포퓰리즘, populism) 이론의 뿌리가 되었다.

1. 본질주의 비판과 담론적, 헤게모니적 기획의 탈중심성

앞서 우리는 프레이저가 자본주의 경제 영역과 사회적 재생산, 생태계, 수탈 등 비경제 영역 사이의 차이를 인정하면서 경제 환원주의에서 벗어나고자 했지만, 경제/계급 중심주의에서만 벗어났을 뿐 결국 이러한 차이들을 '식인 자본주의 체계'로 환원하여 설명함에 따라 '자본주의 (체계) 환원주의'로 빠져들었음을 살펴보았다. 그는 다원적 종속 형태의 구조적 결합과 근본 모순에 의한 기능적 통합 논리에 의존하면서 체계와 대인관계(권력/인식-정서)의 비대칭성이나 대인관계의 상대적 자율성 문제를 과소평가하였다. 또 '자본주의-체계 환원주의' 사고에 따라 그 근본적 해결 방안으로 반자본주의 체계 변혁이라는 실천적 전략을 논리적으로 도출함으로써 근본주의적 주장으로 나아갔다. 그런데 이것은 다양한 역사적, 사회적 조건 속에서 전개되는 현실적 개혁 전략들을 폄훼하면서 비현실적, 관념적 주장만을 반복하는 결과를 낳았다.

사회주의 혁명이나 자본주의 체계 변혁을 지향하는 근본주의적 주장은 급진적 좌파 정당들과 그 지지 세력들에 의해 지속해서 주창되었지만, 자본주의적 민주주의 사회의 현실 제도적 조건이나 정치 지형은 이들의 주장을 실현하기에 거리가 너무 멀었다. 그래서 오늘날 프레이저처럼 현실적인 실현 가능성이 희박하고 또 실천할 주체를 형성하기도 어려운 근본주의적 주장, 즉 반자본주의를 향한 포괄적 대항 헤게모니 프로젝트는 현실 정치에서 지지 세력을 형성하는 데 한계를 보여주고 있다.

본질주의와 경제/계급 환원주의 비판

만약 자본주의 체계의 경제적, 계급적 모순을 밝히기만 하면 노동자계급이 반자본주의 의식을 획득하여 혁명적 계급으로 형성되고, 또 생태주의적 모순을 밝히기만 하면 노동자계급과 생태주의 세력이 반성장, 반자본주의 의식을 획득하여 근본주의적 변혁을 위해 연대하게 된다면, 사실 대인관계(권력/인식-정서)에 대한 별도의 분석 없이 체계 분석만으로도 충분할 것이다. 하지만 이것은 불가능한 일이다. 그래서 라클라우와 무페는 환원주의적, 결정론적 사고를 넘어 현실의 비결정성, 비고정성, 우연성, 그리고 적대들의 차이와 다양성 문제를 해명하기 위해 담론, 헤게모니, 이데올로기, 정서 등의 복잡한 지형을 분석해야 함을 분명히 했다.

무페의 시각에서 보면, 프레이저가 주장한 대항 헤게모니 전략은 논리적으로 도출할 수 있는 것이 아니라 현실 정치 상황 속에서 구체적으로 구성해 가야 하는 것이다. 즉 체계의 모순을 논리적으로 분석함으로써 도출된다기보다는 대인관계(권력/인식-정서) 속에서 현실적으로 구성해 가야 한다(2장 4절 참조). 앞서 우리는 사회관계를 '체계와 대인관계의 결합체'로 이해함으로써, 프레이저의 식인 자본주의 이론처럼 사회변동의 다양하고 복합적인 양상을 체계의 논리로 환원하여 설명할 수 없다는 점을 보여주었다. 이런 맥락에서 이제 대항 헤게모니 전략은 체계로부터 자율적인 대인관계의 권력, 인식, 정서의 다양성과 복합성의 이해에서 출발할 필요가 있다. 비록 무페가 '체계와 대인관계' 구분을 제시한 것은 아니지만, 그가 본질주의를 비판하면서 헤게모니 기획을 중요시한 것은 결국 이러한 이유라고 하겠다.

물론 프레이저도 다원적 모순과 적대에 주목하면서 계급 중심주의 사고에서 벗어나고자 했다. 그런데 라클라우와 무페는 단지 계급 중심주의에서 벗어나 다원적 적대들의 고유성과 자율성을 강조하고자 했을 뿐만 아니라 동시에, 알튀세르의 중첩결정 개념을 이용하여 토대(경제)로부터의, 담론적 접합의 상대적 자율성과 우연성을 강조하면서 경제 환원주의에서도 벗어나고자 했다. 말하자면 대인관계에서 개인들의 인식과 정서의 자율성과 이에 따른 그들 정체성의 비고정성을 강조한 것이다.

만약 자본주의 체계에서 개인들이 어떤 계급적 위치를 차지하고 있는지에 따라서 그들의 권력이나 영향력의 정도가 결정되고, 또 인식과 정서가 결정된다면, 그들의 계급적 위치를 객관적으로 파악하는 것만으로도 충분히 개인의 권력이나 인식-정서를 설명할 수 있을 것이다. 노동자들은 그들의 계급적 위치에 따라 착취와 소외에 저항적인 인식과 정서를 지닐 것으로, 또 자본가들은 반대로 억압적, 차별적 인식과 정서를 지닐 것으로 판단할 수 있다. 그리고 중간계급은 이중적이거나 기회주의적 인식과 정서를 지니고 있을 것으로 판단할 수 있다. 비슷한 맥락에서 노동자들은 자본주의에 비판적이거나 저항적이므로 생태주의적 탈성장, 탈자본주의에 동조하는 인식과 정서를 지닐 것으로, 또 자본가들은 자본주의적 성장을 적극적으로 지향하는 인식과 정서를 가질 것으로 판단할 수 있다.

그런데 현실 역사는 이러한 판단이 맞다고 전혀 단정할 수 없음을 보여주었다. 노동자들은 거시적으로 노동자계급이라는 동일한 위치에 속해있다 하더라도 인종, 민족, 종족, 성별, 지역 등의 차이에 따라, 노동자계급 내 다양한 위치에 따라, 그리고 일상적 인간관계에서 맺는 다양한 사회적 위치에 따라 인식과 정서에서 차이를 나타내게 된다. 이러한 차이는 노동자들이 서로 다른 정체성과 이념적, 정치적 지향, 가치관, 태도 등을 지니도록 만든다.

현실 역사를 보면, 20세기 초에 계급적 이해관계에 따라 나누어진 친자본가적 우파 정당과 친노동자적 좌파 정당이 서로 경합하면서, '신자유주의-시장주의' 정책과 '국가개입주의-보편적 복지' 정책을 중심으로 경쟁하는 계급정치가 정착되었다. 그런데 이후 과학기술의 발달에 힘입은 생산력 발달과 물질적 풍요로 자본주의 산업구조의 분화와 계급의 분화가 이루어지고 정치적, 이데올로기적 지형이 변화함에 따라, 기존의 계급정치는 점차 한계에 부딪히게 되었다. 성평등, 생태주의, 인종차별 반대, 소수자 인권 등이 새로운 사회적 요구로 부상하면서 정치적, 이데올로기적 지형은 계급 중심에서 점점 더 벗어나게 되었다. 이에 따라 계급 중심성, 노동자계급의 통일성 관념에 의존해 온 계급정치는 더는 새로운 사회적 요구들을 수용할 수 없었다. 노동자들 역시 자신들의 계급적 위치가 분화하고 다양한 정체성을 형성해 감에 따라 인식과 정서에도 다양한 분화를 겪을 수밖에 없었다. 1980년대에 라클라우와 무페가 『헤게모니와 사회주의 전략』에서 좌파 정치가 본질주의적 사고와 단절해야 한다고 주장하고, 1990년대에 기든스가 『제3의 길』에서 사회민주주의의 혁신이 필요하다고 주장한 것도, 결국 한정된 계급

정치로는 체계의 분화에 상응하지 못할 뿐만 아니라 시대적 조건의 변화가 가져온 다양한 대인관계(권력/인식-정서)의 분화에도 대응할 수 없음을 성찰한 결과였다(정태석, 2022).

당위론적, 규범적 시각에서 다원적 모순의 근원적 해결을 위한 통일적 주체 형성과 근본주의적 체계 변혁의 필요성을 주장하는 프레이저와 달리, 라클라우와 무페는 실천 주체의 정체성이 비고정적이고 유동적이면서 담론적, 헤게모니적 실천을 통해 우연적 접합으로 이루어짐을 강조한다. 라클라우와 무페는 사회관계와 정체성의 비고정성, 유동성에 주목하는 다원주의, 비환원주의 논리를 통해서, 경제와 계급을 선험적 본질(중심)로 설정하는 마르크스주의의 환원주의적 사고에서 벗어나고자 한 것이다.

반본질주의와 담론적·헤게모니적 기획

무페는 반본질주의 접근 방식의 중요한 두 가지 원칙을 제시하는데, 첫 번째 원칙은 "사회는 우연성의 맥락에서 질서를 세우려는 일련의 헤게모니 실천들의 생산물로 이해된다."라는 것이다. 모든 사회질서는 이러한 "헤게모니적 실천들이 일시적이고 불안정하게 접합된 것이다. 헤게모니 실천이란 기성 질서가 만들어지고 사회제도의 의미가 고정되도록 하는 접합 실천이다. …… 이 질서는 언제나 특수하게 배열된 권력관계에 대한 표현이며, 궁극적인 합리적 토대가 없다."(무페, 2019: 132). 따라서 생산관계나 계급 같은 본질주의적 토대를 찾으려는 사고에서 벗어나야 한다. 그런데 이것은 역으로 프레이저가 추구하는 사고이다.

두 번째 원칙은 "사회적 행위자란 차이의 폐쇄된 체계에 완전히 고정될 수 없는 '담론적 위치들'의 조화를 통해서 구성된다는 것이다. 사회적 행위자는 다양한 담론들에 의해 구성되며, 이 담론들 사이에는 필연 관계가 아니라 중첩결정(overdetermination)과 전치(displacement)의 끊임없는 운동이 존재한다. 따라서 이렇게 다양하고 모순적인 주체의 '정체성'은 우연적이고 불안정하며, 이러한 담론들이 교차한 지점에 일시적으로 고정되어 있으며, 동일화 과정의 구체적인 형태에 의존하게 된다."(무페, 2019: 133).

이러한 원칙에 근거하여, 무페는 좌파적 사고를 지배해온 '경제 환원주의'와 '계급 본질주의'의 관점을 극복해야 할 장애물이라고 보면서, 그동안 이들 관점에서 "정치적 정체성은 생산과 관련된 사회적 행위자들의 위치에 대한 표현이었고, 이 행위자들의 이해관계는 이 위치에 의해 규정되었다."라고 비판한다(무페, 2019: 12). 그러므로 '헤게모니'와 '담론'은 바로 무페가 라클라우와 함께 발전시킨 반본질주의적 접근 방식으로 제시한 정치 이론의 중심 개념이라고 할 수 있다(무페, 2019: 131-135).

여기서 우선 헤게모니(hegemony)와 담론(discourse) 개념에 대해 간단히 살펴보기로 하자. 그람시는 헤게모니를 '지적, 도덕적 지도력'으로 규정했다. 시민사회에서 민중들은 늘 경제적 토대의 계급적 위치에 따라 정해진 계급의식만을 가지고 살아가는 것은 아니다. 현실의 시민사회에서 노동자와 민중은 일상생활을 통해 다양한 이데올로기나 의식, 상식 등을 지니며 살아가는데, 이때 이들이 특정한 계급이나 세력에 친화적인 이데올로기나 가치를 지향하도록 만드는 힘이 바로 헤게모니이다. 말하자면 헤게모니는 시민사회에서 형성된 의식적, 이데올로기적 지배력인 셈이다. 그리고 이러한 헤게모니에 의해 이루어지는 지배를 '헤게모니적 지배'라고 말한다. 그런데 자본주의 사회에서 헤게모니적 지배는 일반적으로 경제적 지배계급인 자본가계급에 의해 행사되기 쉽지만, 반드시 그런 것만은 아니다. 피지배계급인 노동자계급도 시민사회 민중들에게서 지적, 도덕적 지도력을 획득하면 경제적 지배에 기초하여 헤게모니적 지배를 행사하는 자본가계급에 맞서 헤게모니적 지배를 행사할 수 있다. 그람시는 이러한 헤게모니 경쟁에 주목함으로써 피지배계급 헤게모니 형성을 통한 사회변혁의 가능성을 모색하고자 했다(그람시, 1971).

물론 자본주의 사회에서 지배계급은 기본적으로 국가기구를 장악하여 지배하려고 하는데, 그람시는 이때 지배가 두 가지 원리를 통해 작동한다는 점에 주목한다. 하나가 강제라면, 다른 하나는 동의이다. 여기서 국가(기구)는 강제력에 의한 억압적 지배가 이루어지는 영역이라면, 시민사회는 동의에 의한 헤게모니적 지배가 이루어지는 영역이다. 그리고 정당, 교회, 학교, 대중매체 등은 시민사회에서 민중(people)의 동의를 형성하는 대표적인 헤게모니적 지배 기구들이다. 이후 알튀세르는 이것들이 실질적으로 국가권력의 행사와 긴밀히 결합해 있다는 점에서 '이데올로기적 국가기구'라고 명명했다. 어쨌든 그람시는 시민사회에서 헤게모니 투쟁을 통해 노동자계급 중심의 피지배계급 헤게모니가 형성되면, 다수 민중의 동의에 기초한 사회변혁이 가능할 것으로 생각했다.

그리고 담론(discourse)은 단순히 개인에게 고유한 생각, 가치관, 의식, 정서 등을 의미하는 것이 아니라는 점을 인식할 필요가 있다. 이것은 사회 속에서 유통되는 이념, 사상, 윤리, 이데올로기, 가치관 등과 같이 사회적 수준에서 형성된 의미의 흐름을 지칭하는 개념이다. 현실적으로 사회의 다양한 계급이나 집단은 자신들의 이해관계나 가치지향을 담고 있는 논리나 정서, 주장을 언어로 표현하게 되는데, 이것들은 다양한 매체를 통해 대중에게 확산하면서 사회적 의미를 형성해 간다. 이런 점에서 담론은 언어적 표현을 통해 사회적으로 형성되고 유통되는 다양한 사회적 의미의 묶음이라고 말할 수 있다(맥도넬, 1992). 예를 들어, '복지국가 담론', '성평등 담론', '능력주의 담론' 등과 같은 담론들은 개인적 생각을 넘어 사회적으로 특정한 의미를 형성하고 확산하게 된다. 여기서 담론은 특정한 이데올로기적, 정서적 내용이기도 하고, 이를 유통하는 형식이기도 하다. 그리고 사회적으로 유통되는 서로 다른 이데올로기, 정서, 가치관을 담고 있는 담론들 사이에서는 경쟁, 갈등, 경합이 이루어질 수 있다. 이러한 담론 경쟁 또는 담론 투쟁은 결국 헤게모니 경쟁의 성격을 띠게 되며, 이를 통해 특정한 계급이나 세력이 헤게모니를 지니는 정치적 지형이 형성될 수 있다. 이런 점에서 담론, 이데올로기, 헤게모니는 서로 밀접히 연관된 개념들이다.[8]

8_ 담론의 사회적 흐름과 관련하여 주목해 볼 개념으로 에피스테메(episteme), 패러다임(paradigm), 프레임(frame) 등이 있다. 에피스테메는 일반적인 지식이나 과학을 의

한편, 접합(articulation)은 특정한 언어적 표현에 사회적 의미가 결합 되는 과정을 지칭하는 개념인데, 담론적-헤게모니적 접합이라고 말할 때 접합은 다양한 이해관계, 가치, 이데올로기, 정체성을 지닌 주체들이 특정한 담론이나 의미의 연쇄 속에서 결합을 이루도록 하는 과정이자 방식이라고 할 수 있다. 다양한 이데올로기, 가치, 정체성이 이미 고정되어 있다면 이러한 접합은 이루어지기 어렵다. 담론은 사회적 의미들이 유동적으로 구성될 수 있음을 전제하는 것이며, 따라서 담론적 접합은 유동적인 사회적 의미들을 일시적으로 연결하고 고정하여 의미의 통합을 이루는 과정이다. 말하자면 노동자계급, 생태주의 세력, 여성, 소수자, 소수인종 등 다양한 피지배 주체들이 민주주의와 평등이라는 표현 속에서 통합된 사회적 의미에 공감하게 되면, 저항적인 담론적 접합이 광범위하게 이루어질 수 있는 것이다(라클라우 & 무페, 1990).

결국 무페가 헤게모니적 실천과 함께 담론과 담론적 접합을 강조하는 이유는 크게 두 가지라고 할 수 있다. 첫째로는 담론이 결정성과 고정성 논리에서 벗어나 비결정성, 비고정성, 우연성의 논리를 잘 보여주는 개념이라는 것이다. 정체성이 생산에 관련된 사회적 위치에

미하는 그리스어에서 왔는데, 푸코(Michel Foucault)는 특정 시대에 공유된 사고의 체계나 인식 틀의 특수함을 보여주기 위해 이 개념을 사용했다. 패러다임은 쿤(Thomas Kuhn)이 자연과학에서 사물을 이해하고 설명하는 관점, 시각, 인식 체계의 근본적 변화를 보여주기 위해 사용한 개념으로, 이를 통해 '과학 혁명'을 설명하려고 했다. 그리고 프레임은 지식이나 매체의 효과에 관한 이론에서 특정한 사회적 의제를 바라보는 사고 틀의 다양함과 이들 사이의 경쟁을 보여주기 위한 개념인데, 특정한 정치적, 실천적 입장을 지닌 지식이나 매체가 어떤 사회적 의제에 대해 특정한 시각이나 사고방식을 선점함으로써 이에 대한 대중들의 사고에 선입견을 심어줄 수 있다.

따라 고정되지 않음을 주장하려면, 우연성 속에서 구성된다는 점을 보여주어야 하는데, 담론은 바로 의미의 비고정성과 우연적 구성(고정)의 특성을 잘 보여줄 수 있다. 담론은 언어적 과정을 통해 유동하는 사회적 의미 가운데 특정한 의미를 개인이나 사회현상에 일시적으로 부착시키는 사회적 형식이자 사회적 과정이라고 할 수 있는데, 이 과정에서 정체성은 특정하게 형성되거나 변형된다.

둘째로는 담론이 생산관계의 위치에 따른 계급 적대나 이와 구별되는 다른 다원적 적대들, 그리고 이들로부터 형성되는 다양한 정체성이 서로 유동하면서 우연으로 결합하는 형식이자 과정이라면, 이제 헤게모니를 담론 과정에서 특정한 사회현상이나 주체들에 사회적 의미를 고정하는 힘으로 사유할 수 있게 된다. 여기서 서로 어긋나 있는 다원적 적대들의 분할선이 의도적인 담론적 실천을 통해 우연히 일치하게 되어 이해관계나 가치지향 등에서 주체들의 정체성 통일이 이루어질 수 있는데, 이것이 곧 담론적, 헤게모니적 접합이 된다. 이 과정에서 형성되는 분할선은, 프레이저가 말한 근본 모순에 의해 정해져 있는 분할선과는 다르다. 따라서 담론 투쟁과 헤게모니 투쟁은 곧 다양한 세력 사이에서 이루어지는 담론적·헤게모니적 기획의 경쟁이며, 이를 통해 분할선을 이동시켜 다수 연합을 형성하려는 경쟁이라고 하겠다.

무페가 담론적·헤게모니적 기획을 강조하게 된 이유는, 무엇보다도 좌파 정치의 혁신이 가능해지려면 마르크스주의의 본질주의 사고에서 벗어나야 한다는 데에 있었다. 그래서 무페는 2018년에 출간한 『For a Left Populism』의 '머리말'에서, 라클라우와 자신이

『헤게모니와 사회주의 전략』을 출간한 것이 마르크스주의와 사회민주주의 모두가 보여준 좌파 정치의 무능함에 대한 이론적, 정치적 개입이었다는 점을 분명히 밝히고 있다. "그것은 계급 용어로는 정식화할 수 없는 일련의 운동을 제대로 설명하지 못한 좌파 정치의 무능력이었다." 말하자면 경제 환원주의와 계급 본질주의에 갇힌 좌파들의 이론적, 정치적 무능력이 좌파의 정권 상실과 정치적 패배를 낳았다는 것이었다.

무페는 영국에서 사회민주주의 좌파 정당(노동당)이 1968년 봉기 이후 게이 운동, 반인종주의 투쟁, 환경운동 등 신사회운동들의 분출 속에서 다양한 사회적 요구를 인정도 수용도 하지 못했는데, 이것이 결국 좌파에 대한 대중의 불신과 민주주의 세력의 균열로 이어져 보수당 대처 정권의 등장을 도왔다고 평가한다. 무페는 그렇다고 해서 자신들이 노동계급의 요구를 버리는 대안을 주장한 것은 아니었음을 회고한다. 다만 노동계급 투쟁과 같은 "특정한 투쟁에 선험적인 중심성을 부여하지 않으면서 여러 다른 종속 형태에 관한 투쟁을 접합하는 좌파 정치가 필요하다."라는 점을 강조하고자 한 것이었다(무페, 2019: 11-14).

2. 정치적인 것의 귀환: 경합적 다원주의와 좌파 대중주의

계급 중심주의에 갇힌 노동당의 한계를 비판하면서 다원적 주체들의 헤게모니적, 담론적 접합 가능성을 모색하던 무페는, 오늘날 합리주의 사고가 정치 자체의 제거로 나아가는 경향을 경계해야 한다고 주장한다. 그는 합리주의 정치가 곧 비정치, 탈정치라는 점을 부각하면서, 정치의 적대적, 경합적 성격을 회복하기 위해 좌파 정치가 합리주의 정치에서 벗어나야 한다고 강조한다.

탈정치에 맞서는 경합적 다원주의

초기에 '계급 본질주의'에 맞서 '다원적 급진민주주의'를 주장하면서 다원적 적대들의 '담론적·헤게모니적 접합'을 새로운 사회주의 기획으로 제시했던 무페는, 1997년에 영국에서 노동당이 집권에 성공했음에도 불구하고 이것이 라클라우와 자신이 주장했던 좌파 정치의 모습이 아니었다며 비판한다. 그것은 '정치적인 것'의 쇠퇴 또는 제거에 의존하는 것이었기 때문이다. '정치적인 것'의 쇠퇴는 1980년대 말 페레스트로이카와 사회주의권의 붕괴 이후 자유주의자들이 자유민주주의의 승리와 역사의 종언을 공공연히 선언한 것이 중요한 계기가 되었다. 무페는 좌·우파 간의 정치적 전선이 흐려지고 또 '정치적인 것'이 제거되면 정치적 정체성의 구성이 방해받게 되는데, 이것은 정당과 정치에 대한 혐오를 낳아 민주주의 정치를 황폐화한다고 주장한다.

게다가 무페는 현실에서 계급 중심의 좌·우파 정치(계급정치)가 사라진다고 해서 모든 갈등이 사라지는 것은 아니며, 더구나 서구 민주주의자들의 생각과 달리 오히려 서구보편주의에 도전하는 다른 집단적 정체성이 다양하게 성장하면서 인종적, 종교적, 민족적 갈등과 지역주의가 폭발하게 되었음을 강조한다. 이것은 다원주의적 민주주의 체계 내에서 다양한 적대들의 정치적 배출구를 마련하지 않을 수 없었음을 보여준다. 그는 합리주의적, 보편주의적 자유주의의 시각은 '적대'를 제거함으로써 결국 정치를 제거해 버리려고 하는데, 이것은 민주주의에 치명적이라고 주장한다(무페, 2007: 10-17).

여기서 무페는 적대의 전선을 흐리게 하면서 '정치적인 것'을 제거하려는 시도는, 단지 정치적 자유주의를 중립적 국가와 동일시하고, 정치적 문제들을 행정적이고 기술적인 문제들로 변형하여 탈정치화하려는 보수 자유주의 시각에서만 이루어지는 것이 아니라 중도좌파 시각에서도 이루어지고 있음을 지적한다. 이러한 시도를 이론적으로 대표하는 사람들이 하버마스(Jürgen Habermas)나 롤스(John Bordley Rawls)라면, 정치적으로 대표하는 사람은 블레어(Tony Blair)이다.

먼저 무페는 새로운 정체성을 창출하는 민주주의 과정을 '자유롭고 왜곡이 없는 의사소통'이라는 규범적, 합리주의적 관점에서 접근하는 하버마스 같은 이론적 사고를 비판한다. 보편주의적, 합리주의적 틀에서 급진민주주의나 참여민주주의를 주장하는 시각 역시 갈등과 적대의 항구성을 지우려고 하기 때문이다. "합의와 만장일치가 가능하다는 가상은 '반정치(anti-politics)'에 호소하는만큼이나 민주주의에 치명적"이다. 결국 "급진적이고 다원적인 민주주의에서, 갈등의 최종 해결이 궁극적으로 가능하리라는 확신은 민주주의의 기획에 필수적인 지평을 제공하기는커녕 그것을 위태롭게 하는 그 무엇이다. 심지어 위르겐 하버마스가 그런 것처럼 자유롭고 제약받지 않는 소통이라는 규제적 이상에 점차 다가가는 것으로 그려진다 해도 이런 위험에서 벗어날 수는 없다."(무페, 2007: 17-21, 81, 140, 233; 정태석, 2015: 254)

또한 무페는 정치 자체가 합리성의 한계를 보여주는 것이기 때문에 결코 합리성으로 환원할 수 없다고 주장한다. "왜곡되지 않은 합리적 의사소통과 합리적 합의에 기반을 둔 사회적 통일성에 대한 합리주의의 열망은, 정치 내에 있는 정념과 정서의 결정적 장소를 무시한다는 점에서 완전히 반정치적이다."(무페, 2007: 183-184) 이런 맥락에서 보면, 하버마스의 합리주의적 시각이 반정치적인 이유는 바로 정념과 정서의 작용으로 인해 정치가 비합리적일 수 있다는 점을 사고하기 어렵게 만들기 때문이다. 이처럼 합리성이나 이성을 불신하는 시각은 탈현대주의(post-modernism)나 해체주의(deconstructionism)와 맞닿아 있다.

한편, 하버마스가 이론에서 탈정치의 경향을 보여주었다면, 현실정치에서 탈정치를 보여준 사람은 블레어이다. 무페는 영국의 노동당 총리 블레어가 신자유주의에 굴복한 '제3의 길' 이론을 수용해 '급진적 중도'를 추구한 것이 정치적 전선을 흐려지게 한 현실적 사례라고 말한다. "당시 소위 '급진적 중도'는 정치의 대적자 모델과 좌파/우파의 대결이 한물갔다고 주장하면서, 중도우파와 중도좌파 사이 '중도에서의 합의'를 찬양했다." 이에 따라 정치가 당파적 대립이 아닌 공공사무에 대한 중립적 관리로 여겨지게 되었고, 경합적 투쟁의 가능성이 제거되면서 정치를 기술관료적 형태로 만들어 버렸다. 무페는 이처럼 '정치적 경계 형성하기'를 포기하고 경계를 약화한 중도 정치는 경합적 투쟁을 제거함으로써 결국 탈정치를 낳았다고 강력히 비판한다(무페, 2019: 15-16, 32-33, 55-57; 2022: 10-11).

그리하여 무페는 "가능한 대안에 관한 '경합적' 논쟁의 조건을 만들어 내기 위해서는 탈정치적인 합의와 결별하고 정치의 당파적 성격을 재확인할 필요가 있다."라고 주장한다(무페, 2019: 16-17). 그는 모든 정체성의 실존 조건이 어떤 차이를 긍정하는 것, 즉 '구성적 외부'로서의 '타자'를 규정하는 것임을 받아들인다면, 이로부터 적대 관계가 형성되는 방식을 이해할 수 있다고 말한다. 집단들 사이의 차이로부터 상대방의 정체성을 부정하는 관계로 나아가는 것이 바로 '적대'가 형성되는 과정이라는 것이다. 그래서 무페는 오늘날 다원주의적 민주주의 질서를 어떻게 창조하거나 유지할 수 있는지를 고찰하려면 "일단 우리가 정치적인 것이 필연적이며 적대 없는 세계가 불가능하다는 것을 수용"한다는 조건에서 출발해야 한다고 주장한다(무페, 2007: 12-15). 다원적 민주주의 사회에서는 '경합적 다원주의'(agonistic pluralism)가 정치의 기본적 전제가 되어야 한다는 것이다.

여기서 주목해 보아야 할 점은 무페가 라클라우와 함께 '적대'를 강조했던 초기 입장에서 약간 비켜나 '반대자에 대한 인정'을 강조하고 있다는 것이다. 그는 다원주의적 민주주의 질서를 위해서는 "'적'(enemy)과 '반대자'(adversary)를 구별해야 한다."라고 말한다. 왜냐하면 민주주의 정치 공동체에서 대립 진영은 파괴해야 할 적이 아니라, 그 존재의 정당성을 용인해야 할 반대자로 받아들여야 하기 때문이다. 민주주의 '게임 규칙'을 거부하며 스스로 배제된 사람에 대해서는 '적'이라는 범주가 유효하지만, 이에 합의하면서 서로 경쟁하는 반대자들은 인정해야 한다는 것이다. 이처럼 '경합적 다원주의'는 서로 다른 정치적 입장을 지닌 집단들 사이의 상호인정과 '경합'을 강조하는 무페의 이론적, 정치적 입장이며, 현대 민주주의 사회에서 '정치적인 것'의 귀환을 추구하는 그의 사유 방식이기도 하다(무페, 2007: 15; 2019: 136-140; 2022: 51).

무페는 정치적인 것의 영역을 상상하는 두 가지 방식으로서 조화로운 행동을 강조하는 '연합적 관점'과 갈등과 적대를 강조하는 '분리적 관점'을 제시하면서, 자신은 분리적 관점에 속한다고 말한다(무페, 2019: 131). 그런데 이 두 관점을 구분하면서 어느 하나의 관점만을 취해야 한다는 주장이 '정치적인 것'에 대한 타당한 시각인지는 의문이다. 이 둘은 현실적으로 '정치적인 것'이 작동하는 두 가지 이념형(ideal type)이라고 할 수 있으며, 현실 정치에서는 상황적 조건과 맥락에 따라 연합적 관점과 분리적 관점이 교차하기 마련이기 때문이다. 따라서 둘 중 어느 하나의 전략이 절대적으로 옳고 그르다는 식으로 판단하는 것은 타당하지 않으며, 특정한 정치적 입장과 판단기준에 따라 전략의 성공과 실패를 평가할 수 있을 뿐이다. 그러므로 중도 정치나 탈정치는 무페의 주장처럼 정치적 경합의 외부로서 배제해야 하는 방식들이라기보다 오히려 특정한 조건과 맥락에서 경합적 다원주의가 작동하는 하나의 방식으로 볼 필요가 있다.

'분리적 관점'을 절대화하는 무페의 시각은 경합과 갈등을 불러일으키는 중요한 요소인 정념과 정서를 강조하는 시각의 연장선 위에 있다. 이것은 현실적으로 좌파적 입장에서 우파 정치에 도전해야 한다는 무페의 정치적, 실천적 입장과도 밀접히 연관된다고 하겠다. 앞서 우리는 정념이나 정서가, 탈인격적 체계와 구별되는 '인격적 대인관계'에서 중요한 요소들임을 살펴보았다. 이런 맥락에서 보면, 정념과 정서의 작용을 강조하는 무페의 시각은 프레이저의 '체계 환원주의'를 넘어설 중요한 이론적 대안을 보여준다. 그런데 문제는 무페처럼 합리성에 대비하여 정서와 정념을 강조하는 것이 '정치적인 것'과 정치적 경합의 다양한 성격을 잘 해명해 줄 수 있는 것은 아니라는 데 있다. 무페는 합리주의를 멀리하려고 하지만, 현실 정치의 경합은 '합리성'과 '정서/정념' 양자의 교차와 중첩 속에서 이루어지기 때문이다.

물론 무페도 이것을 전적으로 부정하지는 않는다. 그렇지만 합리주의 또는 합리성이 인식의 한 형태로서 합리적 판단과 행위를 추구하는 성향이어서 체계에 대한 논리적 분석을 추구하는 경향과 연결되기 쉽다면, 정서/정념은 비합리적, 감정적 판단과 행위를 추구하는 성향이어서 체계에 대한 논리적 분석을 외면하려는 경향과 연결되기 쉽다. 그러므로 연합적 관점과 분리적 관점을 대립시키고 또 합리주의나 합리성을 비정치적인 것으로 무시하려는 무페의 경향은, 정치적 경합의 다양한 형태에 대한 분석을 정서와 정감 중심의 담론 및 헤게모니 분석으로 좁힘에 따라 '대인관계 환원주의' 논리로 나아갈 가능성을 안고 있다.

경합적 다원주의에서 좌파 대중주의로

다원주의적 민주주의 사회의 정치가 '경합적 다원주의'로 나아가야 한다고 주장하는 무페는, 합리주의를 추구하는 정치를 연합적 관점의 탈정치로 규정하며 분리적 관점에서 경합을 추구하는 좌파 정치 전략을 모색하고자 한다. 이에 그가 채택한 전략은 바로 대중주의(포퓰리즘, popularism)이다. 무페는 다원적 투쟁들과 경합들 속에서 좌파적인 담론적·헤게모니적 접합의 길을 찾고자 하는데, '대중주의'를 통해 이것이 가능하다고 주장한다. 그는 대중주의를 "사회를 두 진영으로 분리하는 정치적 경계를 구성하고, '권력자들'에 맞선 '패배자들'의 동원을 위한 담론 전략"으로 정의하는 라클라우의 개념을 수용한다. 여기서 무페는 대중주의의 경멸적 의미는 제거되어야 하며, 이제 대중주의는 시간과 장소에 따라 다양한 이데올로기 형태를 취할 수 있고, 여러 제도적 틀과 적절히 결합될 수 있는 정치활동 방식이 된다고 주장한다(무페, 2019: 23-24).

무페는 2008년 경제 위기로 인해 신자유주의 모델의 모순이 드러나면서 신자유주의 헤게모니 형성체(hegemonic formation)에 대한 의문이 좌·우파 양쪽에서 제기되었으며, 헤게모니 위기에 개입하기 위해 '대중'과 '과두 세력' 사이에 정치적 경계를 구성하는 담론 전략인 좌파 대중주의 정치 유형을 만들어 내야 한다고 강조한다(무페, 2019: 17, 24-25, 125). 그런데 이것은 무페가 2005년에 『정치적인 것에 대하여』에서 제안한 '좌파/우파 경계의 부활'만으로는 구성하기 힘든 전략이었다. 사회분화와 다양화에 따라 이해관계와 가치지향이 더욱 다원화하면서 전통적인 좌파/우파 분할선만으로는 다양한 갈등과 경합을 접합하기가 더욱 힘들어졌기 때문이다. 그리하여 무페는 이제 더욱 다양해진 민주주의적 요구를 포괄하기 위해 '대중주의'를 새로운 전략으로 제시하게 된다.

다양한 적대와 경합의 출현과 변형으로 점차 기존의 좌파와 우파 간의 경계만으로 이러한 쟁점들을 포괄하기 힘들게 되었다는 문제는, 20세기 말에 보비오(Norberto Bobbio)나 기든스(Anthony Giddens) 등이 제기한 바 있는데, 기든스는 '급진적 중도'라는 '제3의 길' 전략을 통해 중도좌파의 관점에서 이들을 통합하는 전략을 제시하였다(보비오, 1992; 기든스, 1998). 하지만 무페의 입장에서 이러한 전략은 합리주의적 탈정치 전략에 불과한 것이었다.

기든스와 달리 무페는 신자유주의적 자본주의에서 그동안 생산과정 바깥에서 출현해 온 새로운 종속 형태에서 형성된 집합의지를 접합할 수 있는 방식으로서 '대중주의 전략'을 제시한다. 환경보호, 성차별주의, 인종주의 등 모든 형태의 지배에 대항하는 투쟁에서 정치적 경계는 여러 부분적 경계를 넘나들면서 구성되어야 하는데, 이것을 실현할 수 있게 하는 것이 바로 '대중주의'이다. 그리고 여기서 대중주의가 좌파적인 가치와 결합하도록 하는 것이 곧 '좌파 대중주의' 전략이다(무페, 2019: 18).

무페가 이처럼 대중주의에 주목하게 된 것은, 무엇보다도 영국 신노동당의 집권 이후로 지속된 신자유주의 헤게모니에 균열이 생기기 시작했고 서로 다른 다양한 사회적 요구와 투쟁이 분출함으로써 '대중주의(포퓰리즘) 계기'가 형성되었다고 보았기 때문이다. "'포퓰리즘 계기'는 빠르게 증가하는 불만족스러운 요구들로 인해, 정치적 혹은 사회경제적 전환에 대한 압박에 처한 지배 헤게모니가 불안정해진 때이다."(무페, 2019: 24) 이것은 또한 오랜 탈정치 시기를 지나 '정치적인 것의 귀환'을 가리키는데, 그것은 우파 대중주의와 좌파 대중주의가 정치적 경계를 새롭게 만들어 내면서 서로 갈등하는 모습으로 나타나고 있다(무페, 2019: 19).

무페는 "대적자를 정의하지 않고서는 어떤 헤게모니적 공세도 시작할 수 없다."라고 말하면서 좌파 대중주의 전략이 무엇보다도 적대의 선을 분명히 긋는 데서 출발해야 함을 강조한다(무페, 2019: 62; 정태석, 2019: 359). 또한 이전의 '탈정치적' 상황을 민주주의 제도에 대한 불만이 형성되는 과정의 시작이라고 주장하는 무페는, 기성 엘리트에게 빼앗긴 목소리를 대중에게 되돌려준다면서 대안을 제시하는 척하는 우파 대중주의 정당의 두드러진 성공마저도 균열을 일으키기 시작했다고 말한다(무페, 2019: 16-17). 그리고 이에 대응하는 "좌파 포퓰리즘 전략은 우리가 사는 사회에 대한 정치적 상상에서 민주주의 담론이 지니는 중요한 역할을 인정하고, 헤게모니적 기표로서의 민주주의를 중심으로 종속에 대항하는 다양한 투쟁 사이에서 등가 사슬을 만들어 내야 한다."라고 강조한다. 그리하여 우파 대중주의에 의해 조장된 외국인 혐오 정책들과 싸우기 위해, '대중', 즉 "평등과 사회정의의 방어에 담긴 공동의 정감(affects)을 끌어들이면서 비롯되는 집합의지"를 형성해야 한다고 주장한다(무페, 2019: 19, 61). 헤게모니 구성체의 사회적 기반을 제공하는 역사적 블록이 틀어지게 되면, 불의한 것을 경험한 집합 행동을 통해 사회질서를 재배열할 수 있는 새로운 주체—대중—를 구성하는 가능성이 생긴다는 것이다(무페, 2019: 24).

여기서 무페는 1990년대 말에 소비에트 사회주의 모델이 무너진 이후 많은 좌파 세력이 탈정치적인 자유주의적 관점을 대신할 대안을 찾아내지 못했다고 비판한다. 특히 합리주의적 시각에서 '정치적인 것'을 제거함으로써 신자유주의 헤게모니 구성체 안에 깊게 통합되어 있었던 사회적 자유주의 정당들—사회민주주의를 후퇴시키면서 신자유주의를 수용한 정당들—의 개혁주의 담론으로는 새로운 정치적 경계를 그리는 헤게모니 전략을 상상해 낼 수 없었다고 말한다(무페, 2019: 63-64). 그런데 무페가 다행스럽게 생각하는 예외가 있는데, 그것은 바로 코빈(Jeremy Corbyn)의 정치 전략이다. 무페는 2015년부터 영국 노동당을 이끌었던 코빈이 바로 반대자(대적자)를 중시하는 경합 정치의 가능성을 보여준 예외적 사례라고 추켜세운다. "블레어 집권 기간에 있었던 탈정치와 분명히 단절하고, 급진적 프로그램을 설계하면서 다시 정치화된 코빈의 노동당은 환상에서 빠져나온 유권자들에게 다시 승리를 안겨 주고, 젊은 세대들로부터 큰 지지를 얻을 수 있었다."라고 말하면서, 이것이 민주주의 정치에 새로운 자극을 주는 '좌파 대중주의'의 능력이라고 주장한다(무페, 2019: 64-65). 그리고 이것은 바로 무페가 원했던 '정치적인 것의 귀환'이기도 했다.

그런데 코빈의 좌파 대중주의 전략은 2017년 하원의원 선거에서 노동당의 의석수를 늘리는 성과를 거두었지만, 선거에서 승리하지는 못했다. 보수당 역시 과반 의석을 차지하지 못해 보리스 존슨(Boris

Johnson) 총리가 불안정하게 연정을 이끌어가야 했으며, 선거 공약으로 내세웠던 브렉시트(유럽연합 탈퇴)의 협상 결과가 의회에서 계속 논란거리가 되어 협약 비준을 얻지 못했다. 보수당은 결국 조기 총선을 실시하기로 하였고, 의회의 동의를 얻어 2019년 말에 총선을 실시하게 되었다. 이 선거에서 보수당은 전체 의석 650석의 반을 훨씬 넘긴 368석을 얻어 단독정부를 구성하였고, 브렉시트 협상을 적극적으로 추진하여 2020년 1월 30일에 유럽연합 각료이사회의 합의안 최종 승인을 얻어 영국은 유럽연합을 공식적으로 탈퇴하였다.

무페는 코빈의 좌파 대중주의 전략을 호평했지만, 이후 브렉시트가 정치적 쟁점이 된 상황에서 코빈 중심의 노동당은 선거에서 패배했는데, 이것은 코빈이 원하는 방식으로 정치적 경계를 구성하기가 쉽지 않았다는 사실을 입증한다. 무페 식으로 말하면 탈유럽연합을 내세운 '우파 대중주의'가 승리한 셈이다. 이에 대해 무페는 『녹색 민주주의 혁명을 향하여』에서 코빈의 실패에 대해 언급하면서, "선거 패배는 부정할 수 없지만, 어떤 정치 전략의 일부 지지자들이 처음 해보는 시도로 자신들의 목적에 도달하는 데 성공하지 못했다는 것을 유일한 근거로 해서 그 정치 전략을 묵살하는 것은 매우 적절하지 못하다."라고 말했다(무페, 2022: 14).

그런데 이러한 무페의 변명을 받아들인다고 하더라도, 여전히 질문은 남는다. 전통적인 좌파와 우파의 경계가 희미해지면서 민주주의를 중심으로 하는 분할선과 등가 사슬의 구성을 어렵게 하는 브렉시트와 같은 쟁점들이 부상할 때, 좌파 대중주의 전략은 합리적 토론과 합의를 배제하면서 정감에 의존하는 경합적 다원주의 전략만으로 정치적 성공을 얻을 수 있을까? 이런 점에서 본다면, 중도좌파 정당인 노동당의 집권 자체가 쉽지 않은 정치 상황에서 합리주의적 합의 추구나 개혁 담론을 무조건 탈정치적이라며 비판하고 배제하려는 전략은 타당해 보이지 않는다. 게다가 이민과 난민 등의 문제로 첨예한 대립이 생겨나 이를 이용하는 극우 정당들이 득세하고 있는 현실에서, 좌파 대중주의가 대중적 지지를 확장하기 위해 어떤 민주주의를 중심으로 정치적 경계를 형성할 것인지는 여전히 분명하지 않다. 이것은 정념이나 정서에 의존하는 좌파 대중주의 전략이 과연 좌파 헤게모니 확장을 가능하게 하는지에 대해 근본적인 의문을 제기하게 한다.

3. 좌파 대중주의 전략의 쟁점들: 정당성과 이해관계

민주주의의 급진화: 헤게모니와 정당성 사이의 딜레마

무페는 신자유주의 헤게모니의 쇠퇴와 함께 포스트민주주의의 탈정치적 합의에 대한 저항이 '대중주의의 계기'가 되었다고 보았다. 그리고 민주주의 사회에서 좌파든 우파든 대중주의가 중요한 정치 전략이 되면, 좌파 대중주의와 우파 대중주의는 반대자로서 서로 경합하지 않을 수 없다고 보았다. 무페는 특권적 엘리트가 통제하는 정치·경제 체계에 대한 대중들의 저항과 요구를, 우파 대중주의 정당이 민족주의(국민주의) 언어를 동원하여 대중과 기성 정치권 사이에 경계를 설정하는 방식으로 이용했다면, 좌파 대중주의는 긴축정책에 따른 대중의 불만과 저항에 주목하여 민주주의의 회복과 심화를 내세우는 정치운동으로 확산시켰다는 점에 주목한다. 우파의 특권적 엘리트 지배 비판과 좌파의 긴축정책 비판이 유럽 정치에서 대중주의 경합의 특징으로 나타난다는 것이다.

그런데 무페는 대표적인 좌파 대중주의 정치운동 단체인 그리스의 시리자, 스페인의 포데모스 등도 역시 기성 엘리트와 대중 사이에 경계를 설정하면서 대중의 집합의지를 형성하는 전략을 사용하였다고 본다(무페, 2019: 33-34). 그리하여 그는 신자유주의, 국민주의, 권위주의를 앞세우며 이민자들을 비롯한 소수자들을 배제하는 전략을 사용하는 우파 대중주의에 맞서, 좌파 대중주의는 과두제에 대항하는 평등주의를 목표로 하여 불안정한 중산층과 성소수자(LGBT) 공동체의 요구 등 다양한 민주주의 요구의 등가 사슬을 형성하는 전략으로 나아가야 한다고 주장한다. 이것이 민주주의의 급진화를 가능하게 할 새로운 좌파 헤게모니 창출 전략이라는 것이다(무페, 2019: 39-43, 67-73).

앞서 무페는 합리주의적 탈정치가 대립하는 세력 사이의 경합을 지우려고 함에 따라 정치 자체를 불가능하게 한다고 비판하면서, 정념과 정서를 동원하는 대중주의 전략을 통해 좌파 헤게모니를 구성해야 한다고 주장하였다. 그렇다면 우파와 좌파가 모두 특권적 엘리트나 과두제에 맞서 다원적 경합을 벌이는 민주주의 사회에서, 정념과 정서를 동원하는 방식으로 '이해관계를 넘나드는 좌파적 대중'을 구성하는 일은 얼마나 가능하고 또 성공적일까?

무페는 우파 대중주의 역시 민주주의 회복을 말하고 있음을 지적하고 있는데, 이것은 대중주의가 그 자체로 민주주의의 급진화나 좌파적, 진보적 민주주의를 보증해 주지 않음을 말해준다. 우파와 좌파 모두 민주주의를 내세우며 서로 경합함에 따라, 민주주의가 좌파와 우파 모두가 동원할 수 있는 상대적인 이념이나 가치가 된 현실 정치에서, '민주주의 헤게모니'나 '민주주의 급진화'가 '좌파적'임을 어떻게 보증할 수 있을까? 게다가 좌파 대중주의가 추구하는 '민주주의 급진화'는 과연 정념과 정서를 동원하는 것만으로 성공할 수 있을까?

무페는 "좌파 포퓰리즘 전략의 목표는 집권하는 다수 대중을 만드는 것이며, 진보적 헤게모니를 구성하는 것이다."라고 말하면서 좌파 대중주의를 위한 정치적 대책으로 민주주의의 핵심을 찾아내야 한다고 주장한다(무페, 2019: 39-40, 69-70, 82). 그리고 다양한 사회관계들에 부합하는 구체적 담론들 속에서 급진민주주의의 정체성을 지닌 사회적 행위자들을 구성해야 한다고 주장한다. "이 [다양한] 사회적 관계들 사이에는, 정치공동체에 각인된 사회적 행위자에 상응하는 위치가 존재한다. 그 위치는 '시민'이다." 여기서 그는 시민자격(citizenship)에 대한 급진민주주의 구상을 발전시켜야 한다고 말하는데, 이것은 시민을 권리의 개별 담지자라는 법적 지위를 가지는 개인으로 이해하는 자유주의 시각을 넘어서, '정치공동체에 대한 적극적 참여를 강조하는 시민공화주의적 전통'을 추구하는 것이다. 말하자면 개인적 권리 주장을 넘어서 정치적 참여와 공공성의 가치를 적극적으로 추구해야 하는 것이다(무페, 2019: 100-101). 그리하여 그는 "신자유주의 헤게모니에 맞서는 대항 헤게모니 투쟁의 중요한 전투는, 포스트민주주의 전망의 급소인 '소비자'로서의 시민이라는 개인주의적이고 여전히 지배적인 구상을 대체하면서, 시민들이 목소리를 내고, 자신들의 권리를 실천하는 영역인 '공공'을 다시 나타내는 데 있다."라고 하면서 등가 사슬을 통해 대중들이 민주주의 급진화를 지향하는 시민으로서의 정체성을 지니도록 해야 한다고 주장한다(무페, 2019: 102-103).

확실히 무페는 개인적 권리보다 공공의 영역과 공공성의 가치를 우선시하고 적극적으로 추구하는 데에서 '민주주의의 급진화'의 의미를 찾는데, 이것은 단순히 정념이나 정감의 동원만으로 가능한 것이라기보다 규범적 정당화가 함께 이루어짐으로써 가능한 것이다. 그러므로 민주주의의 급진화가 '좌파적'인 의미를 지니려면, '공공성의 추구'가 다수 시민에게서 좌파적 가치로서 정당성을 획득할 수 있어야 한다. 여기서 공공성이나 공공선은 좌파의 민주주의 헤게모니의 정당성을 보증해 주는 근거라고 할 수 있는데, 이러한 가치들은 당연히 헤게모니 전략만으로 환원할 수 없는 규범적 차원을 지닌다.

민주주의 사회에서 정치는 '규범 차원'과 '권력 차원'이 서로 얽히면서 이루어진다. 무페가 주목하는 정치 전략으로서 좌파 대중주의 역시 이러한 두 차원을 포함한다. 무페는 '경합적 다원주의'에 주목했던 시기에 "경합적 대결이란 민주주의에 대한 위험을 나타내는 것이 아니라 사실은 민주주의의 존재 조건이다. 물론 민주주의는 타당성의 원리들을 구성하는 윤리-정치적 가치에 대한 헌신, 그리고 이 가치들이 담긴 제도들과 관련된 합의 형태가 아니고서는 지속할 수 없다."라고 말한 바 있다(무페, 2007: 199). 이 진술은 다양한 세력들 사이의 민주적 경합에서, '윤리-정치적 가치와 제도'에 대한 합의가 민주주의 존속을 가능하게 한다는 점을 인정하는 것이다. 결국 민주주의 사회를 유지하려면, 정치적 경합에 참여하는 세력들이 민주주의 가치에 합의하고 이에 헌신해야 하는데, 이것은 곧 민주주의의 정당성에 대해 동의함을 의미한다.

무페는 헤게모니 구성체의 이행 과정을 이해하는 데에서 두 분석 수준을 방법론적으로 구분하는데, "하나는 자유민주주의 정치체의 윤리-정치적 원리들이고, 다른 하나는 이 원리들이 서로 다르게 각인된 헤게모니 형태들이다."(무페: 2019: 74). 여기서 무페는 윤리-정치적 원리로서 합법성과 타당성의 원리를 일반적인 것으로 보면서, 이것이 각각의 헤게모니 구성체에서 고유한 방식으로 각인된다는 점을 강조한다. 이것은 헤게모니 전략이 민주주의의 일반적인 합법성이나 타당성 원리를 개별적 현실들 속에 각인하는 전략이 되어야 함을 말하는 것이다. 그런데 이러한 민주주의의 합법성과 타당성이 결국 규범적 정당성의 형태들이라고 한다면, 무페는 일반적인 정당성(합법성과 타당성)의 원리가 개별적인 헤게모니 형태에 각인(실현)된다고 보고 있는 것이다.

이런 무페의 시각에서 보면, 민주주의 정치에서 개별 헤게모니 형태에는 윤리적-정치적 정당성의 원리가 각인되어 있다는 것인데, 이처럼 헤게모니를 정당성 원리의 실현 형태로 규정하는 것은 과연 타당할까? 말하자면 정당성이라는 일반 원리가 헤게모니의 개별 형태 속에서 실현된다는 주장인데, 정당성과 헤게모니의 관계를 이렇게 설정하는 것이 타당할까? 베버(M. Weber)는 권력에 대한 시민의 동의를 지배의 정당성 근거로 보면서, 민주주의 사회에서는 합법성이 동의가 형성되는 근거가 됨을 지적한 바 있다. 합법적 절차에 따른 지배가 정당성을 형성하게 된다는 것이다. 여기서 권력은 정당화되어야 하는 대상이다. 그렇다면 헤게모니는 어떠한가?

그람시는 헤게모니를 '지적, 도덕적 지도력'이라고 말하는데, 이런 의미에서 헤게모니는 다수 대중의 동의에 기초한다는 점을 알 수 있다. 이런 맥락에서 헤게모니는 대중들로부터 정당성을 획득하려고 한다는 점에서 민주주의 정치에 부합하는 전략이라고 할 수 있다. 하지만 헤게모니는 기본적으로 권력을 획득하기 위한 전략을 의미하는 것이지, 그 자체가 규범적 정당성을 의미하는 것은 아니다. 정당성에서는 동의가 내재적 의미를 지니지만, 헤게모니에서는 동의가 전략적, 도구적 의미를 지니기 때문이다. 따라서 민주주의 정치에서 정당성과 헤게모니를 어느 하나로 환원하는 것은 전혀 타당하다고 할 수 없다. 이것은 무페의 주장처럼 단순히 방법론적 두 수준이 아니라, 민주주의 정치를 구성하는, 환원할 수 없는 두 차원인 것이다.

무페는 코로나19(Covid-19)라는 전염병 대확산 속에서 국가개입의 성격에 관해 설명하면서, 국가개입의 확대가 일시적으로 이루어졌지만, 오히려 "팬데믹이 신자유주의의 정당성 위기를 심화하는 대신 신자유주의의 생명을 한동안 연장할 수도 있을 것으로 우려하게 된다."라고 말한 바 있다. 여기서 무페가 '정당성 위기'를 언급하고 있는 것은 사실상 정당성이 민주주의 정치에서 중요한 차원임을 인정하는 시각을 담고 있다(무페, 2022: 28). 말하자면 민주주의 정치는 '헤게모니와 권력의 차원'과 함께 '정당성과 규범의 차원'이 함께 작동하는 과정인 것이다.

결국 무페는 정당성을 헤게모니 속에서 사고하려고 함으로써, 합법성과 타당성을 헤게모니에 종속시키는 방향으로 나아가면서, 좌파 대중주의를 합리성보다 정념을 동원하는 정치 전략으로 사고하려는 경향을 보여준다. 그런데 이처럼 좌파 대중주의가 정당성보다 헤게모니 형성에 몰두하고 이를 위해 정념과 정서를 동원하는 전략에 편중된다면, 민주주의의 급진화에 정당성을 부여할 합리적, 규범적 근거를 제시하기는 점점 어려워진다. 현실적으로 우파 대중주의 정당들이 점차 성장하고 대중들이 우파 대중주의의 주장들에 솔깃해하는 상황에서, 좌파적 가치의 정당성을 적극적으로 확산시키려 하지 않는다면, 아마도 무페가 기대하는 민주주의의 급진화를 실현하기란 쉽지 않을 것이다.

결국 민주주의 경합 정치에서 좌파 대중주의가 '민주주의의 급진화'를 헤게모니 투쟁의 문제로 환원하여 사고하려는 것은 한계가 있으며, 오히려 '헤게모니와 정당성의 변증법'이라는 사고를 적극적으로 끌어들일 필요가 있다. 민주주의 정치는 헤게모니 투쟁과 규범적 정당화 경쟁이라는 이중적 과정을 통해 작동한다(정태석, 2007; 2019). 따라서 좌파 대중주의가 공공성이나 평등의 가치를 실현하기 위해서는 먼저 대중에게서 민주적 정당성을 얻고자 해야 한다. 헤게모니는 이러한 정당성을 수반할 때 권력 형성의 민주적 수단과 절차가 될 수 있기 때문이다. 그러므로 무페가 바라는 민주주의의 급진화는 정당성의 규범 논리와 헤게모니의 권력 논리를 어떻게 좌파적인 방식으로 결합할 수 있을 것인지에 달려있는 셈이다. 그렇다면 좌파 대중주의는 과연 민주주의의 급진화를 위해 대중에게서 어떻게 규범적 정당성을 획득하고, 대중을 설득할 수 있을까?

이해관계를 넘나드는 대중과 좌파 대중주의

라클라우와 함께 무페는 계급정치에 편중된 좌파 정치가 1968년 봉기를 계기로 확산한, 다양한 형태의 지배에 대한 저항들을 적절히 수용하지 못했으며, 페미니즘 물결, 게이 운동, 반인종주의 투쟁들, 환경 쟁점들의 분출 등이 바꿔놓은 정치적 풍경에 제대로 대응하지 못했다고 비판한다(무페, 2019: 12). 그래서 민주주의와 평등이라는 기표를 중심으로 다양한 투쟁들 사이에서 등가 사슬을 만들어내는 헤게모니 전략으로서 '좌파 대중주의'를 새로운 사회주의 전략으로 제시하면서, "민주주의에는 사회의 토대를 지배한다고 마땅히 주장할 만한 사회적 행위자는 아무도 존재하지 않는다는 사실을 이해하는 것이 중요하다"라고 말한다(무페, 2019: 19; 2007: 241).

이것은 무페가 토대(경제/계급) 결정론에 대한 강한 거부감을 보여주면서, 다원적 적대들과 정체성들이 생산에서의 사회적 위치 또는 계급 위치에 의해 객관적으로 결정되지 않는다는 점을 다시 한번 확인하는 것이었다. '사회적 위치'에 따라 결정되지 않는 정치적 정체성들의 담론적·헤게모니적 형성과 접합을 중요시하면서, 무페는 이제 생산에서의 사회적 위치와 무관하게 형성된 다양한 적대들에서 분출되는 다양하고 이질적인 민주주의 요구들을 계급 이익과 같은 이해관계보다 대중의 정서, 감정, 욕망 등의 문제로 취급하려고 한다.

현실적으로 다원주의를 포괄하는 민주주의의 급진화는 다양한 종속 집단들이 다원적 평등을 위해 서로 다른 이해관계와 가치지향 사이에서 구체적 타협을 이루고 또 대중들 사이에서 더 폭넓은 동의와 연대를 형성해 낼 때 가능하다. 그렇다면 이제 다원적 적대들 사이에서 차이의 존재와 이들 사이의 이해관계 및 가치지향의 엇갈림 속에서, '이해관계'보다 '정감'을 통한 연대의 등가 사슬을 형성하는 전략은 얼마나 성공적일까? 다원화된 민주주의 사회에서 현실적으로 '좌파 대중주의'가 성공하려면, 결국 종속된 피지배 집단들이 담론적·헤게모니적 접합을 통해 서로 연대하도록 해야 한다. 그렇다면 이들 종속된 대중들이 접합되고 또 연대할 수 있도록 하는 담론과 정감은 어떤 것일까? 게다가 대중들의 현실적인 이해관계의 합치나 동의 없이도 공동 정감을 형성하고 또 대중들에게서 그 정당성을 인정받는 일은 과연 가능할까?

무페는 다양한 종속적 대중들이 이해관계의 조정과 타협을 이루어야 함을 부정하지는 않지만, 이를 위한 등가 사슬을 합리적으로 모색하는 길보다는 정감을 동원하는 대중주의 전략에 더 주목한다. 대중주의에서 경멸적 의미를 제거할 것을 주장한 무페는, 정감을 동원하는 대중주의 전략의 긍정적 의미를 강조하면서 이론적으로 적극 활용하려고 한다. 그 이유는 다음과 같다. 첫째는 신자유주의 질서에 맞선 대항 헤게모니 정치가 중요한 국면에서, 대중주의는 민주주의를 강화할 수 있는 정치 전략을 제공한다는 것이다. 여기서 대중주의는 "민주주의를 합의와 같은 것으로 취급하는 탈정치적 관점에 도전"한다는 의미를 지닌다. 둘째는 대중주의가 다양하고 이질적인 투쟁들 속에서 민주주의 요구들의 접합을 통해 '계급'을 넘어서는 집합적 정치 주체 구성의 필요성을 잘 보여줄 수 있다는 것이다. 셋째는 대중주의가 집합적인 정치적 정체성 형성 과정에서 정서나 감정의 동원 문제를 중요하게 인식할 수 있게 한다는 것이다(무페: 2019: 124-125).

대중주의에 대한 무페의 관심은 무엇보다도 경제적, 계급적 이해관계의 중심성과 결정성을 강조하는 전통적 경계를 넘어서, 다원적 적대들 속에서 탈중심성과 우연성을 부각함으로써 '경계를 넘나드는 방식'으로' 다수 대중을 구성할 수 있는 전략이 될 수 있다는 점에 있다. 그런데 대중주의가 좌파와 우파 모두가 이용할 수 있는 정치 전략이라고 한다면, 무페는 어디에서 좌파적 가치와 전략의 차별성을 보여줄 수 있을까? 정감을 동원하는 대중주의로 전통적 경계를 넘어설 수 있는 방안은 무엇일까?

'좌파' 용어에 대한 무페의 감정은 다소 복합적이다. 한편으로 무페는 계급정치 노선의 의미가 강한 '좌파'라는 용어에 부정적인데, 그 이유는 사회민주주의 정당들이 신자유주의 노선을 받아들이면서 '좌파'라는 기표가 신뢰를 상실했으며 진보적 의미도 소실되었다고 보기 때문이다. 게다가 '좌파'라는 기표는 사회학적 관점에서 구체적인 사회경제적 부문들의 이해관계를 표현하는 데에는 적합하겠지만, 다양한 민주주의적 요구를 담기 위해 경계를 넘나드는 방식으로 '대중'을 구성하기에는 부적합하다고 생각한다.

하지만 다른 한편으로는 이러한 한계들에도 불구하고 대중이 구성되는 당파적 방식을 드러내면서 정치적 방향을 분명히 하려면, 무엇보다도 "대결의 정치적 본질을 회복하고 좌파의 의미를 재구성하는" 방식으로 '좌파'라는 기표를 중요한 상징적 표식으로 사용할 수 있다고 본다(무페: 2019: 126-128). 따라서 무페는 정치적 당파성(또는 경계)을 분명히 드러내기 위해 '좌파'라는 용어를 사용하고자 한다.

그리하여 이제 무페는 정치적 대결을 보여주는 '좌파'라는 용어와 다원적인 종속적 대중들의 '경계를 넘나드는' 탈중심적, 우연적 접합 정치를 사고할 수 있도록 하는 '대중주의'라는 용어를 결합함으로써, '좌파 대중주의'라는 정치 전략을 제시할 수 있게 된다. 그리고 이를 통해 사회경제적 이해관계보다 상징적 표식을 통한 대중의 정치적 정체성 형성을 우선시하는 시각을 분명히 보여준다. 이것은 결국 합리성보다 정감의 동원을 중요시하는 시각과 연결된다. 이러한 경향에 대해서는 앞에서도 지적한 바가 있는데, 무페의 시각은 끊임없이 합리성과 정감을, 정당성과 헤게모니를 대비시킨다. 이러한 시각은 토대, 계급, 사회경제적 이해관계 등 객관적 조건 또는 객관성을 중시하는 마르크스주의적, 과학적 전통이나 이성, 합리성, 합법성, 타당성, 정당성 등에 주목하는 현대성의 관점과 거리를 두고자 하는 무페의 지적 경향과 연관이 있는 듯하다.

무페는 계급 중심의 사고가 대중들을 사회경제적 이해관계에 갇히도록 만든다고 비판하는데, 그렇다면 계급적 이해관계의 고정성을 비판해야 한다는 이유로, 사회경제적 이해관계를 고려하려는 모든 사유가 환원주의적이거나 다양한 정치적 정체성의 유동성을 사고하기 어렵게 한다고 단언할 수 있을까? 다양한 사회경제적 이해관계를 계급적 이해관계나 계급정치의 문제와 동일시하는 것은 타당할까? 현실에서 다양한 사회경제적 이해관계는 다원적 적대들과 복잡하게 얽혀 있으며, 이에 따라 대중의 정치적 정체성 형성에 다양한 방식으로 영향을 미치게 된다. 그렇다면 이러한 다양한 이해관계를 조정하면서 공통과 합치의 선을 형성하는 합리적 과정은 정서나 정념에 비해 부차적일 뿐인가? 무페가 급진민주주의 가치로 내세우는 공공성이나 공공선은 정감의 동원만으로 성취할 수 있는 것인가?

무페는 '이해관계를 넘나드는 대중'을 담론적·헤게모니적으로 구성할 것을 주장하지만, 현실의 대중들은 경제적이든 비경제적이든 다양한 이해관계에 얽혀 있어서 쉽게 이해관계를 넘나들지 못한다. 그래서 대중들이 이해관계를 넘나들며 정체성을 변화시켜 좌파적 연대에 동의하도록 하려면, 정감을 동원하는 데에 머물러서는 안 되며 이해관계의 합치나 타협을 이룰 수 있는 합리적 방안을 모색하지 않을 수 없다.

대중의 정서나 감정을 동원하려는 무페의 좌파 대중주의 전략은 좌파 헤게모니를 확장하려는 정치 전략으로 의미가 있을 수 있다. 하지만 정감을 동원하는 정치적 경합이, 정당성에 기초하는 민주주의 정치를 지속시킬 수 있을 것인지는 의문의 여지가 있다. 무페는 정당성의 '규범 논리'와 헤게모니의 '권력 논리'의 차이를 무시하고를 양자를 민주주의 원리에서의 일반과 개별 관계로 규정함으로써, 결국 민주주의 정치에서 '정당성' 또는 '정당화' 문제를 주변화하는 경향을 보여준다. 이것은 합리적 합의를 추구하는 탈정치의 관점을 경계하려는 의도와 맞닿아 있다. 그런데 무페처럼 '정감을 동원하는 대중주의'를 민주주의 사회의 다원적 경합 정치의 중심 전략으로 삼게 되면, 다양한 집단들 사이의 이해관계 타협의 합리적 근거를 찾으려는 정치 전략을 제약할 수밖에 없다. 이것은 결국 체계 분석을 통한 이해관계 타협의 합리적 모색보다 대인관계(권력/인식-정서)에서 정서적, 감정적 경합에 주목하도록 하여, '대인관계 환원주의'의 길을 열어놓는다.

4. 선동 정치로서의 대중주의와 헤게모니-정감 환원주의

합리성에 맞서는 정감 정치와 헤게모니-정감 환원주의

민주주의 정치에서 정당성은 헤게모니와는 다른 규범적 차원을 보여주는데, 시민자격(citizenship)에 주목하는 무페의 좌파 대중주의 역시 규범적 정당화에 의지하지 않을 수 없다. 하지만 그는 규범적 정당화 차원에 주목하기보다는 합리주의적 구상과 차별화된 정서나 감정 차원에 관심을 집중하면서 민주주의 정치에서 정당성보다 헤게모니를 우선시하는 경향으로 나아간다.

무페는 "사람들이 민주 시민의 출현에 기여할 수 있게 되는 것은 자유민주주의 제도에 구현된 합리성에 대한 논쟁을 제기하는 것이 아니라, 바로 민주적 가치와의 동일화를 촉진하는 담론, 제도와 삶의 형태를 늘려가는 것에 의해서다. 핵심적인 질문은 합리성이 아니라 공통 정감(commons)에 대한 것이다."라고 말한다. "민주주의는 진리론 그리고 무조건성과 보편타당성과 같은 관념을 필요로 하지 않는다. …… 민주주의에 대한 헌신은 민주적 가치와의 동일화에 대한 질문이며, 이것은 정서가 중요한 역할을 하는 복합적 과정이다." 그리하여 무페는 "민주주의에 대한 불만이 점점 증가하고 투표를 기권하는 수준이 걱정할 정도가 되어버린 현재의 국면에서 정치의 당파적 본질과 정감의 중심성을 강조하는 것이 필수적이다."라고 주장한다." 나아가 그는 "대중은 정치에 관여함으로써 자신들의 목소리를 얻고, 자신들이 권한을 부여받는다고 느낄 필요가 있다.”라고 말하면서, 그동안 좌파가 업신여기면서 우파에 맡겨버린 주권, 보호, 안전 등을 요구하는 정감을, 평등주의적 정체성의 형태로 민주적 가치와 접합시켜야 한다고 주장한다(무페, 2022: 37-38, 40-41, 54).

무페는 우파 대중주의자들이, 신자유주의 엘리트들이 국민 주권을 포기하고 자유무역을 옹호한다며 비난하기 위해 안전 또는 안보 정서를 이용하여 배타적 민족주의(국민주의)를 주권의 관점으로 채택하는 것이 설득력 있다고 인정하면서, 이들을 주요 대적자로 인식할 필요가 없다고 말한다. 반면에 그는 오히려 신자유주의 정부가 안전과 보호를 내세워 기술-권위주의 권력의 정당성을 강화하려 한다는 점을 비판한다. 신자유주의자들이 권위주의적 디지털 자본주의, 녹색 자본주의 등을 앞세워 합리주의적 탈정치를 추구함으로써 코로나 대전염을 자신들에게 유리하게 만들려고 한다는 것이다(무페, 2022: 30-35).[9]

여기서 무페에게 중요한 목표는 합리주의적 탈정치를 통해 당파적 대결을 약화하는 신자유주의 정부를 비판하는 것이며, 이런 맥락에서 신자유주의를 수용한 중도좌파 정당 역시 비판의 대상이

9_ 코로나 대전염이 불러일으킨 정서들을 이용하려는 보수적 시도들에 맞서 좌파가 안전과 보호에 대한 요구를 다루어야 한다는 무페의 주장은 타당하다. 하지만 한국의 국민의힘 윤석열 보수정권은 집권 후 많은 인명피해를 낳은 사고들에 대해서조차 안전과 보호의 책임을 회피하려는 태도를 보이고 있으며, 이러한 태도는 유럽의 우파 대중주의의 주장들과 거리가 있다. 이것은 진보좌파 세력이 미약한 상황에서 보수우파가 권위주의적 성격을 지니면서 한일관계나 한미관계에서 민족주의에 맞서고 있고, 중도개혁 세력이 민족주의에 친화적인 입장을 취하는 한국 정치 지형의 고유한 특성으로 인한 것이다.

된다. 그리고 이러한 비판을 위해 필요한 전략은 무엇보다도 대중들의 정서와 감정을 동원하는 것이다. 그리하여 무페는 이제 "평등과 사회정의의 방어에 담긴 공동의 정감(정동, affects)"에 기초한 집합의지 형성이라는 추상적 가능성에 주목하면서, 다양하고 이질적인 투쟁들을 고려하면서 동시에 정치적 정체성 형성에서 정감적 차원의 역할 또는 공통의 정서를 동원하는 것을 중요시한다. 무페에게서 이러한 '정서적 동원'은 좌파적 이념이나 가치에 부응하는 대중주의(포퓰리즘) 정치 전략의 중심적 요소가 된다(무페, 2019: 19, 118, 125).

물론 무페가 합리주의적 구상을 비판한다고 해서 합리성의 역할을 부정하는 것은 아니다. 그래서 정체성 형성에서 정감의 역할을 강조하는 것은 "종종 해석되는 방식과는 반대로 나는 합리주의에 대한 내 비판이 합리성의 역할을 거부하거나 일종의 '비합리주의'를 옹호하는 것이 아니라는 것을 보여줄 것이다. 이것은 이성을 정념과 대립시키고 이성을 희생하면서까지 정념에 의해 추동되는 정치를 옹호하자는 외침이 아니다."라고 분명히 반박하기도 한다(무페, 2022: 61-62). 현실적으로 이성/합리성과 정감/정념은 배타적인 것이 전혀 아니다. 어떤 정감은 이성적 사고로부터 나오며, 어떤 합리성은 정념을 고려할 때 가능하기 때문이다.

그렇지만 무페는 '이성/합리성'과 '감성/정감'을, 그리고 '사회 이론'과 '정치적 실천'을 서로 대립적으로 설정하면서 자신의 주장을 펼치려고 하며, 이에 따라 민주주의에서 합리주의와 사회 이론은 부차적이라는 주장을 끊임없이 상기시킨다. 그래서 그는 '과학적 근거'

를 내세워 사회주의의 구상이 상대 세력의 '이데올로기적 입장'을 능가하고 있음을 주장하는, 진리 이론적, 합리주의적 구상이, 그 자체로 고유한 힘을 가지고 있다는 생각에 반대하면서, 이성이나 진리 대신 정서, 감정, 헤게모니에 호소하려고 한다. 그래서 무페는 "사회주의 원리들이 평등주의적 사회에 대한 상을 구성하는 데 유효한 이론적 지침을 제공할 수는 있지만, 이것이 정치적 실천이 될 때 진보적인 집합의지가 확고해질 수 있는 정념을 동원하고, 공통 정감을 발생하는 것이 가능해지는 것은 분명 사회주의에 호소해서가 아니라고 나는 확신한다."라고 분명히 말한다(무페, 2022: 55-57).

무페는 사회주의를 추상적 관념을 제공하는 사회 이론으로 규정하면서 대중의 정치적 실천이 '추상적 관념의 실현을 위한 것'이 아니라고 단언한다. 이러한 주장은 식인 자본주의 체계의 근본 모순을 분석하고 이로부터 반자본주의 체계 변혁을 위한 '포괄적 대항 헤게모니' 전략을 논리적으로 도출하려고 한 프레이저의 이론에 대한 근본적 비판이 된다. 사실 무페가 '사회 이론'과 '정치적 실천'의 이분법 속에서 정치적 실천을 중요시하면서 사회주의를 추상적 사회 이론으로 규정하고 있는 것도, 결국 프레이저의 이론을 포함하여 비현실적, 관념적 주장으로 일관하는 사회주의 이론과의 대결의식이 강하기 때문이라고 할 수 있다. 그래서 그는 '정당성-합리성(이성)-사회 이론'과 '헤게모니-정감(감성)-정치적 실천'을 대비시키면서 후자들을 강조하는 것이다. 여기서 대중주의는 바로 대중의 정서에 다가가는 데에 중요한 후자들의 의미를 잘 부각할 수 있는 이론이자 정치 전략인 셈이다.

'필연적' 이해관계가 아닌 '우연적' 정체성을 인정하고, 또 합리적 이론으로 해소할 수 없는 '정감'(affects)에 주목해야 한다는 무페의 주장은 전적으로 타당하다. 무페는 프로이트의 정신분석학 이론에 의지하여 정치적 정체성의 구성에서 '정감'이 갖는 결정적 역할을 강조한다. "정치의 중요한 차원이란 정치적 정체성의 구성이며, 이것은 언제나 정감의 차원을 수반한다는 것을 인정한다." 또한 그는 '담론적인 것'과 '정감적인 것'의 분리에 근거하여 담론에서 정감으로의 시각 전환을 '정감적 전회'(affective turn)라고 부르면서, 자신의 헤게모니적 접근 방식이 담론적 차원만을 고려한다는 비판에 대해 반박하면서 담론과 정감의 연관을 강조한다. 그래서 그는 "헤게모니에 대한 담론이론은 '정감의 질서에 속해 있는 무엇인가가 사회적인 것을 담론적으로 구성하는 데 주요한 역할을 하고 있다'고 주장하면서 그러한 상호 영향력을 인정한다."라는 점을 강조한다(무페, 2019: 110-115).

앞서 무페는 대중주의 전략의 중요한 측면이 정치적 정체성 형성에서 '정감적 차원'의 역할의 중요성, '공통 정감' 동원의 중요성을 인식할 수 있게 한다는 점에 있음을 언급한 바 있는데, "좌파 대중주의 전략은 보다 민주적인 질서를 지향하는 공통 정감에 의해 지속되는 집합의지를 구체화하려 한다."라고 말한다(무페, 2019: 19, 118). 나아가 그는 "좌파는 헤게모니 차원을 파악하지 못하게 방해하는 본질주의적 정치 구상을 반드시 내려놔야 한다."라고 말하면서, 좌파 대중주의 전략은 "대중적 열망을 중심으로 하는 정치적 가치들을 연결하고 있음"을 강조한다(무페, 2019: 61, 69-70). 여기서 본질주의적 정치 구상은 프레이저의 '식인 자본주의' 체계 이론과 반자본주의 정치 전략을 떠올리게 하는데, 이에 맞서 대중적 열망과 같은 정감을 강조하는 무페의 좌파 대중주의는, 프레이저의 '체계 환원주의'와 합리성/이성 중심의 사고와 달리 확실히 '헤게모니-정감'의 중요성을 확인해 주는 대안적 사회 이론을 제시한다고 하겠다.

규범적 정당성의 주변화와 선동 정치로서의 대중주의

무페는 2022년에 출간한 『녹색 민주주의 혁명을 향하여』에서 정치와 정감(affects)의 관계에 주목하면서, 정치에서 정감의 중요성을 더욱 적극적으로 주장한다. 정감과 감정에 호소하는 우파 대중주의에 맞서려면, 좌파 역시 하버마스가 옹호하는 합리주의적 구상이나 숙의 민주주의 이론가들이 의존하는 이성적 진보에 대한 집착에서 벗어나 정감과 감정에 호소할 필요가 있다는 것이다. 이러한 '합리주의적 탈정치' 비판은 앞서 살펴본 '경합적 다원주의'의 핵심적 주장인데, 여기에 '좌파 대중주의'를 통한 정치적 경합을 위해 '정감'의 역할의 중요성이 덧붙여진다. 이것은 무페가 담론적, 등가적 접합에서 경계를 넘나드는 방식으로 대중의 정치적 정체성을 구성하는 데에서 정감이 중요한 역할을 한다고 보기 때문이다. 그래서 무페는 '정감적 전회'가 필요하다고 주장한다.

합리주의의 한계를 비판하는 무페의 주장은 충분히 동의할 수 있다. 하지만 합리주의 비판이 다양한 집단들 사이의 이해관계 합치나 타협 방안에 대한 합리적 분석이나 이를 통한 정당성 추구의 문제를 주변화하는 길로 나아가는 것은 경계할 필요가 있다. 예를 들어, 무페의 좌파 대중주의는 '민주주의 헤게모니' 또는 '민주주의의 급진화'를 추구하지만, 이를 위해 민주주의와 평등 가치의 내용과 실천을 어떻게 규범적으로 정당화하고 또 다양한 이해관계의 현실적 합치/타협을 이룰 것인지를 논의하기보다는 집합의지 형성을 위한 '정감의 역할'을 부각하는 데 주력한다. 이것은 결국 민주주의 정치에서 민주주의 가치에 대한 합리주의적 정당화 경쟁보다 정감과 감정에 기초한 선동과 대결을 우선시하는 길을 열어놓는다.

그리하여 좌파 대중주의가 정감의 동원을 통한 헤게모니 투쟁 전략으로 받아들여지게 되면, 이제 민주주의 가치를 정당화하는 과정과 멀어지면서 감정적 대립을 극단화하여 권력을 획득하려는 전략을 배제할 수 없게 된다. 그리고 이렇게 정치가 집합의지 형성을 위한 정감적, 감정적 대결로만 나아가게 되면, 무페 자신이 원하는 대중주의의 경멸적 의미 제거는 오히려 더 어려워진다. 정감이나 감정의 동원에 주목하는 정치는 대중이 정서적, 감정적 대결에 몰두하게 하여 정치적 대립의 극단화를 촉진하게 되는데, 이것은 대중주의가 점점 더 경멸적 의미로 느껴지도록 만드는 것이다.

무페는 보편적인 시민자격(citizenship)에 기초한 정치 공동체에서 다양한 정치 세력들이 민주적인 질서를 유지하면서 서로 경합을 벌인다고 하는 '경합적 다원주의' 원칙을 제시한 바 있는데, 이것은 민주주의 가치의 정당성이 부여될 때 유지될 수 있다. 그는 좌파의 관점에서 다양한 주체들이 개인적 이익이나 욕구를 어느 정도 희생하면서도 사회적, 공공적 가치를 추구하는 민주주의 사회를 지향하고 있다. 여기서 시민자격은 시민들의 정치 공동체가 민주적으로 유지되는 조건에서만 의미를 지닌다. 이러한 민주적 정치 공동체의 존속을 위해서는 시민자격에서 권리에 대한 요구와 함께 책무와 덕성의 실천이 중요하며, 이것은 경쟁 세력들이 상호인정과 신뢰에 기반하여 정치 공동체의 정서적 통합을 유지하려고 노력할 것을 요구한다. 민주주의 정치에서 규범적 정당화가 중요한 것은, 바로 민주적 정치 공동체에 대한 시민 대중의 신뢰를 유지하는 길이기 때문이다. 반면에 정서적, 감정적 대결을 부추기는 대중주의의 헤게모니 전략은 민주주의의 급진화 과정에서 정치 공동체의 분열을 가속하여 민주주의 자체를 위협하는 정치 전략이 될 수 있다.

그러므로 민주주의 정치는 대중의 정서적 동원을 추구하는 헤게모니 전략만이 아니라 합리주의적 합의와 이해관계의 타협을 통한 정당화 전략이 공존하면서 경합하는 과정이며, 이를 통해 민주주의에 대한 신뢰가 유지될 때 정상적으로 작동할 수 있다. 시민자격이 민주주의 정치 공동체 형성의 기초가 되는 원리라고 한다면, 민주주의 정치는 다원적 경합 속에서도 정치 공동체 자체의 해체를 억제하는 과정이 되어야 한다. 이런 점에서 대중주의가 대중의 정감적 동원에만 몰두하면, 민주주의 정치 공동체 자체의 분열과 해체를 부추김으로써 민주주의와 시민자격의 보호에서 점점 더 멀어지는 결과를 낳게 될 것이다. 실제로 21세기에 확산하고 있는 대중주의는 극우적 성향을 확산시켜 정치 공동체의 분열을 부추기는 경향을 보여주고 있다. 그렇다면 대중들을 정감적으로 동원하여 감정적 대결을 극단화하는 현실에서 과연 대중주의에서 경멸적 의미가 쉽게 제거될 수 있을까? 대중주의가 다원적 경합 과정에서 정치 세력들이 서로 정서와 감정을 동원하여 정서적, 감정적 분열과 대립을 부추기는 대중 선동 정치로 나아간다면, 이제 시민들 사이에서 최소한의 신뢰와 상호인정마저 해체되어 다원적 경합을 불가능하게 할 뿐만 아니라, 민주주의 정치 자체를 위협할 수도 있다.

1940년대 남미 아르헨티나에서 집권한 소수파 대통령이 과두제적 엘리트 정치 세력의 반대에 맞서기 위해 대중에 직접 호소하는 통치 방식을 가리키기 위해 사용되기 시작했던 대중주의(populism) 개념은, 이후 엘리트와 대중의 대립을 강조하면서 엘리트 비판을 통해 대중을 동원하고 나아가 대중의 지지를 확산하기 위한 정치 전략을 의미하는 개념으로 일반화되었다. 그런데 대중주의 정권의 정당성을 훼손하려고 했던 반대편 정치 세력은 대중주의를 대중의 환심을 사기 위한 비합리적인 선심성 정치 전략으로 낙인찍으며 비판하였고, 이에 따라 대중주의는 점차 정치적 선동을 위한 비합리적 정치 전략이라는 의미로도 사용되기 시작했다. 그리하여 오늘날 대중주의는 경멸적이지 않은 중립적 용어로 사용하기가 현실적으로 어렵게 되었다(김주호, 2023; 장석준, 2019; 홍철기, 2019).[10]

10_대중주의의 개념 규정과 관련하여, 하승우는 대중주의(populism)와 대중영합주의(popularism)를 구분하는 것이 한국 학계에서 널리 수용되고 있다고 말한다(하승우, 2021: 44). 하지만 현실적으로 다수를 확보하기 위한 대중 동원이나 선전 전략들과 구분되는 대중주의의 고유한 성격이나 내용이 무엇인지는 분명하지 않다. 또 라클라우와 무페의 대중주의는 다원적 성격을 띠는 대중의 담론적, 헤게모니적 구성과 접합을 강조함에 따라 엘리트와 대중의 대립 관계가 그 핵심적 속성인지도 분명하지 않다. 현실적으로 민주주의 정치에서 정치 세력들은 대중을 동원하거나 지지와 참여를 끌어내기 위해 다양한 정치 전략을 사용해 왔는데, 이것이 대중주의와 어떻게 다른지도 분명하지

한국 사회의 정치 현실을 살펴보면 이 점은 더욱 분명해진다. 한국 사회에서 대중주의는 대중의 인기에 영합하거나 대중을 비합리적으로 선동하는 정치 전략이라는 부정적, 경멸적 의미가 널리 퍼져있고, 엘리트나 심지어 소수자에 대한 대중들의 정치적 비난과 혐오를 부추김으로써 정치적 이득을 얻으려는 정치 세력이 정치적 경쟁자를 비난하고 공격하는 경멸적 의미로 사용하는 일이 일반화되었다. 게다가 정치적 경쟁 집단에 대해 도덕적 비난과 혐오 감정을 쏟아내며 대립을 극단화하고 있는 한국 정치 현실은, 정감의 동원이 얼마나 시민들을 균열시키며 부정적인 효과를 낳게 되는지를 잘 보여준다. 이처럼 감정적 대립이 극단화하는 상황에서 좌파가 대중주의를 '민주주의 급진화'를 위한 정치 전략으로 삼으려는 시도는 그리 성공적이지 못할 것이다. 더구나 민주주의 정치에서 규범적 정당성 경쟁보다 정감을 동원하는 대중주의 전략에 더 의존하려고 할수록 정치적 선동이라는 비난을 비켜 가기도 어렵다.

물론 민주주의 정치 자체도 현실적으로 정감을 동원하는 대중 선동에서 완전히 벗어나기는 어렵다. 하지만 이러한 과정에서 규범적 정당성 경쟁을 무시해서는 대중적 지지를 확대하기도 어려울 뿐만 아니라, 민주적 경합의 규칙을 유지해 나가기도 쉽지 않다. 그래서 우파 대중주의 선동 정치에 대해 좌파 대중주의 선동 정치로 맞서는 것은, 민주주의나 평등 가치의 규범적 정당화를 통한 좌파적 가치의 차별성 확보를 더욱 어렵게 할 것이다. 그리하여 정감을 동원

않다(서영표, 2014). 이런 점에서 대중주의는 '일반적 정치 전략'을 넘어 특정한 의미로 고정된 사회과학적 개념으로 사용하기가 점차 어려워지고 있다.

하는 대중주의 선동 정치는, 결국 다양한 이해관계의 합리적 타협을 통해 대중적 지지를 넓히는 길과 민주주의와 평등의 가치에 대한 규범적 정당성을 얻는 길을 방해함으로써, 민주주의 정치를 상대화된 권력 게임으로 만들어 버리게 될 것이다.

특히 정체성 정치는 감정과 정서의 동원에 민감하여 경쟁 상대에 대한 비판 과정에서 상대방에 대한 비난, 증오, 혐오 행위가 심화하여 감정적 대립이 극단화하기 쉽다. 우파 대중주의이든 좌파 대중주의이든, 정감의 동원은 감정적 대립을 부추기면서 상대방에 대한 증오와 혐오의 감정을 증폭시키는 과정을 제어하기 어렵다. 그러므로 정감을 동원하는 정치는 정치적 경합을 감정적 균열과 대립을 극단화하는 경향을 낳게 된다. 과거의 파시즘이 의존했고 또 오늘날의 극우 정치가 의존하고 있는 것이 바로 이러한 증오·혐오 감정의 동원이며, 따라서 이러한 정감을 동원한 대중주의 정치는 정치적 경합의 공정성을 훼손하고 민주주의 자체를 위협하기 쉬운 것이다(김만권, 2020).

이처럼 무페의 좌파 대중주의가 선동 정치의 길을 열어놓게 된 것은, 무엇보다도 민주주의 급진화라는 좌파적 가치의 차별성을 정당화하는 길보다, 헤게모니 자체를 정당성의 실현 형태로 보면서 '정감'을 동원한 헤게모니 투쟁을 강조하는 길로 나아갔기 때문이다. 이것은 정당성과 합리성보다 헤게모니와 정감에 의존하려고 한다는 점에서 '헤게모니-정감 환원주의'의 경향을 보여준다고 하겠다.

5. 민주주의의 급진화와 급진적 개혁주의

민주주의의 급진화와 공동선

무페는 민주주의적 자본주의 체계에 대한 이론적 분석보다 다원적 주체의 유동적 정체성과 정감 같은 대인관계(권력/인식-정서)에서의 현실적 지형을 중요시하는 시각을 보여준다. 이것은 자본주의 체계에 대한 환원주의적 분석을 통해 반자본주의 체계 변혁이라는 근본주의 실천 전략을 논리적으로 도출하려고 한 프레이저식 사고와 완전히 상반된 것이다. 물론 무페가 말하는 민주주의의 급진화가 '반자본주의'를 포함할 수 있지만, 이것은 선험적 목적이라기보다 기본적으로 민주주의 가치를 지향하면서 헤게모니 투쟁을 통해 성취해야 할 목표일 뿐이다. 그래서 무페는 무엇보다도 식인 자본주의 이론이라는 사회 이론에 근거한 합리주의적 전략인 프레이저식의 반자본주의 혁명 또는 체계 전환 기획이 비현실적이며 바람직하지도 않다고 생각한다.

무페는 자신의 좌파 대중주의 전략이 자유민주주의 레짐과의 '혁명적' 단절을 요구하는 것은 아니라고 주장한다는 점에서 근본주의와는 분명히 거리를 둔다(무페, 2019: 61). 이것은 다원화된 민주주의 사회에서 다양한 정치 세력들 사이의 경합(경합적 다원주의)을 중요시하고 좌파 헤게모니가 지향해야 할 방향을 '민주주의의 급진화'로 보는 무페의 이론적 시각과 일관된다. 그런데 여기서 다원적 적대 세력들 사이에서 좌파적인 담론적, 헤게모니적 접합을 이루려면, 현실적 적대들이 형성하는 경계의 다원성을 인정하면서 다원적 적대들의 등가성(평등)을 추구하는 데에서 출발하지 않을 수 없다.

물론 무페도 프레이저와 마찬가지로 '반자본주의'라는 대안에 공감하고 있다. 하지만 프레이저의 '포괄적 대항 헤게모니 기획'이 규범적으로 제시된 근본주의 전략이라면, 무페의 '헤게모니적, 담론적 접합 기획'은 다원적 적대들의 경합 속에서 피지배·종속 집단들의 연대를 통해 성취하려는 급진민주주의 개혁주의 전략이라는 점에서 차이가 있다. 프레이저 역시 '민주주의의 확장'이라는 표현을 사용하지만, 이것은 무페의 '민주주의의 급진화'와 전략적인 차이를 보인다. 프레이저에게서 민주주의 확장은 반자본주의 체계 변혁이라는 근본주의 전략의 당위적 주장이지만, 무페의 민주주의 급진화는 개혁을 위한 헤게모니 정치의 현실적 목표일 뿐이다.

여기서 중요한 점은 '미리 구성된 이익과 정체성'을 전제하지 않으면서 경계의 비고정성, 주체 위치와 정체성의 변형 가능성을 인정한다는 사실이다. 그래서 무페는 "급진민주주의 시민자격(citizenship)의 목표는 공동의 정치적 정체성을 구축하여, 새로운 평등주의적인 사회관계들·실천들·제도들을 통해 접합되는 어떤 새로운 헤게모니의 설립 조건들을 창출하는 것이다. 이는 기존의 주체 위치들을 변형하지 않고서는 성취될 수 없다."라고 말한다(무페. 2007: 140) 그리하여 그는 "현대 민주주의는 정확히 실체적인 공동선의 부재라는 특징을 지니고 있다."라는 점을 분명히 하면서, 다원적 민주주의 정치에서 등가적 접합이 추구하는 것은 "자신의 이익들과 정체성이 미리 주어진 집단들이 존재한다는 것, 정치는 새로운 정체성의 구성에 대한 것이 아니라, 갖가지 부분들의 요구들을 만인에게 수용될 만한 방식으로 만족시킬 수 있는 방식들을 찾으려는 것이다."라고 말한다(무페, 2007: 105, 140). 이것은 '집단'에 대한 본질주의적 통념에서 벗어나 다원적인 이익집단들 사이에서 다양한 요구의 타협과 조정이 필요함을 주장하는 것이다. 이 대목에서 우리는 무페가 '헤게모니-정감 환원주의'의 경향으로 나아가고 있지만 다양한 집단들 사이 이해관계의 타협과 조정을 전적으로 무시하고 있지는 않다는 점을 확인할 수 있다. 그리고 이것을 공동선이나 공공성의 가치에 부응하도록 접합하려고 한다.

급진적 개혁주의와 녹색 민주주의 혁명

확실히 무페는 다원화된 민주주의 사회에서 혁명을 추구함으로써 민주주의를 급진화할 수 있다고 보지 않는다. 그가 생각하는 '민주주의의 급진화'는 자유주의와 민주주의의 관계를 다시 접합시켜 새로운 헤게모니 형성체를 이끌 집합의지로서 '대중'을 구성하는 길이며, 이를 통해 민주주의 제도를 회복하고 급진화하는 과정이다. 이 과정은 자유민주주의의 합법성 원리를 부정하지 않는다. 무페의 헤게모니 전략은 개혁과 혁명 사이 잘못된 난제를 거부하는데, 그것은 '극좌'의 혁명적 전략이나 사회민주주의 세력들의 무익한 개혁주의 모두와 거리를 두는 '급진적 개혁주의' 전략이다. 이것은 "여러 개혁의 전복적 차원, 그리고 이 개혁들이 비록 민주주의 수단을 통해서 추구되지만, 사회경제적 권력관계 구조의 커다란 전환을 추구한다."(무페, 2019: 75-76).

무페는 자본주의와 자유민주주의 사이에 필연적 관계가 존재하지 않는다고 본다. 그래서 그는 '정치적 자유주의'와 '경제적 자유주의'를 구분하면서, 권력 분산, 보통 선거권, 다당제, 시민자격 등 자유주의 국가의 원리들 속에서 민주주의 요구를 확장하고 급진화할 수 있다고 주장한다. 물론 민주주의의 회복과 급진화를 추구하는 급진 개혁주의 정치는 자본주의 생산관계에 대해 도전하며 신자유주의에 파열을 낼 수 있는데, 이것은 필연적으로 반자본주의 차원을 포함한다. 하지만 반자본주의 투쟁에 어떤 선험적인 특권적 장소가 존재하는 것은 아니며, 민주주의 원리의 확장이라는 면에서 보면 다양한 반자본주의 투쟁들이 가능하다. 무페는 구체적 상황에 기반을 두면서 평등을 위해 투쟁하는 사람들이 다양한 지배 형태들에 대한 저항으로서 민주주의 가치를 지향한다고 보면서, 이런 점에서 대중의 동원은 '반자본주의'보다 '민주주의'의 이름으로 이루어질 수 있다고 주장한다(무페, 2019: 79-82). 이런 맥락에서 그는 혁명도 민주적이어야 한다고 보면서, '녹색 민주주의 혁명'을 제안한다(무페, 2022).

6. 정감적 동원의 대인관계 환원주의와 체계 분석의 주변화

사회경제적 권력관계 구조와 정감의 동원

무페의 급진적 개혁주의는 한편으로는 다원적 가치들의 등가성에 기초하여 민주주의, 특히 정치적 자유민주주의를 급진화할 것을 주장하며, 다른 한편으로는 반자본주의를 선험적으로 주장하기보다 개혁의 방향이 비고정적, 우연적 현실에 열려있으며 실천적으로 구성해 가야 하는 것임을 강조한다. 그래서 좌파 정치는 다원적 경합과 등가적 접합을 통한 급진적 개혁을 추구해야 한다고 주장한다. 무페는 마르크스주의의 경제결정론과 계급결정론을 비판하고 정체성이 객관적인 사회적 위치에 의해 결정된다는 본질주의적 도식에 반대하며 적대들의 다원성과 등가성, 정체성의 비고정성 등을 강조한다. 이러한 사고에 기초하여 담론적, 헤게모니적 접합을 통한 급진적 민주주의를 대안으로 제시하는 것은, 다원화된 민주주의 사회에서 현실적인 주장이다. 그리고 같은 맥락에서 대인관계에서 대중의 정서, 감정, 욕망, 의지 형성 등에 주목하는 것도 역시 타당하다.

정치적 경합은 기본적으로 이해관계와 가치, 정체성 등에서 서로 다른 지향이나 신체적 배경을 가지는 개인이나 집단 또는 이들을 대변하는 정치 세력들 사이의 경합이며, 이에 따라 다양한 정치적 경합과 대립의 분할선들이 형성된다. 그리고 이 과정에서는 다양한 이데올로기, 신념, 정서, 감정, 욕구 등이 형성되는데, 무페가 중요시하는 정감(affects)은 바로 이런 인식이나 정서에 연관된다. 여기서 정서나 감정들은 이해관계, 가치, 정체성 들과 무관하지 않으며, 또 이들의 객관적 기반이 되는 사회체계와도 무관할 수 없다.

무페는 합리주의적 합의를 추구하는 정치 전략들이 '탈정치적' 구상으로서 정치적 당파성을 부정하며 정감의 차원을 무시한다는 주장을 반복하지만(무페, 2022: 53), 실제로 하버마스나 기든스가 이성과 합리성을 강조한다고 해서 정치적 당파성의 중요성을 부정하고, 정감의 차원을 무시한다고 단정하기는 어렵다. 이들은 오히려 시대 변화에 따른 정치 지형의 변화 속에서 새로운 정치 전략의 필요성을 강조하고 있으며, 이때 중요한 점은 현실 정치 속에서 합리성(이성)과 정감(감성)이 서로 어떻게 맞물리는지를 이해하는 것이다. 그러므로 다양한 이데올로기와 정서, 감정, 심리와 맞물려 있는 여러 이익과 정체성, 그리고 이것들을 구성하는 사회체계들을 합리적으로 분석하는 작업은 피할 수 없다.

앞서 언급했듯이 무페는 '사회경제적 권력관계 구조의 커다란 전환'을 좌파 대중주의 기획의 목표라고 밝히고 있고, 또 서로 다른 이익과 정체성 들을 가진 사람들 사이에서 타협과 조정의 필요성도 언급하고 있다. 헤게모니 투쟁을 위한 담론적 접합이 효과적으로 이루어지게 하려면, 다원적 모순과 적대들 속에서 대중들이 어떤 다중적인 인식, 이념, 가치관, 정서, 감정, 태도 등을 지니고 있는지 분석하지 않으면 안 된다. 이를 위해서는 무페 스스로 말하는 '사회경제적 권력관계 구조'의 현실을 분석할 사회 이론이나 설명 체계가 당연히 필요하다. 사회체계에 대한 합리적 이론이나 분석틀 없이 정감에만 의존해서는 민주주의와 평등의 가치를 지향하는 헤게모니적, 담론적 접합을 현실화하기 어렵기 때문이다.

민주주의적 등가 사슬 형성과 합리성

정치적 경계 형성을 추구하는 헤게모니 투쟁에서 좌파 대중주의는 민주주의적 등가 사슬로 서로 다른 이해관계와 가치들을 접합하고 다양한 종속 집단들도 접합해야 하지만, 이러한 접합 자체도 개별 정체성이 유동적인 만큼 유동적일 수밖에 없으며, 따라서 접합의 경계 역시 유동적일 수밖에 없다. 게다가 헤게모니적 접합은 좌파의 전유물도 아니다. 그래서 무페는 우파 대중주의가 민주주의적 요구를 외국인 혐오적 어휘들과 접합하는 데 성공했다는 사실을 언급하면서, 민주주의적 요구가 자동으로 진보적 성격을 갖게 되는 것은 아니라는 점을 강조한다. 마찬가지로 생태주의가 반민주주의적 특징과 결합하는 모습을 보면, 신자유주의에 대한 거부가 민주주의의 진전을 보장하는 것이 아님을 알 수 있다.

그렇다면 우파 대중주의에 맞서 민주주의의 급진화를 추구하려면, 이제 여성, 이주민 등 차별에 저항하는 민주주의적 요구들과 생태주의의 추구를 서로 접합할 수 있는 좌파적 기획이 요구되는데, 이를 위해 생태주의적 질문과 다른 사회적 질문들을 서로 연결할 수 있어야 한다. 여기서 무페는 "소비자의 수요와 경제성장을 촉진하는 방식을 취하는 케인즈식 해법은 환경 파괴의 동력"이라고 비판하면서, 녹색 자본주의에 맞서는 좌파의 급진민주주의 기획으로서 녹색 민주주의 혁명 기획은 생태적 위기의 도전을 받아들이면서 생태적이고 사회적인 질문들을 접합시켜야 한다고 주장한다(무페, 2019: 85, 99-100). 그리하여 급진민주주의 기획은 권위주의 운동에 맞서기 위해서 민주주의를 심화하는 방식으로 정치적 경계를 구성해야 하는데, 그 목적은 착취, 지배, 차별에 관한 쟁점을 중심으로 하는 다양한 민주주의 투쟁들 사이의 '등가 사슬'을 통해 '대중'을 구성하는 좌파 대중주의 전략의 전개에 있다고 말한다(무페, 2022: 12-13).

그런데 이처럼 등가 사슬과 접합이 현실적인 정치 전략이라고 하더라도, 여전히 이러한 접합이 어떻게 가능할지는 더 구체적으로 설명되어야 한다. 『녹색 민주주의 혁명을 향하여』에서 무페는 코로나19 대전염 상황에서 보호와 안전의 요구를 동력으로 삼아 녹색 자본주의를 촉진하려는 신자유주의적 시도에 맞서려면 급진민주주의의 정치적 정체성을 형성할 수 있도록 좌파들이 무시해온 '정감'(affects)에 주목해야 한다고 주장하면서, 정치적 정체성의 담론적 구성이나 정치적 상상을 강조한다(무페, 2022: 61). 그렇지만 제도와 정책을 전적으로 무시하지는 않는다. 예를 들어, 슈트렉(Wolfgang Streeck)은 자본주의 축적 논리와 민주적 제도 사이의 모순을 민주적 자본주의의 중심 모순으로 설정하고, 유권자들의 이해관계와 자본시장의 이해관계를 화해시킬 필요성을 강조한다. 무페는 슈트렉의 논의를 긍정적으로 평가하면서, 그에게서는 체계 통합과 사회 통합이 서로 갈등하게 되는 필수조건들을 다루는 방식이 중요한 쟁점이 된다고 해석한다. 시장 정의와 사회 정의의 충돌,

시장의 이해관계와 시민들의 이해관계 사이의 모순 등이 그러한 것들이다(무페, 2022: 24-25). 여기서 체계 통합과 사회 통합은 앞서 언급했던 체계(모순)와 대인관계(적대)의 구분에 상응하는 것인데, 이러한 구분에 주목하고 있다는 것은 무페가 자본주의 사회구조나 제도의 문제에도 주목하고 있음을 보여주는 것이다.

또한 무페는 영국에서 보수당 대처 정권의 성공과 노동당 블레어 정권의 실패를 대비하면서 사회민주주의적 복지 정책들과 신자유주의적 시장 정책들의 대립에 대해서도 언급한다. 그는 금융자본주의의 성격을 언급하면서 사유화, 탈규제, 기술변화 촉진, 저임금 국가로의 산업재편, 긴축정책 등이 어떻게 평등 담론을 약화하였는지에도 관심을 기울이며, 시민자격(citizenship)과 사회적·경제적 권리들, 국가의 공공정책, 공공재 등 다양한 제도들, 그리고 다양한 집단들 사이에서 형성되는 생태주의, 페미니즘, 외국인 혐오 등을 둘러싼 갈등에 대해서도 언급한다(무페, 2019: 33-34, 52-54, 95-108). 그리하여 무페는 "분명 민주주의는 평등권과 생산수단의 사회적 전유, 그리고 대중 주권과 접합될 때, 시장 자유, 사유재산, 그리고 규제 없는 개인주의와 접합될 때와는 전혀 다른 정치를 이끌어 나갈 것이며, 전혀 다른 사회경제적 실천들을 특징지을 것이다."라고 말한다(무페, 2019: 74).

이러한 기대 속에서 무페는 좌파 대중주의 전략의 타당성을 보여주기 위해 사회적 조건의 변화에 주목한다. "신자유주의 자본주의에서는 새로운 종속 형태들은 사회학 용어나 사회구조 속 위치에 의해 규정되는 사회적 부문들과는 더는 조응하지 못하는 요구들을 발생시켜 왔다. 이런 새로운 요구들에 대한 주장들—환경 보호, 성차별주의, 인종주의, 그리고 모든 형태의 지배에 대항하는 투쟁들—은 점점 많은 주목을 받게 되었다."(무페, 2019: 18) 여기서 무페는 다원적 적대들이 공존하는 사회에서 급진 민주주의적 구상이 제도에 참여하는 급진 개혁주의 정치와 밀접히 연관되어 있고, 또 국가를 민주주의 정치에서 매우 중요한 현장으로 파악하고 있다고 말한다(무페, 2019: 106). 이러한 언급들은 무페가 급진민주주의 기획의 실현을 위한 사회적 조건이나 국가, 제도 등의 조건들에도 주목하고 있음을 보여준다.

그런데 무페는 이처럼 실질적으로 다양한 사회 정책들의 차이, 사회적 부분들 및 그 속의 사회구조적 위치들의 변화 등에 주목하고 있으면서도, 다원적인 사회구조 또는 사회관계(체계) 속에서의 위치, 즉 '사회구조 속의 위치'에 대한 규정으로 새로운 종속 형태들을 설명할 수 없다고 말한다. 오히려 그는 "사회관계의 다양성 속에 새겨진 '주체 위치들'의 한 집합으로 구성되는 하나의 자리로서의 개인, 다시 말해 수많은 공동체의 구성원이면서 다원적인 집단적 정체성 형성의 형식에 참여하는 존재로서의 개인이라는 이론의 정립이 필수적이다."라고 말한다(무페. 2007: 155-156). "자리가 정해진 주체 위치들의 접합에 따라 개인들이란 단순한 지시적 정체성임을 받아들이고" 있는 것이다(무페, 2019: 111). 그렇다면 사회구조에 의해 고정된 계급 이익의 담지자를 지시하는 '사회구조 속의 위치'와, 사회관계의 다양성 속에서 자리가 정해진 주체 위치들은 서로 얼마나 다른 것일까?

물론 라클라우나 무페의 주장처럼 사회구조 속의 위치가 고정된 인식이나 정서를 만들어 낸다는 생각은 타당하지 않다. 체계가 대인관계(권력/인식-정서)를 전적으로 결정하는 것은 아니기 때문이다. 하지만 이러한 고정성을 부정한다고 해서 주체 위치들에서 형성되는 인식, 정서, 정체성 들이 사회구조 속에 아무런 정박점도 가지지 않는 완전히 유동적인 것이라고 말할 수는 없다. 게다가 무페가 주장하듯이 사회구조를 반드시 자본주의 사회구조나 계급구조만을 의미하는 것으로 볼 필요도 없다. 사회에는 다양한 사회구조 또는 체계들이 존재하는데, 이들 속에서 개인들은 다양한 주체 위치들을 차지하고 있고 또 이들의 효과로서 다양한 인식과 정서를 형성하게 되는 것이다.

현실적으로 다양한 사회적 종속 상황에 놓여있는 개인들의 정체성은 비록 고정불변하는 것은 아니라고 할지라도 궁극적으로 사회구조 또는 사회관계 속 위치들의 효과로서 나오는 것이며, 이들의 영향에서 벗어나 전적으로 우연히 구성될 수는 없다. 따라서 이러한 다양한 주체 위치들을 차지하고 있는 대중들을 정서적으로 동원하여 등가 사슬을 형성하려면, 왜 이들이 특정한 정체성을 지니면서 특정한 사회경제적 실천을 하게 되는지를 해명할 필요가 있는데, 이것들을 모두 정감으로 환원하여 설명할 수는 없다. 그래서 주체 위치들을 규정하는 사회관계들, 즉 사회구조(체계)에 대해 분석이 필요하다.

무페가 주장하는 좌파 대중주의가 대중들 사이에서 민주주의와 평등을 중심 가치로 하는 '등가 사슬'을 형성하려면, 등가적 접합이 가능한 사회적 조건에 대해 질문해야 하며, 이를 통해 다원적 적대들 속의 다양한 종속 집단들이 서로의 이해관계와 가치지향의 차이를 어떻게 조정하면서 타협과 연대를 이룰 것인지를 살펴보지 않을 수 없다.

등가적 접합이 단순한 정치적 주장을 넘어서 실현 가능성을 획득하려면, 무엇보다도 피지배 집단들 또는 종속 집단들 사이에서 나타나는 다양한 이해관계나 가치지향의 겹침과 엇갈림으로 인한 갈등과 균열 문제를 구체적으로 분석하고, 이를 통해 연대를 형성할 수 있는 현실적 타협 방안을 제시할 필요가 있다. 예를 들어 성장주의를 지향하는 노동자들과 생태주의적 탈성장을 지향하는 생태 시민들이 공통 정감을 위해 이해관계와 가치지향의 타협에 어떻게 도달할 수 있는지를 합리적으로 분석하지 못한다면, 동의와 연대를 통한 민주주의의 급진화 또는 민주주의 헤게모니 주장은 공허해진다.

민주주의의 급진화를 정당화하기 위해 무페는 대처주의를 비판하고 신자유주의적 자본주의를 비판하면서 또 기성 엘리트에 대해서도 고발한다(무페, 2019: 42-43, 69; 2022: 26-28). 그런데 이러한 비판이나 고발이 민주주의의 급진화를 위한 대중의 정서적, 감정적 동원으로 이어지려면, 공통 정감에만 의존하는 것으로는 한계가 있다. 다수 대중이 동의할 수 있는 공동의 가치지향이나 이해관계의 타협점을 찾을 수 있을 때 대중의 설득과 동의 형성이 가능하기 때문이다. 그리고 이를 위해서는 다원적 사회관계들로 구성된 체계에 대한 합리적 분석이 필요불가결하다. 민주주의와 다원적 평등의 가치를 실현할 수 있는 등가적 접합의 사회적 조건에 대한 분석과 구체적인 실현 방안을 제시하지 못한다면, 공통 정감의 형성은 어려워질 수밖에 없으며 지속되기도 어렵다.

체계 분석의 주변화와 대인관계 환원주의

무페가 스스로 인정하고 있듯이 등가 사슬은 민주주의나 평등이라는 가치를 내세운다고 해서 쉽게 형성될 수 있는 것이 아니다. 무엇보다도 과학적 사회주의 프로그램에 대한 진리 주장이나 합리주의적 구상을 거부한다고 해서, '공통 정감'를 통한 '등가 사슬' 형성을 가능하게 하는 구체적 조건과 상황에 대한 분석이 불필요한 것은 아니다. 그럼에도 무페는 정체성 형성이나 사회경제적 실천의 기반이 되는 사회체계에 관한 구체적 분석에 주목하기보다, 오히려 이것들이 처해 있는 대항 헤게모니 투쟁의 맥락에 더 주목한다. 결국 대중은 '경험적 지시 대상'이 아니라 '담론적 정치구성물'이라는 것이다(무페, 2019: 97).

무페는 사회경제적 권력관계 구조와 이해관계의 공공적 조정의 중요성에 대해 말하다가도, 사회구조 속의 위치나 합리주의적 합의에 거부감을 표출하면서 우연성과 정감의 중요성을 더 강조하는 시각으로 나아간다. 체계 통합과 사회 통합의 관계에 주목하다가도 갑자기 사회 통합과 헤게모니-정감에 주목하는 입장으로 선회한다. 그래서 프레이저는 무페가 '정치주의'로 귀결될 위험을 안고 있다고 비판한다(프레이저, 2023: 219-257).

만약 민주주의 정치를 위한 새로운 '사회경제적 실천'이 생겨날 수 있는 현실적, 합리적 근거에 주목하지 않고, 정감을 동원하는 우연적인 담론 및 헤게모니 투쟁에만 의존한다면, 대중의 동의를 확장하기는 어려워질 것이며, 서로 엇갈리는 이해관계나 가치지향들을 조정하기 위한 구체적 분석 없이 종속적 대중들의 등가적 접합의 필요성만을 주장한다면, 현실적으로 등가 사슬을 통한 접합과 연대는 공허해지고 또 어려워질 것이다. 좌파적인 평등의 가치를 실현할 사회경제적 실천은 다원적인 적대적 사회관계들 및 주체 위치들을 구성하는 특정한 사회체계나 제도의 분석을 통해 현실적으로 가능할 것이기 때문이다.[11]

그런데 대중의 정치적 정체성 구성을 통한 담론적, 등가적 접합을 정치적 중심 전략으로 삼는 무페는, 확실히 합리성보다 정서나 감정의 차원에 더 의지하려고 한다. 그는 체계 분석을 추구하는 사회이론과 대인관계(권력/인식-정서)에서의 정감에 주목하는 정치적 실천을 구분하면서, 체계 분석보다 대인관계 전략을 우선시하는 시각을 보여준다. 이처럼 사회 이론과 거리를 두면서 정치를 정감과 연결하기를 바라는 시각은, 체계 분석의 주변화를 정당화하려는 태도로 이어진다(무페, 2022: 57). 사회과학적 시각에서 보면, 필연성

11_무페의 '좌파 대중주의'는 스스로 밝히고 있듯이 라클라우의 담론 및 대중주의 이론에 크게 의존하고 있다. 라클라우는 사회적 실재를 담론적 구성으로 환원하는 경향을 보여주는데, 이에 따라 담론적 접합의 실재적 가능성 근거, 의미 고정의 물질적 조건에 대한 사유를 발전시키기 어려웠다(정태석, 1993). 비슷한 맥락에서 라클라우와 무페 이론의 한계를 지적하고 있는 최근의 문헌으로는 서영표(2016), 지주형(2020), 정정훈(2021), 하승우(2021), 김의연(2023) 등이 있다. 그리고 라클라우와 무페의 포스트마르크스주의가 한국 사회에 수용된 과정에 대해서는 김정한(2012), 현우식(2023)을 참조할 수 있다.

을 거부하고 우연성과 담론적 접합의 논리에 근거하여 사회 이론과 체계 분석보다 정치적 실천을 중요시하는 무페의 이론은, 필연성과 우연성의 이분법 속에서 개연성을 찾기보다 우연성 논리에 의존하려는 철학적 사유의 결과로 보인다. 이처럼 사회 이론, 합리성, 정당성을 평가절하하고, 체계 분석을 주변화하려는 무페의 시각은, 결국 프레이저의 식인 자본주의 '체계 환원주의'의 대척점에 있는 헤게모니-정감 '대인관계 환원주의' 경향을 보여준다고 하겠다.

민주주의의 급진화를 위한 등가적 접합을 현실화하려면, 담론적, 정치적 주장만으로 해결할 수 없는 현실적 문제들에 대한 분석에서 해답을 찾아야 하며, 이것은 체계에 대한 분석 없이는 불가능하다. 정서나 감정, 정치적 정체성 등은 '사회경제적 권력관계 구조'(무페)를 포함하는 다양한 사회관계들 속에서 형성되고 표출되는데, 이러한 사회관계-구조들은 정치적 실천들로 환원할 수 없는 체계의 성격을 포함한다.

우리가 분석적으로 사회관계들을 탈인격적 체계 양상과 인격적 대인관계(권력/인식-정서) 양상의 비대칭적이고 불균등한 복합체로 사고한다면, 무페가 주목하고 있는 정감(affects)은 대인관계 양상에 속한다고 할 수 있다. 그리고 이러한 대인관계 양상은 체계 양상과 결합해 있다. 무페가 강조하는 정체성의 비고정성이나 유동성은 결국 체계로 환원될 수 없는 대인관계(권력/인식-정서)의 고유성과 상대적 자율성으로 인한 것이다. 여기서 체계와 대인관계는 사회관계를 구성하는 두 분석적 차원으로서, 사회의 구조와 변동을 이해하기 위해 함께 분석되어야 하는 것들이다. 따라서 '체계 환원주의' 못지 않게 '대인관계 환원주의'를 경계하지 않으면 안 된다. 마찬가지로 합리성(이성)과 정감(감성)의 관계나 정당성과 헤게모니의 관계에 대한 사고에서도 환원주의 논리에서 벗어나 양자의 비대칭적 결합을 변증법적으로 사고하지 않으면 안 될 것이다.

5장.

양 극단의 환원주의 넘어서기

- 체계와 대인관계의 변증법을 위하여

지금까지의 분석을 통해 나는 마르크스주의에 뿌리를 두거나 이와의 논쟁 속에서 등장한 급진적, 진보적 사회 이론들에서 나타난 다양한 환원주의적 사유가 현실의 이론적 논쟁 및 정치적 실천의 역사적 과정에 어떤 영향을 미쳤는지, 특히 좌파 정치에 어떤 부정적 결과를 안겨주었는지를 살펴보았다. 무엇보다도 경제 환원주의 사고에 근거하여 자본주의 시장경제 체계의 내적 모순/위기/적대에 따른 파국적 위기상황을 예견하고, 이를 통해 체계 변혁이나 체계 전환을 이루어야 한다는 근본주의적 주장을 앞세우는 급진적 경향들이 오늘날 복잡하게 변화한 현실에서도 주기적으로 반복해왔음을 확인하였다.

이 글에서 주요하게 다룬 프레이저의 '식인 자본주의 이론'은 다원적 모순이 공존하는 체계의 복잡성에 대한 분석을 통해 경제 환원주의에서 벗어나려고 했지만, 결국 '식인 자본주의 체계 환원주의' 논리에 의존하여 사회의 복잡성을 단순화함으로써 반자본주의 체계 변혁이라는 근본주의적 주장으로 나아갔음을 살펴보았다. 프레이저는 경제/계급 중심주의에서 벗어나 다원적 모순과 적대에 주목하고자 했지만, 국가나 이데올로기와 같은 상부구조 영역의 자율성에 대해 통합적으로 사고하는 데 실패함으로써 경제/토대 환원주의에서 완전히 벗어나지는 못했다. 또한 식인 자본주의 체계 속에서 살아가는 개인들의 인식이나 정서, 대인관계의 상대적 자율성에 대한 사고를 발전시키지 못함에 따라 '체계 환원주의'로 빠져들었다.

프레이저와 완전히 다른 사유를 보여준 무페는, '경합적 다원주의'와 '좌파 대중주의' 이론을 통해 반환원주의 사고와 함께 정감(affects)과 같은 대인관계(권력/인식-정서)에 주목하는 이론을 제시하였다. 라클라우와 함께 오래전부터 경제 환원주의와 노동계급 통일성 신화에 맞서 다원적 정체성들의 비고정성과 헤게모니적 접합의 우연성을 강조한 무페는, 경제/계급 중심주의에서 벗어났을 뿐만 아니라 경제/토대 환원주의에서도 벗어나는 모습을 보여준다. 그렇지만 역설적으로 사회 이론, 합리주의, 정당성 등에 대한 비판적 시각으로 인해 체계에 대한 분석을 주변화함으로써 '대인관계 환원주의'라는 또 다른 환원주의의 길을 열어놓았다.

나는 이들 두 이론이 보여주는 양극단의 환원주의 경향을 분명하게 보여주기 위해 '체계와 대인관계의 비대칭적 결합'이라는 문제틀을 도입하였고, 이를 통해 체계와 대인관계(권력/인식-정서) 가운데 어느 한 차원의 분석을 특권화하는 두 가지 환원주의—'체계 환원주의'와 '대인관계 환원주의'—를 비판적으로 분석할 수 있었다. 그래서 이제 이러한 분석적 구분에 기초하여 프레이저와 무페의 이론을 서로 간략히 비교하고 요약하면서, 양극단의 환원주의를 넘어설 방안을 제시해 보기로 하겠다.

1. 프레이저의 체계 환원주의 대 무페의 대인관계 환원주의

사회 전환과 프레이저의 식인 자본주의 이론

2000년대에 들어서서 생태 전환, 에너지 전환, 산업 전환 등 사회의 다양한 사회 전환이 사회적 과제로 부상하는 가운데, 마르크스주의적 시각에 의존해 온 몇몇 급진주의자들은 더 근본적인 시각에서 사회 전환을 사고해야 한다고 주장하고 있다. 물론 그들은 전통적인 마르크스주의처럼 자본주의 경제(생산관계)와 계급 적대에 편중된 이론을 통해 계급해방에 몰두하는 시각으로는 오늘날의 다중적 전환 문제를 사고하는 데 한계가 있다는 점을 인정한다. 그래서 생태-마르크스주의, 생태-사회주의, 포스트마르크스주의, 사회주의 페미니즘, 교차성 이론 등은 자본주의의 경제적 모순이나 계급 적대를 넘어서, 생태-기후 위기, 성차별(불평등), 인종차별, 소수자 차별 등 다원적 모순이나 적대들이 서로 교차하고 연계되는 방식을 해명하려는 이론들을 제시하려고 노력해 왔다. 특히 교차성 이론(Inter-Sectionality Theory)은 개인이 겪는 억압이나 누리는 특권이 인종, 성별(젠더), 계급, 성적 지향, 장애 여부 등 여러 정체성이 교차하는 방식으로, 복합적으로 형성된다는 점에 주목하는데, 예를 들어 흑인 여성 노동자들은 다양한 차별과 억압을 함께 겪고 있음을 보여준다(전지윤, 2022).

최근에는 생태 위기와 기후 위기가 심각하게 인식되기 시작하면서, 현대 자본주의 사회에서 나타나고 있는 이러한 위기들을 통합적으로 해명하려는 이론적 모색과 위기 극복을 위한 실천적 모색이 다양하게 제시되었다. 프레이저는 이러한 다양한 논의의 흐름을 수용하면서, 생태-사회주의를 포함하여 다양한 급진적 이론들을 종합한 '식인 자본주의 이론'을 제시했다. 그는 무엇보다도 토대/경제 환원주의에서 벗어나야 한다는 사고에 기초하여, 자본주의 사회에서 착취/수탈/박탈과 모순/위기/지배의 다원성을 인정하는 데서 출발하고자 했다(프레이저, 2023). 그리고 이러한 시각은 적대들의 다원성에 주목한 라클라우와 무페의 문제의식을 공유한 것이라 하겠다.

식인 자본주의 이론의 체계 환원주의

프레이저는 고전적 마르크스주의의 경제 환원주의가 '생산 영역'에서의 착취에만 배타적으로 주목함에 따른 것이라고 보면서, 생산 영역과 비생산 영역, 경제 영역과 비경제(경제 외부) 영역을 통합적으로 사고하기 위한 새로운 자본주의 개념으로서 '식인 자본주의' 이론을 발전시켰다. 여기서 그는 사회적 위치를 생산 영역에 한정시키는 사고를 벗어나 생산 영역 외부의 다원적인 사회적 위치들—계급 위치, 성 위치, 인종 위치, 생태 위치 등—을 보여줌으로써 마르크스주의의 전통적인 생산-경제-계급 중심주의에서 벗어나는 길을 제시한다.

그런데 프레이저는 식인 자본주의를 경제적 착취 체계와 비경제적 수탈 체계들이 통합된, 확장된 자본주의 체계로 규정하면서, 자본주의는 다양한 금융·경제·생태·정치·사회의 질병들의 '공통의 뿌리'이자 '심층적이고 구조적인 토대'라고 선언하였다(프레이저, 2023: 27-28). 이것은 다원적 체계들과 이들의 교차에 대한 이론을 발전시키려는 의도보다 자본주의 체계의 외연을 확장하여 다원적 모순의 공통 토대를 찾으려는 의도를 드러낸다. 이제 마르크스에게서 토대였던 자본주의 체계는 식인 자본주의 체계라는 확장된 공통 토대로 전환된다.

프레이저는 다양한 종속 형태들과 적대들, 다양한 투쟁들이 결국 생산(경제) 영역의 착취로부터 재생산을 비롯한 생산(경제) 외부 영역의 수탈(과 박탈)로 확장해 온 더 포괄적인 자본주의, 즉 식인 자본주의의 위기와 모순이 발현된 것임을 보여주고자 했다. 그리고 식인 자본주의를 다원적 모순/위기/적대 들의 기원 또는 근본 원인으로 삼으면서, 나아가 기능주의적 관점에서 다원적 체계들의 통합적 작동을 보여주고자 했다. 이러한 사유는 결국 '확장된' 경제 환원주의 또는 '식인 자본주의' 환원주의 논리를 보여준다.

경제 환원주의에서 체계 환원주의로: 체계와 대인관계 구분

일찍이 마르크스는 『헤겔 법철학 비판』의 '서문'에서 근본적 혁명(인간해방)을 위해 이론(사상)이 대중을 사로잡기를 기대했지만, 이러한 기대는 쉽게 실현되지 않았다. 이후 마르크스주의자들은 그 이유를 정치적·이데올로기적 상부구조의 상대적 자율성을 무시한 토대(경제) 환원주의에서 찾았다. 그래서 정치나 국가와 함께 이데올로기나 문화에 대한 분석을 강조하기 시작했는데, 이러한 토대/상부구조 도식은 이데올로기나 문화를 토대와 분리된 상부구조의 문제로만 여기도록 만들었다. 이에 따라 토대, 즉 경제 관계 자체에서 형성되는 대중의 다양한 인식과 정서의 문제를 사고하기 어렵게 되었다. 이러한 문제는 사회를 체계(경제 체계와 행정 체계)와 생활세계(공론장/시민사회 등)로 구분한 하버마스 역시 안고 있었는데, 그에게서 인식과 정서는 주로 생활세계의 '의사소통 합리성' 문제로 제기되는 경향이 강했다(하버마스, 1991).

그런데 자본주의 경제는 단순히 경제 체계이기만 한 것은 아니며, 그 체계 속에서 살아가는 개인들에게 다양한 인식과 정서가 형성되도록 하며 이를 통해 개인들 사이의 고유한 대인관계를 형성시킨다. 마르크스의 물신숭배(fetishism) 분석을 보면, 이것이 자본주의 '시장 관계'라는 체계의 인격적 효과임을 알 수 있다. 뒤르켐에게서도 분업 및 시장 관계는 유기적 연대와 같은 도덕적 효과를 낳는다. 그러므로 경제 체계는 그 자체로 대인관계(권력/인식-정서)와 결합해 있으며, 여기서 대인관계는 '상부구조'와 동일시할 수 없다고 하겠다(정태석, 2024; 2025).

그러므로 다양한 체계들에서 생겨나는 대인관계(권력/인식-정서) 효과들을 사고하려면, 사회관계들을 '체계와 대인관계(권력/인식-정서)의 비대칭적 결합체'로 이해하는 사유가 필요함을 알 수 있다. 그리고 이러한 문제틀을 통해 보면, 프레이저는 사회적 모순/위기/적대의 다원성을 사고하는 이론적 혁신을 보여주고자 했지만, 결국 '식인 자본주의' 환원주의라는 형태로 경제/토대 환원주의로 회귀하게 되었다. 그리고 이것은 식인 자본주의를 근본 모순에 기반하여 통일적으로 작동하는 기능주의적 체계로만 분석하려고 함에 따라 체계의 비대칭적 효과로서 대인관계의 상대적 자율성 문제를 사고하기 어려웠기 때문이라고 할 수 있다. 이에 따라 프레이저는 '체계 환원주의'에 빠져들었고, 이로부터 근본 모순 해결을 위한 자본주의 체계 변혁과 포괄적 대항 헤게모니 주체 형성의 당위성을 논리적으로 도출하는 근본주의적 주장으로 나아갔다.

다원적 적대들과 무페의 경합적 다원주의

마르크스주의 논쟁의 역사에서 경제 환원주의 또는 경제결정론에 대한 근본적 비판은 무엇보다도 포스트마르크스주의자들로부터 나왔다. 1980년대의 다원화된 사회에서 경직된 좌파 계급 정치가 한계에 봉착하는 양상을 보면서, 라클라우와 무페는 경제 환원주의와 노동계급 통일성의 신화를 적극적으로 해체하고자 했다. 그래서 계급 중심성에 맞서 다원적 적대들의 등가성에 기초한 급진적 민주주의를 강조했고, 헤게모니와 담론 개념을 통해 정체성의 유동성 또는 비고정성을 강조하면서 우연성에 기초한 헤게모니적·담론적 접합에 주목하고자 했다(라클라우 & 무페, 1990). 이것은 프레이저가 2022년에 '식인 자본주의 이론'을 제시하기 37년여 전의 일이었다.

무페는 이전의 포스트마르크스주의 이론에서 제시했던 급진적 민주주의를 위한 '헤게모니적, 담론적 접합' 이론을 발전시켜 '경합적 다원주의'와 '좌파 대중주의' 이론을 제시하기에 이르렀는데, 특히 2022년에는 기후 위기에 맞서는 생태 전환 전략에 주목하며 '녹색 민주주의 혁명' 이론을 주장하였다. 이 이론은 무엇보다도 녹색 민주주의를 위한 담론적 접합의 가능성을 실천적 맥락에서 보여주고 있는데, 특히 좌파 대중주의가 정감(affects)을 동원할 필요가 있음을 강조하였다. 이것은 체계로 환원되지 않는, 대인관계에서 권력이나 인식-정서의 비고정성과 복합적 교차성을 사고할 수 있게 해준다.

체계 환원주의 비판에서 대인관계 환원주의로

무페는 경제 환원주의나 노동자계급의 통일성 신화를 비판하면서 다원적 적대와 비고정성을 강조하고 있다는 점에서 확실히 반환원주의 시각을 보여준다고 말할 수 있다. 특히 대인관계(권력/인식-정서)의 자율성을 강조한다는 점에서, 다양한 모순과 위기, 적대와 갈등을 자본주의 체계 분석을 통해 논리적으로 해명하려는 프레이저의 '체계 환원주의' 시각에서 벗어나 있다고 할 수 있다. 그렇다면 다원화된 민주주의적 자본주의 사회에서 녹색 민주주의의 주체는 어떻게 형성할 수 있을까? 다원적 종속 주체들을 접합하기 위한 '등가사슬'의 통일된 분할선은 어디에서 찾을 수 있을까? 무페가 주장하듯이 다원적 주체들의 정체성이나 정서, 감정들이 체계에 의해 결정되거나 고정되지 않는 우연성을 지니고 있다고 하더라도, 이들은 허공에서 생겨나는 것이 아니다. 그래서 무페가 말하는 '사회경제적 권력관계 구조'와 같은 체계들에서 그 근거를 찾지 않을 수 없으며, 이것은 결국 체계 분석의 필요성을 말해준다. 결국 다양한 주체들의 정서나 감정은 다양한 체계들의 효과—결코 균등하거나 대칭적이지 않은—일 수밖에 없다. 이것들은 아무런 토대나 기원을 가지지 않는, 전적으로 자율적인 존재들도 우연적인 산물들도 아니기 때문이다.

예를 들어 자본주의 경제 체계에서 종속 집단인 노동자계급의 결혼한 남성들이 가족 임금을 받아 임금이 상승하게 되면, 가부장 체계의 종속 집단인 그들의 배우자 여성들은 가사 노동을 하면서 가정에 머무르게 될 수 있다. 이러한 상황은 노동자계급과 여성들이 평등주의적 연대를 형성하기 어렵게 한다. 또한 노동자계급이 기업의 경제적 성장으로 임금인상과 복지증대의 혜택을 받게 되면, 기업에 대한 환경 규제를 강화하는 정책에 반대할 수 있는데, 이러한 상황은 노동자계급과 생태주의 세력의 연대를 방해할 수 있다. 이처럼 다양한 종속 집단들의 연대를 방해하는 모순적 상황을 이해하려면 자본주의 경제 체계와 가부장 체계, 생태 체계 등등의 성격과 이들의 복합적인 교차 양상을 이해하는 것이 필수적이다. 이처럼 다원적 체계에 기반을 둔 현실적 조건과 상황의 분석으로부터 다원적 주체들의 복합적인 인식과 정서의 지형을 분석해 낼 때 비로소 접합과 연대의 가능성을 구체적으로 모색할 수 있다.

좌파 대중주의의 대인관계 환원주의

무페는 계급 적대가 아닌 새로운 종속 형태들이 그동안 '자본주의의 생산과정 바깥에서' 출현해 왔다는 사회적 조건에 주목하면서, 민주주의 담론에 기초한 '정치적 상상'의 필요성을 강조하였다. 무페에게 이것은 '정치적 정체성'을 생산 영역(생산관계)에서의 위치와 이에 따른 행위자로서의 계급을 중심에 두고 사고하는 마르크스주의의 본질주의, 환원주의 정치 구상에서 벗어나기 위한 길이며, 새로운 종속 형태들을 통해 형성된 대중의 집합의지를 담론적으로 접합하는 방안을 상상하는 길이었다(무페, 2019: 12, 19, 61, 90). 대중주의는 바로 이러한 정치적 상상의 산물인 셈이다.

무페는 다원적 주체들 또는 대중들의 다양한 정서, 감정, 이데올로기, 욕망 등을 다원적 체계들에 기인하는 이해관계, 가치지향, 정체성으로 설명하기보다는, 다원적 적대들과 경합의 관계 속에서 담론적으로 구성되는 집합의지의 요소들임을 강조한다. 그리하여 체계에 관한 사회 이론과는 거리를 두면서, 우연적인 헤게모니적, 담론적 접합 전략에 주목한다. 그래서 앞서 언급했듯이 프레이저는 이러한 이론 전략이 '정치주의'로 귀결될 위험을 안고 있다고 우려한다(프레이저, 2023: 219-257). 이런 점에서 사회 이론, 합리주의, 정당성 등 논리적, 이성적 사고에 대해 평가절하하면서 헤게모니와 정감을 강조하는 무페의 사유는, 확실히 '대인관계(권력/인식-정서)' 환원주의 경향을 지니고 있다. 물론 그가 체계 분석의 필요성을 전적으로 부정한다고 말할 수는 없지만, 특정한 체계와 그 속에서의 개인들의 위치로부터 (정치적) 정체성의 형태를 설명하기를 꺼리는 것은 확실히 체계 분석을 주변적인 것처럼 취급하려는 경향으로 볼 수 있다. 생산 영역(생산관계)에서의 위치(계급 위치) 결정성을 거부하는 것이 다른 모든 사회관계에서의 사회적 위치에 대한 사고를 무시하는 것을 정당화하지는 못한다. 이러한 시각은 결국 '대인관계 환원주의'로 나아가는 길을 열어 놓는다.

체계와 대인관계의 분석적 구분과 두 환원주의 넘어서기

사회관계를 탈인격적 관계와 인격적 관계, 체계와 대인관계(권력/인식-정서)로 분석적으로 구분하면서 '체계와 대인관계의 비대칭적 결합체'로 이해하는 문제틀은, '체계 환원주의'와 '대인관계 환원주의'라는 양극단의 환원주의를 사고할 수 있게 해준다. 프레이저와 무페는 모두 비슷한 맥락에서 다원성을 수용하지 못한 좌파 이론 및 정치의 한계를 지적하였지만, 서로 반대되는 이론을 구성하는 길로 나아갔다. 무페가 마르크스주의의 환원주의와의 단절을 통한 포스트마르크스주의로의 길을 혁신의 방향으로 삼았다면, 프레이저는 오히려 '마르크스주의의 확장적 재구성'을 혁신의 방향으로 삼았다. 프레이저가 '자본주의-경제 환원주의'와 '식인 자본주의 체계 환원주의'에 빠져 현대 사회체계의 복잡성을 대인관계(권력/인식-정서)와의 비대칭적 결합을 통해 사고할 수 있는 길을 스스로 막아버렸다면, 무페는 '헤게모니-정감 환원주의'와 '대인관계(권력/인식-정서) 환원주의' 경향으로 나아감에 따라 다원적 적대들과 정체성들의 경계 및 등가 사슬 형성에 다원적 체계들 및 사회적 위치들이 미치는 영향에 대한 합리적 분석을 주변화하는 길로 갔다. 이런 점에서 프레이저의 '체계 환원주의'와 무페의 '대인관계 환원주의'는 사회 이론 또는 정치철학에서 서로 대척점에 서 있다고 할 수 있다.

이중의 환원주의에서 벗어나려면, 탈인격적 관계로서 체계에 대한 분석과 인격적 관계로서 대인관계(권력/인식-정서)에 대한 분석이 서로 통합적으로 이루어져야 한다. 그런데 '체계 환원주의'에서 벗어나 체계 분석에서 그 인격적 효과를 해석해 내려면 합리주의 사고에 의존하지 않을 수 없으며, 이를 통해 다원적 종속 집단들 사이의 '등가 사슬'을 구성하려면 이해관계와 가치지향의 조정과 타협이라는 합리주의 정치를 외면해서는 안 된다. 그리고 민주주의 정치를 유지하기 위해서는 정당성 문제를 헤게모니로 환원하려고 해서도 안 된다. 무페는 프레이저의 '체계 환원주의'의 한계를 넘어설 수 있는 중요한 이론적 대안을 제시하고 있지만, 사회 이론, 합리주의, 정당성 등 이성의 논리와 거리를 두려고 함으로써, 정감을 동원하는 상대화된 권력 게임의 길로 나아가는 경향을 보인다. 민주주의와 평등이라는 좌파적 가치에 대한 합리주의적 정당화를 포기하면, 우파 대중주의와 좌파 대중주의 사이의 권력 게임만 남게 될 것이다. 그러므로 체계 분석과 대인관계 분석, 사회 이론과 정치적 실천, 합리성과 정감, 정당성과 헤게모니 등에서 어느 한쪽을 특권화하는 길이 아니라, 양자의 관계를 변증법적 융합 속에서 사고하는 길로 나아갈 필요가 있겠다.

2. 프레이저의 체계 변혁 근본주의와 무페의 급진적 개혁주의

프레이저와 무페는 이론 전략에서만 차이를 보이는 것이 아니라, 대안 사회에 대한 전망과 실천 전략에서도 차이를 보인다. 프레이저가 식인 자본주의 체계 환원주의 이론에서 체계 변혁 근본주의 주장을 도출해 낸다면, 무페는 대인관계(권력/인식-정서) 환원주의 경향을 지닌 좌파 대중주의 이론에 기초하여 급진적 개혁주의 전략을 모색한다. 이론적 차이가 실천 전략의 차이로 이어지는 셈이다.

프레이저: 체계 환원주의에서 체계 변혁 근본주의로

프레이저는 다원적 모순/위기에 주목하면서 경제적 모순/위기를 우선시하는 환원주의에서 벗어나는 듯이 보였지만, 결국 식인 자본주의 체계를 공통 토대이자 근본 모순으로 규정함으로써 경제 환원주의와 체계 환원주의 논리에서 벗어나지 못했을 뿐만 아니라, 이로부터 반자본주의 체계 변혁이라는 근본주의적 주장을 내세우게 되었다. 그는 "반자본주의는 모든 역사적 블록에 필수적인 '우리'와 '저들' 사이의 대립선을 긋는 역할을 한다."라고 선언하면서, 반자본주의 대항 헤게모니 블록 형성을 통한 21세기 사회주의 전략을 주장하는 길로 나아간다(프레이저, 2023: 155-156, 213, 277-288). 이것은 과거 속류 마르크스주의 이론에서 자본주의 경제/계급 환원주의적 사고가 사회주의 혁명 근본주의로 이어졌던 역사적 양상을 재현하고 있다.

프레이저의 궁극적인 대안 사회는 식인 자본주의의 근본 모순이 해결된 사회주의 사회이다. 프레이저는 '21세기를 위한 사회주의'가 자본주의의 다양한 위기 경향과 비합리성을 해체할 수 있다고 주장한다. 그리고 이를 위해 '정치적인 것'을 '경제적인 것'과 '사회적인 것'으로 확장해 가는 민주화를 추구해 가야 한다고 말한다. 민주주의 확장을 통한 사회주의로의 길이 바로 프레이저가 제시하는 대안 전략인 셈이다(프레이저, 2023: 277-288).

반자본주의 체계 변혁과 포괄적 대항 헤게모니

프레이저는 사회주의로의 길, 반자본주의 체계 변혁 기획을 제안하면서, 이를 위해 '포괄적 대항 헤게모니'를 형성해야 함을 강조한다. 그런데 여기서 포괄적 대항 헤게모니를 형성하려면, 대중의 동의를 최대로 끌어내는 것을 목표로 삼아야 한다. 이런 점에서는 프레이저와 무페가 모두 '헤게모니 기획'이라는 유사한 실천 전략을 제시한 것처럼 보인다. 그렇다면 프레이저의 '포괄적 대항 헤게모니' 기획은 대중의 동의 형성을 위해 어떤 실천적 전략을 제시하고 있을까? 사실 프레이저는 현실적 맥락 속에서 다원적 주체들의 공통 인식과 정서를 찾아내는 접근을 하기보다, 체계 내 사회적 위치들의 논리적 공통성에 근거하여 인식과 정서의 공통성을 도출하려는 접근을 보여준다. 다양한 모순들이 식인 자본주의 체계 속에서 근본 모순으로 통합되어 있으므로, 이러한 모순을 안고 살아가는 다양한 피지배 대중들 역시 자본주의적 적대의 통일된 분할선을 따라 포괄적 대항 헤게모니로 통합될 수 있고 또 통합되어야 한다는 것이다.

하지만 현실에서는 그러한 논리에 따라 단순하게 통일과 통합이 이루어지지 않는다. 예를 들어 서구사회에서 노동자-남성-백인-성장주의자는 계급 적대에서 종속적 위치에 있지만, 다른 적대에서는 지배적 위치에 있다. 생태 위기에서 노동자계급을 비롯한 다양한 피지배 대중들 또는 시민들은 편리한 삶과 물질적 풍요를 추구하면서 공업주의, 성장주의, 소비주의 등을 지지함으로써, 생태 전환에 저항하는 세력이 되기도 한다. 돌봄 활동을 비롯한 사회적 재생산 영역에서 남성-노동자들은 성차별의 이득을 누리려고 할 수 있으며, 종족적-인종적 지배의 영역에서도 중심국 노동자들은 종족-인종차별과 무시 행동을 할 수 있다. 이처럼 다양한 현상들은 자본주의 체계의 모순 또는 자본가계급만의 '식인'으로 설명할 수 없는 것들이며, 다양한 종속 집단들이 자본주의적 적대의 분할선에 따라 연대하는 것을 어렵게 만든다. 결국 포괄적 대항 헤게모니는 다원적 적대들 속에서 종속 집단들이 서로 공통의 이해관계와 가치지향을 구성하여 최대한 많은 대중의 동의를 형성할 때 구성할 수 있는데, 이해관계, 가치지향, 정서의 다양성과 이들 사이의 불일치나 긴장, 모순과 갈등 속에서 살아가는 현실의 대중들이 반자본주의 체계 변혁/전환을 이들의 공통 인식이나 정서로 받아들일 것으로 기대하기란 쉽지 않다.

그럼에도 프레이저가 식인 자본주의 체계에서 자본의 식인(착취, 수탈, 박탈) 형태의 다양성이 근본 원인에 따라 구조적으로 서로 결합해 있으므로, 다양한 종속 집단들이 통일된 자본주의적 적대의 분할선에 따라 포괄적 대항 헤게모니를 형성할 수 있다고 주장하는 것은 관념적이고 비현실적일 수밖에 없다. 이것은 마치 루카치가 자본주의 모순에 대한 총체적·객관적 인식을 지닐 수 있는 특권적 계급 위치에 근거하여 프롤레타리아트 계급을 해방의 역사적 주체로 도출해 냈던 논리와 유사하다(정태석, 2024: 207). 결국 프레이저가 '반자본주의 체계 변혁'을 위해 모색하는 '포괄적 대항 헤게모니 기획'은, 식인 자본주의 체계 근본 모순에서 논리적으로 도출한 반자본주의 체계 변혁을 위한 정치적 기획이라고 할 수 있으며, 체계 모순에 상응하는 실천적 반영물이라 하겠다.

근본주의는 우파 대중주의에 맞서는 전략이 될 수 있을까?

반자본주의 체계 변혁이라는 근본주의적 주장은 자본주의 사회에서 이루어지는 모든 일은 자본주의 탓이자 자본가계급의 탓이라는 식의 환원주의 논리에 의지하여 자본주의만 사라지면 이제 모든 사회적 모순이 사라질 것이라고 말한다. 이러한 '자본주의-체계 환원주의' 사고로부터 논리적으로 도출한 '반-자본주의 체계 전환 근본주의'나 '포괄적 대항 헤게모니 기획'은 현실적인 실현 가능성을 지니기 어렵다. 체계 논리로 환원하여 설명할 수 없는 대인관계(권력/인식-정서)의 상대적 자율성과 현실적 복합성을 무시하는 체계 논리만으로는 대인관계의 복합성을 설명하기 어려우며, 따라서 관념적, 비현실적 주장만을 내놓을 수 있을 뿐이기 때문이다.

다원적 모순과 적대들 속에서 대중들이 특정한 고정된 의식, 정서, 감정, 정체성을 지니게 되는 것이 아니라고 한다면, 이들 인식과 정서에 대한 구체적 분석이 필요하다. 이것들은 복잡한 중첩의 현실들에 열려있으며, 정치적 실천 전략 역시 우연적 상황에 열려있기 때문이다. 따라서 '헤게모니 기획'을 위해서는 체계와 대인관계의 비대칭적 결합이 이루어지는 현실 상황에 대한 구체적 분석이 필요하다.

현실에서 등장하는 대중주의에 대한 프레이저의 해석을 보면, 그는 우파 대중주의의 등장에서는 자본주의 체계의 한계와 근본 모순을 읽어내고, 좌파 대중주의의 등장에서는 반자본주의 체계 변혁 근본주의의 가능성을 발견하려고 한다. 예를 들어, 그는 영국의 브렉시트 과정이나 미국의 트럼프 재집권 과정에서 효과를 발휘한 대중주의 정치 전략에 대해 분석하면서, 진보적 신자유주의 이념을 가진 기존의 엘리트 정치 세력이 사유화와 금융화 등 시장 중심의 신자유주의적 실천으로 소수에게 부와 권력을 집중시켰고, 이에 대한 대중들의 다양한 불만과 투쟁이 반대 정치 세력에 의한 대중주의적 동원, 즉 권위주의적 우파 대중주의를 가능하게 했다고 설명한다. 게다가 비인종적 자본주의 역시 제 살 깎아먹기 방식으로 기회균등을 실현할 뿐이기에, 실질적으로는 인종주의를 격퇴하지 못한다고 비판한다. 결국 이러한 대중주의들은 자본주의의 수탈-착취 공생(결합체)을 지속시킬 뿐이며, 따라서 프레이저는 이러한 공생을 유발하는 더 큰 체계를 철폐함으로써 자본주의의 수탈과 착취 모두를 근절해야 한다고 주장한다(프레이저, 2023: 109-111, 141, 251, 247).

그런데 프레이저의 분석만으로는 '우파 대중주의'가 자본주의 체계의 근본 모순에도 불구하고 어떻게 성공할 수 있었는지를 설명하기 어렵다. 현실적으로 자본주의의 수탈-착취 공생관계를 유지하는 데 기여한 다양한 세력들과 이러한 관계를 지지해 온 사람들이 누구인지를 구체적으로 해명하지 못하기 때문이다. 이처럼 현실적 정치-이데올로기/정서 지형을 구체적으로 설명하지 못하는 당위의 논리로는 우파 대중주의에 맞서는 '포괄적 대항 헤게모니'를 구성하기는 쉽지 않을 것이다.

프레이저는 기후변화와 코로나19 팬데믹과 계급적·인종적 불평등의 확산에 대응하는 '공적 권력 강화론'에 대해 기대감을 표시하면서, 곳곳에서 좌파 대중주의자들이 성공한 사례들에 고무되어 근본주의적 주장을 펼치고 있다. 하지만 스스로 인정하고 있듯이 근본주의적 체계 변혁에 성공한 사례는 없다. 예를 들어 2010년 이후의 지속적 재정위기 상황에서 긴축정책 반대와 사회보장 확대를 주장한 그리스의 급진 좌파 시리자는 집권에 성공했지만, 결국 유럽연합과의 협상 과정에서 긴축정책 요구에 굴복하였다(프레이저, 2023: 247-251). 게다가 팬데믹에 따른 '공적 권력 강화' 역시 사태가 진정되면서 그의 기대와 달리 이전의 신자유주의적 모습으로 복귀하였다. 이러한 현실은 프레이저의 근본주의적 주장이 얼마나 비현실적이고 관념적인지를 반증하고 있다. 복잡하게 변화하는 현실 상황을 자신의 주장에 맞춰 설명하려는 시도는 결국 목적론적, 결과론적 설명이라는 비과학적 설명으로 귀결될 뿐이다.

결론적으로 논리적 분석과 규범적 주장만으로는 어떤 현실도 구체적으로 바꾸지 못한다. 현실적으로 '우파 대중주의'가 성공한 정치 지형에서, 프레이저의 주장처럼 갑자기 반자본주의 인식과 정서를 형성하는 일은 거의 불가능하다. 좌파적 대항 헤게모니를 형성하려면 헤게모니-담론 투쟁을 통해 이데올로기-담론 지형을 바꾸고 정치 지형을 바꾸려는 전략이 필요하며, 이를 위해서는 다양한 종속 집단들의 이해관계, 가치, 정서 등의 다양성과 교차성을 구체적으로 분석하고 이에 기초하여 이들이 차이를 넘어 동의를 형성할 수 있는 실천 전략을 마련하지 않으면 안 된다.

하지만 안타깝게도 프레이저의 '포괄적 대항 헤게모니 기획'은, 대인관계(권력/인식-정서)의 우연성과 복합성에 주목하기보다는 체계 근본 모순의 해결을 위해 논리적으로 도출한, 반자본주의 혁명이라는 목표를 위한 규범적 기획에 가깝다. 따라서 체계 속에서 결합해 있는 다양한 대인관계 양상들과 개인들의 이데올로기, 정서, 감정, 욕망 들의 구체적 지형을 분석하지 않는 한, '포괄적 대항 헤게모니 기획'은 비현실적, 관념적 주장에서 벗어나기 어렵다. 결국 프레이저의 '반자본주의 체계 변혁 근본주의'와 '포괄적 대항 헤게모니 기획'은 '자본주의-체계 환원주의'라는 이론주의적, 추상적 사유가 낳은 개념적 쌍둥이일 뿐이다.

무페의 급진적 개혁주의와 정치적 가치판단들의 경합

무페의 급진적 개혁주의는 프레이저의 체계 변혁 근본주의의 비현실성과 관념성을 넘어설 수 있는 길을 보여준다. 물론 대중주의와 정감을 강조하는 대인관계(권력/인식-정서) 환원주의 경향으로 인해 체계 분석을 주변화하는 문제를 안고 있지만, 무페의 사회 이론은 다원적 종속 세력들 사이의 등가적 접합으로 민주주의의 급진화를 위한 현실적인 담론적, 헤게모니적 전략을 모색할 수 있게 한다는 점에서, 현실의 다양성과 특수성을 이해할 수 있도록 한다.

다만 앞서 언급했던 것처럼, 무페는 '합리주의적 합의를 추구하는 정치 이론이나 정치 세력'을 탈정치적 세력으로 규정하면서 비판만 하기보다, 이들 역시 다원화된 자본주의적 민주주의 사회에서 다원적 경합 정치를 구성하는 하나의 전략이자 세력이라는 점을 인정할 필요가 있다. 합리주의적 합의를 비판하는 무페의 정치철학이나 사회 이론 역시 다양한 정치 세력에 영향을 미치는 하나의 정치적 의견이며, 민주주의 사회에서 이론적, 정치적 경합을 구성하는 하나의 주장이다. 무페의 급진적 개혁주의든 프레이저의 체계 변혁 근본주의든, 이들 좌파적 정치 전략은 단순히 현실 정치에 대한 객관적 이론을 넘어서는 정치적, 실천적 가치판단을 포함하는 것이기 때문이다.

일자리 전환을 돕고, 돌봄 활동을 보호하며, 생태 친화적 시장 규제를 강화하는 사회민주주의적 복지국가나 생태 국가의 강화는, 비록 반자본주의는 아니라고 하더라도 자본주의의 착취와 수탈 경향을 약화하기 위해 그동안 정치적으로 추구해 왔고 또 앞으로도 추구할 수 있는 현실적 전략이다. 그리고 영국의 경험을 통해 알 수 있듯이 인종적-종족적 지배와 차별에 맞서는 나라들 사이의 연대도 인종차별을 줄일 수 있는 현실적 전략이 된다. 이렇게 다양한 현실적 개혁 방안들은 그 자체로 정치적 선택이며, 반자본주의 정책이나 실천이 아니라거나 합리주의적 합의를 추구한다는 이유로 현실 정치에서 평가절하하거나 부정할 수는 없다. 현실 정치에서는 이러한 다양한 실천적 전략들이 더 많은 대중의 지지를 얻기 위해 서로 헤게모니적, 담론적 투쟁을 벌이며 경합하게 될 뿐이다.

다원화된 현대사회에서 정치 전략과 체계와 대인관계의 변증법

오늘날 다원화된 자본주의적 민주주의 사회는 경제-계급, 성별, 지역, 세대, 종족, 소수자, 생태-환경, 인권, 평화 등과 관련된 다원적 체계들의 복합체이면서, 이러한 체계들에서 사회적 위치에 따라 다양한 이해관계, 가치지향, 정체성을 지니게 된 사람들로 구성된 사회이다. 이 사회에서 개인은 다중적인 사회적 위치에 속하여 다양한 권력-영향력을 행사하고 또 인식과 정서를 형성하면서 살아간다. 따라서 탈인격적 체계만 이해하거나, 인격적 대인관계(권력/인식-정서)만 이해해서는 사회의 구성 및 변동 과정 전체를 이해할 수 없다. 체계와 대인관계는 서로 연관되어 있지만 결코 어느 하나가 다른 하나를 전적으로 결정할 수 있는 것은 전혀 아니기 때문이다.

한편, 정치는 '체계와 대인관계의 비대칭적 결합체'인 특정한 사회에서 이루어지며, 그 사회에서 다양한 사회세력이 정치적, 사회적 목적을 성취하기 위해 경합하는 과정이다. 헤게모니 기획은 바로 이러한 경합 과정에서 특정 사회세력이나 집단이 더 많은 권력을 차지하기 위한 실천 전략이다. 그러므로 민주주의 사회에서 어떤 정당이나 정치 세력이 집권하거나 집권 가능하다는 사실은, 그 세력들이 헤게모니를 쥐고 있거나 정치적으로 강력한 도전 세력으로 존재하고 있음을 말해주는 것이다. 민주주의 사회에서 담론 투쟁과 헤게모니 투쟁은 결국 정치적 집권을 통해 구조적, 제도적 개혁을 이룰 때 그 목적을 달성할 수 있게 되며, 이러한 목적을 위해 담론 투쟁과 헤게모니 투쟁은 정당성을 확보하면서 더 많은 대중의 지지를 얻을 수 있는 길을 모색하지 않을 수 없다.

좌파든 우파든 민주주의 사회에서 어떤 정치 전략이 성공하려면, 그 사회의 전체적인 체계와 그 속에서 형성된 대인관계(권력/인식-정서)에 대한 과학적, 객관적 분석에서 출발하지 않으면 안 된다. 무페가 주목하는 정감(affects)의 지형 역시 이러한 맥락에서 분석되어야 한다. 특히 사회의 분화와 파편화가 확산할수록 대중들 사이의 차이와 다양성을 이해하고, 또 이들 속에서 특정한 이념이나 가치를 지향하는 담론적, 헤게모니적 접합과 연대를 형성하는 일은 점점 더 어려운 과제가 된다. 이러한 현실에서 사회이론가들이나 지식인들은 세계를 통합적으로 설명할 수 있는 명쾌한 개념과 논리를 찾고 싶어 한다. 하지만 이러한 유혹에서 벗어나 열린 사유와 열린 분석을 가능하게 하는 개념과 논리를 찾지 않으면, 현실을 과학적, 객관적으로 이해하기 어려워진다. 사회이론가든, 정치 세력이든 자신들이 주장하는 특정한 정치적, 실천적 가치판단과 정치 전략이 설득력을 얻으려면, 결국 사회의 다원성과 복잡성을 과학적, 객관적으로 설명할 수 있는 문제틀과 사유 방식을 찾아야 하며, '체계와 대인관계의 변증법'은 이러한 사유를 위해 필요한 사유 방식이 된다고 하겠다.

3. 한국 사회 진보 좌파 이론과 실천의 역사 성찰하기 - 체계와 대인관계의 변증법을 위하여

지금까지 살펴본 것처럼 프레이저의 식인 자본주의 이론이 보여주는 '체계 환원주의'나 무페의 경합적 다원주의와 좌파 대중주의 이론이 보여주는 '대인관계 환원주의'를 넘어서 현실의 복잡성, 다양성, 특수성을 좀 더 객관적으로 잘 이해하려면 체계와 대인관계를 변증법적 관계 속에서 사유할 필요가 있다. 이러한 사유는 체계의 복합성에 대한 분석과 대인관계의 유동성에 대한 분석을 서로 연계하고 결합하여 '구체적 상황에 대한 구체적 분석'을 수행할 수 있게 해준다.

물론 이러한 지적 사유가 특정한 정치 전략의 선택을 강제하거나 그 성공 가능성을 보증하는 것은 전혀 아니다. 정치 전략은 특정한 개인이나 집단, 사회세력의 현실적 존재 조건과 이에 따른 정치적, 실천적 입장에 따라 선택될 수 있는 것이며, 결국 현실 정치에서 서로 다른 전략들이 경합하게 될 뿐이다. 다만 과학적, 객관적 현실 분석은 특정한 정치 전략의 현실적 가능성을 가늠하는 데 도움을 줄 뿐이다. 그래서 이제 마지막으로 지금까지의 비판적 논의를 바탕으로 하여, 사회적, 역사적 맥락 속에서 선택된 다양한 정치 전략들 또는 실천 전략들이 어떤 가능성과 한계를 지니게 되었는지를 한국 사회의 현실 속에서 간략히 살펴보기로 하자.

20세기 한국 사회 이데올로기 지형과 사회주의 운동의 출현

유럽의 선진적인 민주주의적 자본주의 나라들과 달리 한국 사회의 이데올로기 지형은 심한 우 편향을 보여왔는데, 이것은 1945년 해방 이후 미군정 하에서 좌파 사상과 정치운동이 억압받고, 이후 남한 단독정부가 형성되어 반공주의, 권위주의 통치가 강화되어 온 현실과 관련 있다. 한국전쟁으로 반공주의적 통치가 강화되었고, 또 1960년 4.19 민주화운동 이후에 1961년 5.16 군사쿠데타가 일어나면서 군부에 의한 반공주의, 권위주의 통치가 강화되었다. 이 과정에서 좌파 이념과 정치 세력은 지속해서 탄압받았고, 민중들 역시 국가의 이데올로기적 통제 아래에서 좌파 이념에 대해 방어적으로 거리를 두게 되면서 반공주의 보수우파가 지배하는 이데올로기 및 정치 지형이 공고해졌다. 1979년 말에 박정희 대통령의 피격 사망으로 유신독재 정권이 무너져 민주화에 대한 기대가 높았던 상황에서, 전두환은 군사쿠데타로 계엄 권력을 장악한 후 간선제 개헌을 통해 대통령이 되었고, 이에 따라 권위주의적 군사독재가 지속되었다. 이후 노동운동과 민주화운동에 대한 탄압은 더욱 심해졌고, 반공주의·권위주의 통치도 더욱 강화되었다. 하지만 1987년에 대통령 직선제를 요구하는 민주화운동이 대규모로 일어나면서 6월항쟁을 통해 직선제 개헌을 이루고 대통령 선거를 치르게 되었다.

87년 민주화와 직선제 개헌에도 불구하고 대통령 선거에서 야권 분열로 군사정권의 후예인 보수정당의 집권은 지속되었는데, 이후 1997년 말에야 탈권위주의, 탈지역주의 민주개혁을 추구한 중도 개혁 야당으로의 정권교체가 이루어졌다. 1997년 말 외환위기는 보수정당에 대한 불신을 키웠고 이에 따라 대통령 선거에서 중도 개혁정당 김대중 후보가 야권 연합을 통해 당선되었다. 이후 민주화운동 세대가 제도 정치의 주축이 되면서 남북대화로 긴장 관계가 완화되고 또 이데올로기 지형이 조금씩 민주적, 진보적 방향으로 이동했다.

그런데 1990년대까지 이루어진 산아제한 정책과 2000년대에 들어서 심화한 저출산 현상은 인구구조를 크게 변화시켰다. 특히 청년 세대 인구가 줄어드는 대신 고령화 현상으로 노년 세대 인구가 늘어나면서, 전체적으로 반공주의와 권위주의의 영향을 강하게 받은 노년 세대 보수층이 지속해서 각종 선거에서 큰 영향력을 행사하게 되었다. 이에 따라 정치적, 이데올로기적 지형의 개혁과 진보로의 이동은 더디게 이루어졌고, 최근에는 페미니즘과 성평등 문제가 젊은 층을 중심으로 심각한 갈등 요인이 되면서 청년 남성들의 보수화 경향이 강해져 정치적, 이데올로기적 지형의 진보로의 이동을 제약하고 있다.

한편, 이처럼 오랫동안 보수우파로 치우쳐 있던 한국 시민사회의 정치적, 이데올로기적 지형 속에서 서구의 급진적 사회사상 및 사회 이론이나 이들에 근거한 급진적인 사회변혁 전략들이 도입되기 시작했는데, 이것들은 현실적으로 대중적 지지를 얻기가 어려웠다. 그럼에도 1980년대 민주화운동 과정에서 성장한 일부 급진적 대학생과 지식인 세력들은 민주화운동만으로 노동자들의 열악한 현실을 개선하기 어렵다는 인식 속에서 마르크스주의 혁명 사상을 적극적으로 도입하여 노동운동을 급진화하려 하였다. 그래서 이들은 민주화운동을 넘어 사회주의 혁명운동으로 나아갈 것을 주장하였다. 또 이들과 달리 북한의 '주체사상'에 호의적이었던 세력들은 민족해방과 통일을 위해 반제국주의 혁명운동을 추구해야 한다고 주장하였다. 이들은 '민중민주주의 혁명'과 '민족해방 혁명'이라는 서로 다른 노선을 내세우며 논쟁하고 대립하였다.

그런데 이러한 급진적 사회운동 세력들은 '신식민지 국가독점자본주의'와 '식민지 반봉건사회'라는 서로 다른 사회체계 분석을 내놓았지만, 이것들은 군사독재에 반대했던 시민 대중들의 일반적 인식이나 정치적 지향과는 거리가 있었다. 오랜 반공주의·권위주의 통치로 보수화되어 있던 정치적, 이데올로기적 지형 아래에서, 이들의 사회주의 변혁 사상이나 반미 민족 통일 사상은 대중적 지지를 얻기가 어려웠고, 실제로 이들은 자신들의 사상을 대중에게 확산시킬 수단도 가지고 있지 못했다. 무엇보다도 대다수 민중이 전쟁 경험과 반공주의의 영향으로 공산주의나 사회주의에 대해 강한 부정적 인식을 지니고 있던 현실에서, 사회주의 혁명과 같은 급진적 주장은 대중들과 유리된 지식층의 비현실적, 관념적 급진성을 표출한 것일 뿐이었다.

이론적으로는 한국의 사회체계가 '신식민지 국가독점자본주의'로 분석될 수 있다고 하더라도, 그 사회체계에서 살아가는 개인들의 현실적 인식과 정서는 이러한 자본주의 체계 모순에서 도출된 근본주의적 체계 변혁 주장에 전혀 호응할 수 없었다. 말하자면 한국 사회의 현실에서 급진적 변혁운동 세력의 근본주의적 주장은 전형적인 '체계 환원주의' 사고에 근거하여 논리적으로 도출된 관념적, 비현실적 주장이었기에, 시민 대중의 대인관계(인식-정서)에서 공감과 동의를 형성하는 힘이 될 수 없었던 셈이다.

기후 위기와 체제전환운동: 근본주의의 귀환

87년 민주화 이후 소련의 페레스트로이카에 이은 동유럽 사회주의권의 해체는 사회주의 사상의 현실적 한계를 드러내는 계기가 되었고, 관념적 급진성에 매몰된 지식층이 한국 사회에서 근본주의적 사회운동의 관념성과 비현실성을 인식하게 해주었다. 게다가 한국 사회의 자본주의적 발전에 대한 이들의 부정적 인식과 달리, 1990년대 이후 한국은 국가주도 경제개발과 민주화를 기반으로 지속적 경제성장을 이루어 점차 선진국 대열에 다가가는 시대를 맞이하게 되었다.

그런데 2000년대에 들어서서 자본주의적 발전이 낳은 생태-기후위기가 지구적으로 점점 더 심각하게 인식되기 시작하면서, 온실가스를 배출하는 화석연료를 대량 소비해 온 경제성장 방식에 대한 근본적 성찰이 필요하다는 주장이 부상하였고, 이와 함께 이러한 경제성장 방식을 지속시키는 힘이 바로 자본주의의 이윤/착취 논리에서 나온다는 생각이 확산하기 시작했다. 이러한 생각을 지닌 사상가들은 1980년대 서구의 생태주의나 생태-마르크스주의 사상들에 뿌리를 두면서 탈성장, 탈자본주의라는 '자본주의 체계 전환'을 강력히 주장하였다.

생태-기후 위기에 맞서 생태 전환을 이루어야 한다는 근본주의적 주장은 한국 사회의 급진적 사회운동 진영에도 영향을 미쳤다. 그동안 계급 불평등과 노동자 차별, 생태-기후 위기, 성차별, 외국인 노동자 차별, 돌봄 노동 착취 등 다양한 차별과 착취를 비판해 온 급진적 사회운동 세력은 2024년 경에 '체제전환운동'이라는 네트워크 조직을 구성하여, 자본주의 체계가 기후 위기를 비롯한 다원적 착취와 차별의 근본 원인이라고 주장하면서 '반자본주의 체제(체계) 전환'을 추구하는 근본주의적 연대를 추구하기에 이르렀다. 이것은 1980년대 마르크스주의 체계 변혁 사상이나 1990년대 생태-마르크스주의 체계 전환 사상을 수용했던 급진적 변혁 세력의 근본주의적 주장이 기후 위기 국면에서 귀환한 것으로 볼 수 있겠다.

체제전환운동의 이러한 주장은 앞서 살펴보았던 프레이저의 식인 자본주의 이론의 반자본주의 체계 변혁 주장에 공감한 것이었는데, 이 근본주의적 주장은 한국 시민사회 사회운동 영역에서 영향력을 지녀온 기존의 다양한 개혁주의적 사회운동들과 정치적, 이데올로기적으로 경합하게 되었다. 그런데 이 운동의 주장은 식인 자본주의 이론에 따른 '자본주의-체계 환원주의'의 이론적 한계와 함께 '반자본주의 근본주의'의 실천적 한계를 그대로 이어받고 있다. 모든 사회문제의 근원을 자본주의 체계에서 찾으면서 그 근본적 해결을 위해 자본주의 체계 전환/변혁을 이루어야 한다는 근본주의적 주장은, 논리적으로 선명하고 명쾌해 보이지만 서구 선진국들보다 훨씬 보수적인 이데올로기 지형을 지닌 한국 사회의 현실에서 이 운동이 기대하는 '포괄적 대항 헤게모니'를 형성하기란 불가능에 가깝다.

예를 들어 '체제전환운동'이 지지하거나 연대하고자 하는 정당들—정의당, 노동당, 녹색당 등—은 2025년 대통령 선거에 단일 후보를 내세워 전체 투표자들 가운데 1%에 못 미치는 지지를 얻는 데 그쳤다. 이것은 급진적 진보정당에 친화적인 사회운동단체의 근본주의적 주장 역시 시민 대중들에게 큰 영향을 미치기 어렵다는 사실을 간접적으로 보여준다. 결국 '체계 환원주의' 이론에서 논리적으로 도출한 반자본주의 체계 전환 근본주의 주장은, 과거의 정치적, 이데올로기적 지형 속에서도 그랬듯이 대중적 지지를 얻지도 못하고, 영향력 있는 정당과의 연계도 형성하기 어렵다는 점에서 비현실적이고 관념적인 주장에 머물러 있다.

유럽 선진 민주주의 나라들의 현실 정치가 주는 교훈

현실 정치는 다양한 이념, 가치, 정책을 지향하는 사회 세력과 정치 세력 사이의 다원적 경합에 열려있다. 일반적으로 자본주의 사회체계에 기초하여 형성된 사회들은 공통의 작동 원리나 규칙을 가지게 된다. 그렇지만 이러한 원리나 규칙은 나라마다 고유하고 특수한 사회적, 정치적 조건이나 상황 속에서 작동하며, 이에 따라 다양한 차이를 만들어 낸다. 구체적인 자연적, 사회적 조건에 따라 기술 발전을 비롯한 전체적인 생산력 발전의 수준이나 산업구조 등에서 차이가 나타나고, 또 이러한 현실적 조건에서 추구하는 정책에 따라 에너지 생산 및 소비 구조에서도 차이가 나타나게 된다. 그래서 자본주의 성장경제 체계는 일반성과 개별적 다양성을 함께 지니게 된다. 그리고 여기에는 무엇보다도 그 사회에서 노동하며 살아가는 사람들의 성향, 그들의 인식과 정서의 차이가 중대한 영향을 미친다. 각 나라 시민의 다양한 이해관계와 가치지향의 지형이 다양한 실천들을 낳고, 이에 따라 나라마다 시민사회의 문화적, 이데올로기적 지형과 국가(제도 정치)의 형태나 성격도 달라진다. 반자본주의 체계 변혁 근본주의 주장이 비현실적이고 관념적일 수밖에 없는 이유는, 이러한 정치적, 이데올로기적 지형의 차이, 이에 따른 집권 세력의 이념과 가치지향 차이와 국가정책의 차이를 고려하려고 하지 않고, 또 이러한 현실에서 구체적으로 실현할 수 있는 대안을 모색하지 않는다는 데에 있다.

다원화된 민주주의적 자본주의 사회에서 국가의 형태와 성격을 변화시키는 힘은 어디에서 나오는가? 그것은 무엇보다도 시민사회에서 나오며, 시민사회의 정치적, 이데올로기적 지형이 제도 정치에서의 정당체계—이념과 가치에 따른 배열구조—와 집권 세력 및 정책의 결정에 영향을 미친다. 물론 정치제도나 선거제도에 따라 시민사회의 요구가 제도 정치에 반영되는 방식은 달라지며, 이것은 민주주의 발전 수준을 반영한다. 민주주의 정치제도가 발달한 나라에서는 시민사회의 정치적 지지구조가 정당들의 정치적 경쟁과 집권 정당의 결정에 중대한 영향을 미친다.

선진적인 자본주의적 민주주의 나라들에서 노동자의 권리, 인권, 보편적 복지, 생태적 현대화 등을 향상하는 법과 정책이 발전해 올 수 있었던 것은, 노동자계급을 비롯한 다양한 시민들의 정치적 저항과 참여가 제도 정치와 국가의 성격과 정책적 방향을 바꾸어 놓았기 때문이다. 이들 나라에서는 한국 사회와 달리 일찍부터 마르크스주의적 전통의 급진적 사회운동과 정치운동, 노동운동이 중요한 세력을 형성하고 있었고, 이에 따라 시민사회의 정치적, 이데올로기적 지형이나 정당체계에서 급진 좌파의 영향력이 상당하였다. 이러한 정치 지형의 변화가 좌파 또는 진보정당의 집권으로 이어질 때, 친노동자적, 진보적 정책들이 실현될 수 있었다.

환경정책에서도 유사하다. 유럽 선진국들에서는 환경문제가 점차 심각해지고 환경운동이 활발히 일어나면서 마르크스주의적 급진사상의 전통을 잇는 생태-마르크스주의나 생태-사회주의 사상이 등장했는데, 이들은 생태 위기의 원인을 자본주의 체계에서 찾으면서 경제 위기와 계급 불평등, 생태 위기 등을 한꺼번에 해결하기 위해 자본주의 체계를 변혁해야 한다고 주장했다. 물론 유럽 선진국도 현실 정치에서 이러한 급진적 주장이 쉽게 받아들여지지는 않았다. 하지만 민주주의 선거 정치의 발달 속에서 과거 사회민주주의 정치와 복지국가 정책이 점점 지지를 늘려갔듯이, 환경운동의 요구들도 점차 녹색당의 건설에 힘입어 제도 정치에 반영되기 시작하면서 '존속가능한 발전'(sustainable development), '생태적 현대화'(ecological modernization), '생태-복지국가'와 같은 개혁적인 정책적 지향들이 구체화하기 시작했다.

이처럼 다원화된 자본주의적 민주주의 사회의 현실 정치의 역사를 보면, 경제 모순과 계급 불평등을 해결하기 위한 것이든 생태 모순/위기를 해결하기 위한 것이든, '체계 변혁'이라는 근본주의적 실천 전략은 제도 정치에 진입하기도 다수 대중의 지지를 얻기도 쉽지 않다. 다수결이 주도하는 민주주의 정치에서 소수자의 요구는 다수자들의 이익이나 가치를 초월하는 공공선으로서 정당성을 얻기가 쉽지 않기 때문이다. 물론 이에도 불구하고 어떤 사회문제의 근본 원인을 찾으려는 노력은 필요하며 이에 따라 근본주의적 주장들이 출현하는 것은 자연스럽다. 하지만 어떤 이론이나 주장도 비타협적인 원칙만을 고수하면서 현실적인 정치적 타협을 외면한다면, 결국 대중적인 지지에서 멀어져 비현실적, 관념적 주장에서 머물게 된다는 사실도 분명해 보인다. 아무리 그 주장이 규범적으로 옳고 정당하다 해도 현실 정치 속에서 경합하면서 다수의 지지를 얻지 못한다면 현실적 의미를 획득하기는 어려운 것이다.

좌파 대중주의 전략은 대안이 될 수 있을까?

'체제전환운동'을 비롯한 급진적 사회운동들의 근본주의의 한계를 넘어서려는 좌파적 전략으로서 많은 관심을 끌고 있는 것들 가운데에 무페의 '정감을 동원한 좌파 대중주의'가 있다. 경제/계급 환원주의 사고에서 벗어나 다원적 적대들 사이에서 종속 집단들의 등가적 접합을 추구해 온 급진민주주의 헤게모니 전략에 공감하면서 무페가 주장하는 '좌파 대중주의' 전략을 적극적으로 수용해야 한다고 주장하는 좌파 이론가들이나 사상가들은, 그의 '정감(affects)' 이론에도 공감을 표현하고 있다. 그런데 정감을 동원하는 전략이 한국적 상황에 적합한지는 의문이다. 무페는 좌파 대중주의가 정감을 동원하여 이성과 연결하고 또 집합의지를 구성하는 전략이라고 말을 하지만(무페, 2022: 63-64), 현실적으로 정감이 이성과 연결될지 아니면 감정적 비난과 혐오로 이어질지는 단정할 수 없는 문제이다.

사실 정감을 동원한 대중주의 전략은 1945년에 한국 사회가 일본 식민지에서 해방된 이후에 실질적으로 권력을 장악한 보수우파가 반공주의·권위주의 통치 과정에서 이미 지속해서 추구해 온 전략이었다. 반공주의 정서는 민주주의를 억압하면서 군사적, 권위주의적 통치를 정당화하기 위한 이데올로기 전략과 결합해 있었다. 이른바 빨갱이에 대한 정서적 반감을 적극적으로 동원하고, 이것을 영남과 호남 간의 지역감정과 결합한 것은 무페가 말하는 정감을 동원한 대중주의의 전형적인 우파적 양상이었다.

반공주의적, 권위주의적 통치를 지속해 온 보수세력과 보수정당은 제도적 권력기관인 군대, 정보기관, 검찰-사법부를 동원하고 또 시민사회의 보수 언론, 보수 단체 등과 협력하여 상대 정당을 약화하고, 또 유력한 정치적 경쟁자들을 제거하려고 해왔다. 이 과정에서 그들의 범죄 혐의를 조작하거나 법적, 도덕적 비난거리를 여론화하여 대중들이 부정적인 감정을 가지도록 조작해 왔다. 최근에는 성폭력 혐의에 대한 폭로를 통해 정적을 제거하고자 함에 따라, 페미니즘을 정치적 도구로 이용하여 정치 진영 간, 남녀 간 감정적 대립을 극단화하는 결과를 낳기도 했다. 최근까지도 지속되었던 검찰과 언론이 주도한 사법 정치와 도덕 정치는 정감을 동원하는 우파 대중주의의 전형적인 전략이었다. 이 전략을 통해 보수정당은 정치적 경쟁자들을 제거하면서 권력을 유지하고 정치제도의 개혁에 저항해 왔던 것이었다.

이처럼 제도 정치의 합리화가 미흡했던 한국 사회에서, 정감을 동원하여 민주적 헤게모니를 확장하려는 전략은 무페의 생각처럼 합리성과 연결되리라 기대하기 어려우며, 오히려 정치를 극단화된 감정적 대립으로 변질시키면서 정치 문화를 저급화할 수 있음을 보여주었다. 이것은 민주주의 정치의 발전과 유지를 방해한다. 그러므로 정감을 동원한 좌파 대중주의로 우파 대중주의에 맞서야 한다는 생각은, 현실적으로 정감을 도덕 정치의 도구로 삼아 감정 대결을 부추김으로써 자칫 민주주의의 존속 자체를 위협하는 결과를 낳을 수 있음을 인식할 필요가 있다. 오늘날 한국 사회에서는 반공주의-권위주의-지역주의 성향이 강한 노년 세대의 대다수가, 반공주의적, 권위주의적 통치 세력을 지지하고 심지어 국민의힘 윤석열 대통령의 계엄과 내란 행위까지 옹호하면서, 이를 위해 빨갱이나 사회적 소수자들을 비난하는 혐오 감정의 동원에도 동조하고 있다. 이와 같은 우파 대중주의에 맞서 좌파 역시 정감을 동원한 대중주의로 맞서고자 하는 것은, 무페가 지지하는 '경합적 다원주의'의 존재 기반인 민주주의 자체를 위기에 빠뜨릴 수 있는 것이다.

한국 사회의 현실 정치와 체계와 대인관계의 변증법

그동안 한국 사회의 진보 정치의 역사를 돌아보면, 1980년대 이후 성장한 급진적 진보세력과 진보 정치인들은 보수로 크게 기울어진 척박한 이데올로기 지형과 정치 환경에서 진보정당의 건설과 대중적 지지의 확산을 위해 힘든 싸움을 벌여왔다. 2000년대 초에는 한때 10%가 넘는 지지율과 국회에서 10석의 의석을 차지하기도 하였다. 그런데 이러한 정치적 성공이 내부의 자주파와 평등파 사이의 권력 경쟁으로 이어지면서 분열과 분당 사태를 겪게 되었고, 이에 따라 대중적 지지의 분산과 하락으로 점점 쇠락하게 되었다.

특히 최근에는 평등파 중심의 진보정당 정의당이 거대 중도 개혁정당인 민주당과의 정치적 타협 과정에서 생겨난 불신으로 인해 점점 이념적 선명성과 차별화를 내세우면서 서로 대립과 대결 상황을 지속시켰는데, 이러한 차별화 전략은 급진 진보정당이 국회 의석을 얻지 못하고 1% 내외의 지지를 받는 정당이 되는 결과를 낳았다. 이처럼 급진적 주장이 현실적으로 지지를 얻기 어려운 이데올로기적, 정책적 지형에서, 지지세가 약한 진보정당이 원칙주의와 선명성을 내세워 타협을 거부하면서 근본주의적 주장에 매달리는 것은 비현실적 정치 전략이다. 게다가 반자본주의 체계 전환 주장을 정치 전략으로 삼으려는 입장은 대중의 지지를 외면하는 전략이 될 뿐이다.

2025년 미국 뉴욕시장 선거에서 민주당 후보, 34세의 인도계 무슬림 조란 맘다니(Zohran Mamdani)가 승리한 사건을 두고, 일부 급진좌파 지식인들은 '급진주의 정치의 성공'이라며 고무되는 모습을 보였다. 그가 민주사회주의자 조직에서 활동하면서 사회민주주의 이념을 지지하고 있었다는 이유에서였다. 그런데 급진좌파들의 생각처럼, 맘다니가 미국 자본주의 체계의 근본 모순을 해결할 수 있는 근본주의적 주장을 내세워 승리한 것이 전혀 아니었다. 뉴욕의 일반시민들이 겪고 있는 높은 생활비와 주거비, 교육, 육아 등의 현실적 문제를 해결할 구체적 정책들을 제시하면서 대중들을 설득한 것이 바로 맘다니의 승리의 중요한 요인이었다. 게다가 그는 민주당과 공화당이라는 거대 양당의 대결이 정착된 현실 정치구조를 인정하여, 민주사회주의자이면서도 민주당 후보 지명전에 뛰어들었다. 이것은 미국 선거제도의 특수성으로 인한 것이기는 하지만, 이념적 선명성을 내세우며 민주당과의 차별화에 주력해 온 한국의 급진 진보정당 정치인들과 다른 모습을 보여준 것이었다.

또 한편에서는 이러한 전략을 '좌파 대중주의'라고 규정하기도 하는데, 이 역시 타당하지 않다. 현실적으로 반트럼프 정서와 다문화주의 정서를 활용하였다고 하더라도, 맘다니는 추상적인 이념이나 가치를 내세워 대중의 정감을 동원하려는 전략보다 실생활 문제를 해결하기 위한 구체적인 정책을 내세워 시민들을 설득하려는 전략을 추구하였고, 이를 통해 다수파 연합을 형성할 수 있었기 때문이다. 물론 합리적 정책과 정감이 절대적으로 구분될 수 있는 것이 아니며, 현실 정치에서는 두 가지 전략이 함께 구사될 수밖에 없다. 다만 정감이 비합리적 분노나 혐오 감정보다 합리적 설득과 결합하는 감정이 되도록 하는 것이 중요하다. 이런 점에서 '체계와 대인관계의 변증법', '합리성과 정감의 변증법'이라는 사유가 필요한 것이다.

한국 사회의 정치 현실을 보면, 근본주의적 주장들은 점점 더 현실적 영향력을 잃어가고 있다. 이러한 상황은 중도 개혁 정권이 성공할수록 더욱 심화할 것이다. 그렇다고 해서 좌파 대중주의 전략이 성공할 수 있을 것으로 기대하기도 어렵다. 좌파 대중주의가 추구하는 민주주의의 급진화를 이루려면, 자유와 평등과 같은 추상적인 이념이나, 이를 실현하기 위한 정감, 정념, 정서 등의 동원에만 의존해서는 안 된다. 좌파 정치나 진보 정치가 성공하려면 무엇보다도 현실 체계가 만들어 내는 다양한 사회문제들에 대한 합리적 해결 방안을 담고 있어야 한다. 이것은 담론 투쟁과 헤게모니 투쟁, 정감을 동원하는 대중주의 전략으로 환원할 수 없는 체계 차원의 현실적 조건들을 이해할 때 가능하다. 이러한 현실적 조건들에 대한 객관적 분석에 기초하여 좌파적 가치를 실현하기 위한 정책적 기준을 정당화하지 못하고, 상대화된 다양한 규범적, 정서적 주장들의 경합과 갈등에 빠져들게 되면, 상대화된 권력 게임에서 벗어나기 어렵다. 그러므로 정감을 동원하는 우파 정치로 인해 정서적, 감정적 대립이 격화하고 있는 한국 정치 현실에서 좌파가 대중주의에 의존하려는 것은, 다양한 종속 집단들 사이에서 '등가 사슬'을 형성하기보다 오히려 경합하는 세력들 사이의 합리적 대화를 통한 타협을 어렵게 하여 정치개혁과 사회개혁을 지체시키는 결과를 가져오게 될 것이다.

현실 정치에서 신념윤리와 책임윤리에 대하여

특정한 이론과 이념에 기초하여 논리적 선명함만을 내세우거나, 또는 감정적 불만과 분노를 모으는 것만으로는 현실을 바꾸기는 어렵다. 다양한 사회적 위치들에서 다양한 인식과 정서를 형성하고 있는, 수많은 다양한 개인들로 구성된 현실 세계에서는 복잡한 경합들이 이루어지고 있다. 이러한 현실은 몇몇 관념이나 개념을 통해 논리적으로 다 구성해 낼 수도 없고, 현실에 대한 분노와 정감만으로 현실 체계를 바꿀 수도 없다. 그래서 사회를 '탈인격적 체계와 인격적 대인관계(인식-정서)의 비대칭적 결합체'로 이해하면서, 이를 통해 우선 다원적이고 복잡한 체계의 성격과 대인관계(권력/인식-정서) 지형이 서로 융합해 있는 현실에 대한 객관적, 구체적 분석을 수행해야 한다. 그리고 이를 바탕으로 어떤 정치 전략이 좌파적 가치를 실현하는 데 타당하고 또 적합한지를 찾아가야 한다.

그동안 한국 사회에서 다양한 급진적 이론들과 실천 전략들이 주장되었지만, 현실 정치에서 영향력 있는 담론으로 성장하지 못했던 중요한 이유 가운데 하나는, 이런 주장들이 현실 정치에서 자신을 확산시키고 또 구체적으로 실현할 정치 전략을 제시하지 못했기 때문이다. 아무리 이론과 주장이 급진적이고 또 규범적으로 바람직하다고 하더라도, 이것을 시민 대중들에게 더 널리 확산시켜 현실 정치에서 실현할 방안을 찾지 못한다면, 그것은 관념적이고 비현실적인 이론과 전략에 불과하게 된다.

다원화된 자본주의적 민주주의 사회의 현실 정치에서는 서로 다른 이념적, 실천적 주장들이 경합하고 있다. 이들의 차이는 개인이나 집단이 차지하는 사회적 위치의 차이에 따른 이해관계나 가치지향 차이에 기인하기도 하지만, 사회 현실을 이해하는 관점이나 문제틀(개념틀)의 차이에 기인하기도 한다. 그런데 어떤 관점이나 문제틀이 얼마나 타당한지는 결국 이들 문제틀에 따른 실천이 얼마나 예측하고 기대했던 결과를 만들어 낼 수 있느냐에 달려있다. 반자본주의 체계 변혁이라는 근본주의적 주장이 현실의 정치적, 이데올로기적 지형에서 대중들의 지지를 얻지 못하고 있는 현실은, 이러한 주장을 실현하는 데 더 많은 시간이 필요하기 때문이라고 말할 수도 있지만, 사회 현실에 대한 타당한 분석과 이에 적합한 실천적, 정치적 전략을 제시하지 못했기 때문이라고 말할 수도 있다.

근본주의적 주장은 논리적으로 선명하고 또 도덕적으로 정당해 보일 수는 있지만, 다양한 시민 대중들로부터 공감과 동의를 얻기는 쉽지 않다. 현실 사회에서는 사회적 종속 집단들이나 약자들이라고 하더라도 서로 엇갈리는 이해관계나 가치지향을 지닐 수 있으며, 이러한 차이를 뛰어넘어 연합과 연대를 형성하기란 쉽지 않다. 그럼에도 근본주의적 주장을 하는 정치인들이나 사회운동가들은 정치적 타협을 통해 점진적 개혁을 추구하려는 사람들을 사회의 근본 모순이나 근본 문제를 외면하는 현실 타협적 집단이라고 비판하면서 이들과 차별화하는 경계선을 그으려는 태도를 보이기도 한다. 그런데 한국 사회에서 이러한 경계선은 오히려 다수를 배제하고 또 헤게모니의 확장을 거부하는 분할선이 되고 있다.

19세기 독일 사회학자 베버(Max Weber)가 민주주의 사회에서 정치인이 갖추어야 할 덕목으로 '신념윤리'(심정윤리)와 '책임윤리'를 제시하였다. 신념윤리가 어떤 행위의 결과를 고려하기보다 그 동기와 의도의 진실성을 중요시하는 가치지향이라면, 책임윤리는 그 행위의 결과에 대한 책임을 중요시하는 가치지향이다. 대의민주주의 제도 아래에서 정치인들은 시민을 잘 대표하기 위해 특정한 정치적 이념, 가치, 정책에 대한 신념을 가지고 행동할 필요가 있다. 이런 점에서 정치인에게서 신념윤리가 중요한 덕목이 된다. 그런데 정치인은 이러한 신념에 따른 행동이 어떤 정치적 결과를 가져올 것인지를 고려하여 행동해야 하며, 이에 따른 결과가 얼마나 성공적인지에 대해 책임지려는 자세를 가져야 한다. 그래서 정치인에게 책임윤리가 또 다른 중요한 덕목이 된다(베버, 2019).

정치인은 신념윤리와 책임윤리가 균형을 이룰 수 있도록 노력하는 일을 소명으로 삼아야 하는 사람이다. 현실 정치에서 정치인이나 정당의 책임윤리는 무엇보다도 시민들로부터 더 많은 지지를 얻어내고 또 선거에서 더 많은 의석을 차지하는 성과를 만들어 내려는 행위로 나타난다고 할 수 있다. 이런 맥락에서 본다면, 한국 사회의 급진적 진보정당과 진보 정치인들이 점점 대중적 지지를 잃어가고 국회에서 의석을 차지하지 못하는 상황에 빠지게 된 것은 신념윤리에 매몰되어 책임윤리를 도외시한 결과라고 할 수 있다.

이것은 급진적 진보정당에만 해당하는 문제가 아니라 급진적 사회운동에도 해당하는 문제이다. 물론 사회운동단체와 사회운동가에게는 책임윤리보다 신념윤리가 더 중요할 수 있으며, 시민사회에서 영향력을 키워나가는 것이 좀 더 현실적인 목표일 수 있다. 그렇지만 자신들의 신념을 사회 변화로 만들어 내는 것을 궁극적 목적으로 삼는다면, 책임윤리를 도외시할 수 없다. 더 많은 대중적 지지를 얻어내야 사회 변화를 만들어 낼 수 있기 때문이다. 그럼에도 한국 사회의 소수 급진적 사회운동 세력이 여전히 자본주의 체계 변혁/전환이라는 근본주의적 주장만을 내세우며 배타적 경계선을 긋는 데 몰두한다면, 어떤 현실적 사회 변화도 이루어낼 수 없게 될 것이다. 따라서 근본주의적 주장을 통해 스스로 소수집단이 되려고 하기보다, 책임윤리를 염두에 두며 대중적 지지를 확산하여 연대의 지평을 넓히려는 전략을 모색할 필요가 있다.

이 책에서 나는 환원주의적 논리에 의존하는 사회 이론들 또는 정치 이론들을 검토함으로써, 이들 이론이 현실 정치에서 한편에서는 근본주의, 다른 한편에서는 정치주의에 따른 부정적인 효과를 만들어 낼 수 있음을 보여주려고 하였다. 그래서 프레이저의 근본주의 주장이나 무페의 정치주의 경향이 각각 '체계 환원주의'와 '대인관계(권력/인식-정서) 환원주의' 논리를 통해 사회를 해석하고자 한 결과임을 드러내려고 하였다.

프레이저의 '포괄적 대항 헤게모니'이든 무페의 '등가적, 헤게모니적 접합'이든 다수 시민의 지지와 공감을 얻으려면, 다원적 모순/위기/적대 들이 서로 맞물리거나 엇갈리는 체계의 양상들을 객관적, 구체적으로 분석할 뿐 아니라, 이를 통해 대인관계에서 더 많은 시민 대중의 공감과 지지를 얻을 수 있는 민주주의적 분할선을 구성해 가야 한다. 이것이 바로 사회 이론이 체계(탈인격적 관계)와 대인관계(인격적 관계)의 변증법, 이성(합리성)과 감성(정감)의 변증법에 주목하면서, 체계 환원주의와 대인관계 환원주의라는 두 환원주의로의 경향을 끊임없이 경계해야 하는 이유이다.

참고문헌

구도완·홍덕화. 2013a.「해방 이후 한국의 환경문제」. 한국환경사회학회 엮음.『환경사회학 이론과 환경문제』. 한울.

______. 2013b.「한국 환경운동의 역사」. 한국환경사회학회 엮음.『환경운동과 생활세계』. 한울.

그람시, 안토니오(Gramsci, Antonio). 1971.『옥중수고 I』. 이상훈 옮김. 거름.

기든스, 앤서니 & 벡, 울리히 & 래쉬, 스콧. 1998.『성찰적 근대화』. 임현진·정일준 옮김. 한울.

기든스, 앤서니(Giddens, Anthony). 1981.『자본주의와 현대사회이론』. 임영일·박노영 옮김. 한길사.

______. 1991.『포스트모더니티』. 이윤희·이현희 옮김. 민영사.

______. 1997.『현대성과 자아정체성』. 권기돈 옮김. 새물결.

______. 1998.『제3의 길』. 한상진·박찬욱 역. 생각의나무.

김만권. 2020.「'좌파 포퓰리즘' 전략은 '민주적' 대안인가: '무세계적'인 자들의 민주주의?」.『비교문화연구』제60집. 53-82쪽.

김의연. 2023.「라클라우와 무페의 포퓰리즘론 비판」.『마르크스주의연구』20(1). 134-195.

김재현. 1987.「이데올로기, 주체, 구조—알뛰세를 중심으로」.『시대와 철학』1. 47-73.

______. 1994.「위르겐 하버마스」.『이론』10. 61-92.

김정한. 2012.「한국에서 포스트맑스주의의 수용 과정과 쟁점들」.『민족문화연구』57. 57-90.

김종엽. 1997.「자아 정체성과 정치」.『경제와사회』가을호, 제35호.

김주호. 2023.「포스트민주주의와 포퓰리즘: 콜린 크라우치와 얀 베르너 뮐러의 비교를 중심으로」.『사회와이론』통권 제46집. 261-303.

라클라우, 에르네스토(Laclau, Ernesto) & 무페, 샹탈(Mouffe, Chantal). 1990.『사회변혁과 헤게모니』. 김성기 외 옮김. 터.(2012.『헤게모니와 사회주의 전략』. 이승원 옮김. 후마니타스.)

라클라우, 에르네스토. 2026.『포퓰리즘 이성』. 이승원 옮김. 빨간소금

루만, 니클라스(Luhmann, Niklas). 1991.「체계이론의 최근 동향」. 최재현 편.『현대 독일 사회학의 흐름』. 형성사.

______. 2001.『복지국가의 정치이론』. 김종길 옮김. 일신사.

______. 2002.『현대 사회는 생태학적 위협에 대처할 수 있는가』. 이남복 옮김, 백의.

리처, 조지(Ritzer, George). 2010.『현대 사회학 이론과 그 고전적 뿌리』(제2판) 강수택 옮김. 박영사.

마르크스, 칼(Marx, Karl). 1988. 『헤겔 법철학 비판』. 홍영두 옮김. 아침.

______. 1990. 『자본론 III(하)』. 김수행 옮김. 비봉출판사.

맥도넬, 다이안(MacDonell, Diane). 1992. 『담론이란 무엇인가』. 임상훈 옮김. 한울.

무페, 샹탈(Chantal, Mouffe). 2007. 『정치적인 것의 귀환』. 이보경 옮김. 후마니타스.

______. 2019. 『좌파 포퓰리즘을 위하여』. 이승원 옮김. 문학세계사.

______. 2022. 『녹색 민주주의 혁명을 위하여』. 이승원 옮김. 문학세계사.

______. 2003. 「시티즌십이란 무엇인가」. 백영현 옮김. 『시민과 세계』 3: 379-388.

무페, 샹탈. 2007. 『정치적인 것의 귀환』. 이보경 옮김. 후마니타스.

미쉬라, 라메쉬(Ramesh Mishra). 1996. 『복지국가의 사상과 이론』. 남찬섭 옮김. 한울.

바우만, 지그문트(Bauman, Zygmunt). 2013. 『방황하는 개인들의 사회』. 홍지수 옮김. 봄아필.

박재묵 엮음. 1984. 『제3세계 사회발전론』. 창비.

발리바르, 에티엔(Balibar, Etienne) 외. 1991. 『맑스주의의 역사』. 윤소영 옮김. 민맥.

발리바르, 에티엔(Balibar, Etienne). 1989. 『역사유물론 연구』. 이해민 옮김. 푸른산.

______. 1993a. 『역사유물론의 전화』. 서관모 옮김. 민맥.

______. 1993b. 『알튀세르와 마르크스주의의 전화』. 윤소영 옮김. 도서출판 이론.

______. 2018a. 「무한한 모순」. 배세진 옮김. 『문화/과학』 93호. 354-369.

______. 2018b. 『마르크스의 철학』. 배세진 옮김. 오월의봄.

배세진. 2017. 「발리바르의 '스피노자-맑스주의를 위한 열한 가지 테제들' 해체」. 『문화/과학』 92권. 300-331.

백승욱. 2017a, 『생각하는 마르크스: 무엇이 아니라 어떻게』. 북콤마.

______. 2017b. 「알튀세르에서 시작한 마르크스 재독해의 지속성을 위하여—서관모 선생의 서평에 답함」. 『경제와 사회』 114호. 439-448.

백욱인. 1994. 「대중 소비생활구조의 변화」. 『경제와사회』 제21호 봄호.

______. 2008. 「한국 소비사회 형성과 정보사회의 성격에 관한 연구」. 『경제와사회』 제77호 봄호.

베르크하우스, 마르고트(Berghaus, Margot). 2012. 『쉽게 읽는 루만』. 이철 옮김. 한울아카데미.

베버, 막스(Weber, Max). 2019. 『직업으로서의 정치』. 전성우 옮김. 나남.

벡, 울리히(Beck, Ulrich) & 기든스, 앤서니 & 래쉬, 스코트(Lash Scott). 1998. 『성찰적 근대화』. 임현진·정일준 옮김, 한울.

벡, 울리히 & 벡-게른샤임, 엘리자베트. 1999. 『사랑은 지독한 혼란』. 강수영·권기돈·배은경 옮김, 새물결.

벡, 울리히. 1997. 『위험사회』. 홍성태 옮김, 새물결.

벡, 울리히. 1998.『정치의 재발견』. 문순홍 옮김. 거름.

_________. 1999.『아름답고 새로운 노동세계』. 홍윤기 옮김. 생각의 나무.

_________. 2000a.『적이 사라진 민주주의』. 정일준 옮김. 새물결.

_________. 2000b.『지구화의 길』. 조만영 역, 거름.

_________. 2003.「위험사회」. 아르민 퐁스(Armin Pongs) 편.『당신은 어떤 세계에 살고 있는가? 1』. 김희봉 이홍균 역. 한울.

보비오, 노르베르토(Bobbio, Norberto). 1992.『자유주의와 민주주의』. 문학과지성사.

서관모. 2017.「알튀세르를 너무 위험시할 필요가 있을까—백승욱,『생각하는 마르크스: 무엇이 아니라 어떻게』」(서평).『경제와 사회』 114호. 328-338.

서영표. 2014.「포퓰리즘의 두 가지 해석: 대중영합주의와 민중 민주주의」.『민족문화연구』 63. 3-42.

_____. 2016.「라클라우가 '말한 것'과 '말할 수 없는 것': 포스트마르크스주의의 유물론적 재해석」.『마르크스주의연구』 13(1). 130-165.

신광영. 2008.「서비스사회의 계급과 계층구조」.『서비스사회의 구조변동』. 신광영·이병훈 외. 한울.

_____. 2016.「사회민주주의 복지 사상」.『복지와 사상』. 김윤태 외. 한울.

알튀세르, 루이(Louis Althusser). 1991.『아미앵에서의 주장』. 김동수 옮김. 솔출판사.

____________. 1992.『마침내 맑스주의의 위기가』. 김경민 옮김. 백의.

윤소영. 1989.「한국사회성격 논쟁에서도 '페레스트로이카'가 임박하였는가」.『현실과 과학』 3.

_____. 1992.「알튀세르를 다시 읽으며 '마르크스주의의 위기'를 생각한다」.『이론』 여름호, 1.

이영희. 2011.『과학기술과 민주주의』. 문학과지성사.

이정우, 2016.「케인스주의와 복지」. 김윤태 엮음.『복지와 사상』. 한울.

장석준. 2019.「오늘의 대한민국에서 포퓰리즘에 주목해야 하는 이유」.『시민과세계』 상반기호, 제34호. 1-36.

전지윤. 2022.『연속성과 교차성: 다른 세상을 향한 이단적 경계 넘기』. 갈무리.

정정훈. 2021.「인민이 인민이 되지 못하게 하는 것: '우리, 인민들'과 작은 포퓰리즘의 각축」.『문화과학』 108. 165-191.

정태석. 1991.「알튀세르의 유물변증법과 사회 구성체론에 관한 연구」. 한국사회사연구회 엮음.『사회사 연구와 사회이론』. 한국사회사연구회 논문집 제31집. 문학과지성사. (서울대학교 사회학과 석사학위논문 재출간)

정태석. 1991.「'역사적 현상으로서의' 사회민주주의정치와 계급정치」.『경제와 사회』 제11호. 13-38.

_____. 1992.「알튀세르를 어떻게 적용할 것인가?」.『동향과 전망』 가을호. 제17호. 230-269.

정태석. 1993. 「포스트맑스주의 인식론 비판」. 문화와사회연구회 편. 『현대와 탈현대』. 사회문화연구소.

______. 1994. 「환경사상의 몇 가지 쟁점」. 『동향과 전망』 제23호. 151-174.

______. 2000. 「사회과학적 설명에서 기능과 인과성」. 『경제와 사회』 제45호 특별부록, 212-239.

______. 2002. 「벡의 재귀적 현대화 이론과 개인화의 딜레마」. 『경제와사회』 가을호, 제55호.

______. 2002. 『사회이론의 구성—구조/행위와 거시/미시 논쟁의 재검토』. 한울(박사학위논문 수정출판본).

______. 2003. 「위험사회의 사회이론: 위험을 어떻게 이론화할 것인가?」. 『문화과학』 제35호.

______. 2006. 「베버와 알뛰세에게 있어서 과학과 가치의 관계」. 『지역사회학』 제7권 2호. 131-160.

______. 2007. 「제5장 그람시 시민사회론의 비판적 재구성: 적대들과 민주주의」. 『시민사회의 다원적 적대들과 민주주의』. 후마니타스.

______. 2007. 『시민사회의 다원적 적대들과 민주주의』. 후마니타스.

______. 2010. 「사회학의 위기 논쟁과 비판사회학의 대응」. 『경제와사회』 88호. 94-119.

______. 2013a. 「한국 비판사회이론의 흐름과 쟁점」. 『경제와사회』 제100호. 209-228.

______. 2013b. 「녹색국가와 녹색정치」. 한국환경사회학회 엮음. 『환경사회학 이론과 환경문제』. 한울.

______. 2015a. 「분산하는 사회운동과 접합의 정치: '사회적인 것'과 민주주의」. 『경제와사회』 봄호, 제105호.

______. 2015b. 「시민자격의 역사적 발달과 세계화 및 위험사회에서의 그 함의」. 『지역사회학』 제16권 제1호.

______. 2019. 「(서평) 포퓰리즘은 민주주의가 될 수 있을까?」. 『시민과세계』 상반기호, 제34호. 351-362

______. 2022a. 『파편사회의 사회학: 이론과 정치』. 신아출판사

______. 2022b. 『기든스의 "제3의 길" 읽기』. 세창미디어.

______. 2023. 「한국 사회의 정의로운 생태 전환 논쟁과 생태 정치 전략의 성찰」. 『경제와사회』 제137호. 42-79.

______. 2025. 「포스트 성장과 전환 시대의 사회학」. 임운택·정태석 외. 『포스트 성장 시대와 사회학의 과제』. 한울.

조돈문. 2024. 『불평등 이데올로기』. 한겨레출판사.

조희연·정태석. 2001. 「한국 민주주의 변동에 대한 이론적 이해와 분석틀」. 조희연 편. 『한국 민주주의와 사회운동의 동학』. 나눔의 집.

주은우. 2008. 「서비스사회화의 경향과 일상생활의 변화」. 신광영·이병훈 외. 『서비스사회의 구조변동』. 한울.

지주형. 2020. 「사회운동 전략으로서의 포퓰리즘?: 라클라우-무페 이론의 전략적 빈곤」. 『시민과세계』 36. 1-51.

크레이브, 이안(Ian Craib). 1989. 『사회이론의 조명』. 김동일 옮김. 문맥사.

터너, 조나단(Turner, Jonathan H.) 외. 1997. 『사회학이론의 형성』. 김문조 외 옮김. 일신사

프레이저, 낸시(Nancy Fraser). 2023. 『좌파의 길—식인자본주의에 반대한다』. 장석준 옮김. 서해문집.

하버마스, 위르겐(Habermas, Jürgen). 1991. 「비판적 사회이론의 과제」. 최재현 편. 『현대 독일사회학의 흐름』. 형성사.

______. 1994. 『현대성의 철학적 담론』. 이진우 역. 문예출판사.

하승우. 2021. 「좌파 포퓰리즘을 둘러싼 몇 가지 질문들: 이론과 쟁점」. 『문화과학』. 108. 41-69.

현우식. 2023. 「라클라우 사상의 수용 과정과 쟁점: 국내 비판적 인문사회과학 연구에서 '라클라우의 이름'의 의미」. 『경제와사회』 138. 168-195.

홍덕화·이영희. 2014. 「한국의 에너지 운동과 에너지 시티즌십: 유형과 특징」. 『ECO』 18(1). 7-44.

홍철기. 2019. 「포퓰리즘-반포퓰리즘 논쟁에 던지는 두 가지 질문: 포퓰리즘은 정말로 반-헌정주의적이고 반-자유민주주의적인가?」. 『시민과세계』 상반기호, 제34호. 37-68.

Althusser, Louis. 1971. *Lenin and Philosophy and other essays*. London: New Left Books(NLB). (이진수 옮김. 1992. 『레닌과 철학』. 백의).

______. 1976. *Essays on Self-Criticism*. London: NLB.

______. 1977a. *For Marx*. London: NLB.

______. 1977b. *Reading Capital*. London: Verso. (김진엽 옮김. 1991. 『자본론을 읽는다』. 두레).

Beck, Ulrich. 1995. *Ecological Politics in an Age of Risk*. trans. by Amos Weisz. Polity Press.

______. 1996a. "Risk Society and the Provident State." Lash S. & Szerszynski B. & Wynne B.(eds.), *Risk, Environment & Modernity*. SAGE Publication.

Beck, Ulrich. 1996b. "World Risk Society as Cosmopolitan Society?" *Theory, Culture & Society*. Vol. 13(4).

Beck-Gernsheim, Elizabeth. 1996. "Life as a Planning Project", Lash S. & Szerszynski B. & Wynne B.(eds.), *Risk, Environment & Modernity*. SAGE Publication.

Lukes, Steven. 1977. *Essays in Social Theory. London*, UK: Macmillan Education.

Mouzelis, Nicos. 1995. *Sociological Theory: What Went Wrong?* Routledge.

__________. 1997. "Social and System Integration: Lockwood, Habermas, Giddens." *Sociology*. 31(1): 111-119.

Luhmann, Niklas. 1982. *The Differentiation of Society,. trans. by Stephen Holmes and Charles Larmore*. Columbia Univ. Press. New York.

Offe, Claus. 1985. "New Social Movements: Challenging the Boundaries of Institutional Politics". *Social Research* 52(4).

Jeong, Taeseok and Seol, Dong-Hoon. 2022. "Theoretical Construction of a Fragmented Society: Fragmentations in Social System and in Interpersonal Relationships." *Journal of Asian Sociology*. Volume 51 Number 1, March: 97-128.

Weber, Max. 1968. *Economy and Society 1, 2, 3*. translated and edited by G. Roth and C. Wittich, Bedminster Press.

__________. 1978 (1922). *Economy and Society: An Outline of Interpretive Sociology*, edited by Guenther Roth, and Claus Wittich. Berkeley, CA: University of California Press.

* 자료 출처:

- 체제전환운동(조직위원회) 홈페이지 '가자, 체제전환 공동행동' 팜플렛(2024년)
(https://www.gosystemchange.kr/resources/pamphlet-go)